LITERATURSTUDIUM

Michael Hofmann

# Aufklärung

## Tendenzen – Autoren – Texte



Philipp Reclam jun.
Stuttgart

Mit 27 Abbildungen

Die Deutsche Bibliothek – CIP-Einheitsaufnahme

**Hofmann, Michael:**
Aufklärung : Tendenzen – Autoren – Texte /
Michael Hofmann. – Stuttgart : Reclam, 1999
(Universal-Bibliothek ; Nr. 17661 : Literaturstudium)
ISBN 3-15-017616-6

Universal-Bibliothek Nr. 17616

Gesamtherstellung: Reclam, Ditzingen. Printed in Germany 1999

ISBN 3-15-017616-6

# Inhalt

1 »Aufklärung« in der aktuellen Diskussion . . . . 7

2 Grundlagen . . . . . . . . . . . . . . . . . . . . . . 18
Dimensionen und Probleme der historischen Aufklärung . . . . . . . . . . . . . . . . . . . . . . 18
Tendenzen der deutschen Aufklärung von Gottsched bis Wezel . . . . . . . . . . . . . . . . 30
Aspekte der Sozial- und Ideengeschichte des 18. Jahrhunderts . . . . . . . . . . . . . . . . . . 47

3 Aspekte der Frühaufklärung . . . . . . . . . . . 66
Gottscheds Regelpoetik: rationalistische Legitimation der Literatur . . . . . . . . . . . . . 66
Dichtungsformen der Frühaufklärung . . . . . . . 77

4 Die Entwicklung der Lyrik im 18. Jahrhundert . . 93

5 Drama und Dramentheorie im 18. Jahrhundert . . 108

6 Klopstock: Literatur, Religion und Aufklärung 115

7 Die Entwicklung des Romans im 18. Jahrhundert 124

8 Lessing: Literarische Aufklärung als Wahrheitssuche . . . . . . . . . . . . . . . . . . 147

9 Wieland: Literarische Aufklärung als komische Perspektivierung abstrakter Normen . . . . . . . 191

10 Aspekte der Spätaufklärung . . . . . . . . . . . 214

Bibliographie . . . . . . . . . . . . . . . . . . . . . . . 249
Verzeichnis der Abbildungen . . . . . . . . . . . . . . 263
Namenregister . . . . . . . . . . . . . . . . . . . . . . 265
Titelregister . . . . . . . . . . . . . . . . . . . . . . . 270
Begriffsregister . . . . . . . . . . . . . . . . . . . . . 275

*Zum Autor* . . . . . . . . . . . . . . . . . . . . . . . 279

# 1
# »Aufklärung« in der aktuellen Diskussion

Die Besonderheit einer Auseinandersetzung mit der Literatur des 18. Jahrhunderts liegt darin, daß dieser mit dem Terminus ›Aufklärung‹ ein Begriff zugeordnet wird, der nicht nur eine Epoche, sondern eine bestimmte geistige Grundhaltung bezeichnet, die ebenso viele Anhänger wie Kritiker hat. Der spezielle hermeneutische Zirkel, der jeder Beschäftigung mit der Aufklärungs*epoche* zugrunde liegt, läßt sich dahingehend beschreiben, daß unser Verständnis der Aufklärungsliteratur von unseren Erfahrungen mit dem Begriff ›Aufklärung‹ bestimmt wird und umgekehrt eine differenzierte Analyse der historischen Texte unser Aufklärungsverständnis modifizieren kann. Konkret bedeutet dies, daß zunächst ein differenziertes Vorverständnis von ›Aufklärung‹ zu skizzieren ist, das mißverständliche Vorstellungen ausschließt und gleichzeitig eine große Offenheit aufweist, die dem selbstreflexiven Charakter dessen, was ›Aufklärung‹ sein kann, gerecht wird.

Ausgangspunkt, aber nicht abschließendes Ergebnis einer Reflexion von Begriff und ›Wesen‹ der Aufklärung in unserem Jahrhundert kann dabei die dezidierte Kritik sein, die Max Horkheimer und Theodor W. Adorno in ihrer im amerikanischen Exil verfaßten *Dialektik der Aufklärung* formuliert haben. Unter dem Eindruck der nationalsozialistischen Gewaltherrschaft wurde den Wissenschaftlern des Instituts für Sozialforschung ›Aufklärung‹ zu einem exemplarischen Modell für eine katastrophische Entwicklung des Zivilisationsprozesses. Wenn in ihrem Buch von ›Aufklärung‹ die Rede ist, so meinen sie in charakteristischer Ambiguität sowohl die hier interessierende historische Epoche als auch das, was man eine Urgeschichte abendländischer

Subjektivität nennen könnte. Homers *Odyssee* wird damit ebenso wie Kants Ethik und de Sades Romane, aber auch wie Hitlers Judengesetze und Hollywoods ›Kulturindustrie‹ zu einer Erscheinungsform oder unerwünschten Konsequenz von ›Aufklärung‹. Im Zentrum der Aufklärungskritik steht dabei die These, daß die Rationalität und Subjektivität der Zivilisation einer Verleugnung der Natur innerhalb und außerhalb des Menschen Vorschub leiste und damit letztlich die Subjektivität zerstöre:

> Die Herrschaft des Menschen über sich selbst, die sein Selbst begründet, ist virtuell allemal die Vernichtung des Subjekts, in dessen Dienst sie geschieht, denn die beherrschte, unterdrückte und durch Selbsterhaltung aufgelöste Substanz ist gar nichts anderes als das Lebendige, als dessen Funktion die Leistungen der Selbsterhaltung sich bestimmen, eigentlich gerade das, was erhalten werden soll. [. . .] Die Geschichte der Zivilisation ist die Geschichte der Introversion des Opfers. Mit anderen Worten: die Geschichte der Entsagung. (Horkheimer/Adorno, B 2: 1988, 62)

Aus dieser Diagnose leiten Horkheimer und Adorno eine Art negativer Geschichtsphilosophie ab: Das abendländische Subjekt, das sich – gerade in der historischen Epoche der Aufklärung – durch die Abspaltung der eigenen Natur selbst verstümmelt habe, habe die Möglichkeit verloren, den ›Sinn‹ der eigenen Existenz positiv zu interpretieren, und unterwerfe sich deshalb freiwillig den historischen Prozessen, die über gesellschaftliche und technisch-ökonomische Rationalisierung zu einer Unterordnung des Subjekts unter eine zweckrationale Vernunft führten: »[. . .] mit der Verleugnung der Natur im Menschen wird nicht bloß das Telos der auswendigen Naturbeherrschung sondern das Telos des eigenen Lebens verwirrt und undurchsichtig« (Horkheimer/Adorno, B 2: 1988, 61). Die vermeintliche Überwindung der äußeren Natur und die Disziplinierung der eigenen ›Triebe‹ und ›Begierden‹ führe zu einer Kapitulation des Subjekts vor den ›objektiven‹ Gegebenheiten der politisch-ökonomischen Apparate:

> [. . .] die Weltherrschaft über die Natur wendet sich gegen das denkende Subjekt selbst, nichts wird von ihm übriggelassen, als eben jenes ewig gleiche Ich denke, das alle meine Vorstellungen muß begleiten können. [. . .] Was als Triumph subjektiver Rationalität erscheint, die Unterwerfung alles Seienden unter den logischen Formalismus, wird mit der gehorsamen Unterordnung der Vernunft unters unmittelbar Vorfindliche erkauft. (Horkheimer/Adorno, B 2: 1988, 32 f.)

Die Rationalität, die als Ideal der Aufklärung verstanden wird, führe demnach zu einem unvernünftigen Ergebnis, das als Unterordnung unter einen bloß ›zweckrational‹ und das heißt: selbst nicht rational gesteuerten Prozeß interpretiert werden kann: »Zivilisation ist der Sieg der Gesellschaft über Natur, der alles in bloße Natur verwandelt« (Horkheimer/Adorno, B 2: 1988, 195).

Entgegen dem ersten Eindruck sind freilich die Meisterdenker der Frankfurter Schule keine undifferenzierten Gegner der Aufklärung; trotz allem Pessimismus und Fatalismus, der ihren Diagnosen zu entnehmen ist, praktizieren sie etwas, das – wie zu zeigen sein wird – zu den Fundamenten der Aufklärung gehört: nämlich eine kritische Selbstreflexion der Aufklärung. Und gegen die Unterwerfung der Natur durch das Subjekt setzen die Zivilisationskritiker die Formel vom »Eingedenken der Natur im Subjekt« (Horkheimer/Adorno, B 2: 1988, 42), die selbst ihre aufklärerische Herkunft nicht verleugnen kann.

Grundlegende Bedeutung für die aktuelle Diskussion um die Aufklärung kommt der Position des französischen Philosophen Jean-François Lyotard zu, der den Versuch unternimmt, im Sinne einer ›achtenswerten Postmoderne‹ Grundpositionen des abendländischen Denkens zu überwinden, dabei auch Dogmen eines bornierten Aufklärungsverständnisses angreift, aber gerade mit seiner Anknüpfung an Elemente der Philosophie Kants wesentlichen Impulsen des aufklärerischen Denkens treu bleibt.

Lyotards Ausgangspunkt ist seine Kritik an den ›Meta-Erzählungen‹, an den universalistischen Denksystemen, die mit einer Unterordnung des Besonderen unter das Allgemeine den Anspruch erheben, umfassenden Sinn zu stiften. Anders als die rationalistischen ›Großtheorien‹ bezweifelt Lyotard, daß es möglich ist, alle Widersprüche und Konflikte zwischen Individuen und partikularen Gruppen im Sinne einer ›höheren‹ Synthese aufzulösen. Gegen eine Unterdrückung des Partikularen in der nur vermeintlich versöhnenden Einheit des Konsenses setzt Lyotard seine zentrale Kategorie des Widerstreits, mit der er unauflösliche Widersprüche bezeichnet, die dadurch entstehen, daß zwei Gesprächspartner unterschiedlichen Normensystemen folgen und dementsprechend in unterschiedlichen Diskursarten sprechen. Die Kritik an den ›Meta-Erzählungen‹ ist eine Kritik an allen universalistischen Rationalismen, die den Anspruch erheben, die Widersprüche zwischen den verschiedenen partikularen Anliegen ›aufzuheben‹ und zu versöhnen:

> Die Vorstellung, daß eine höchste Diskursart, die alle Einsätze umfaßt, eine höchste Antwort auf die Schlüsselfragen der verschiedenen Diskursarten liefern könnte, scheitert an der Russelschen Aporie. Entweder ist diese Diskursart Teil aller Diskursarten, ihr Spieleinsatz ein Einsatz unter anderen und ihre Antwort also nicht die höchste. Oder sie gehört nicht zur Gesamtheit der Diskursarten und umfaßt folglich nicht alle Spieleinsätze, da sie ihren eigenen ausnimmt. Der spekulative Diskurs erhob diesen Anspruch [...]. Das Prinzip eines absoluten Sieges einer Diskursart über die andern ist sinnleer. (Lyotard, B 2: 1987, 230)

Bezogen auf das Denken der Aufklärung und auf dessen Entwicklung, läßt sich in Lyotards kritischem Gestus eine Spannung erkennen, die historische Wurzeln hat: Gegen den Impetus eines dogmatischen Rationalismus, der sich im Besitz einer allein wahren Vernunft wähnt und somit das ›Richtig-Denken‹ autoritativ (und nicht selten autoritär) einfordert, steht die kritische Arbeit der aufklärerischen Reflexion, der es nicht um die Reproduktion einer universalistischen Wahrheit, sondern um die kritische Prüfung der vermeintlichen Gewißheiten und um den Kampf gegen ungeprüfte ›Vorurteile‹ geht. Das Ethos des ›Selbst-Denkens‹ steht somit für eine Haltung, die nicht nach dogmatisch fixierbaren Wahrheiten sucht, sondern den verschiedenen, jeweils partikularen Perspektiven ihr Recht und ihre Würde einräumt – unter der Voraussetzung, daß die jeweilige partikulare Position nicht den Anspruch erhebt, sich den anderen aufzudrängen. Aufklärerisch in diesem Sinne ist eine selbstkritische Reflexion, die den eigenen Standpunkt nicht verabsolutiert, sondern um dessen Begrenztheit und Bedingtheit weiß. So läßt sich die Behauptung formulieren, daß zwischen einer selbstkritischen Aufklärung *nach* dem dogmatischen Rationalismus der Mitte des 18. Jahrhunderts und *vor* dem spekulativen Idealismus des frühen 19. Jahrhunderts einerseits und einer ›achtenswerten Postmoderne‹ der Zeit *nach* dem Ende der Meta-Erzählungen andererseits Parallelen bestehen. So wie etwa Voltaire und Diderot, Lessing und Wieland die Lust an der Skepsis und die Freude am Perspektivismus betonen, so verweist Lyotard darauf, daß der Verlust der sinnstiftenden Großtheorien nicht als Verlust erscheinen muß. Ein positiver Begriff des Postmodernen, der sich in die Tradition einer selbstreflexiven und selbstkritischen Aufklärung stellt und dabei die besondere Bedeutung des Ästhetischen verdeutlicht, wäre auf den spielerischen Umgang mit den heterogenen und irreduziblen individuellen Perspektiven zu beziehen:

> Die Gerechtigkeit wäre folgende: der Vielfalt und Unübersetzbarkeit der ineinander verschachtelten Sprachspiele ihre Autonomie, ihre Spezifität zuzuerkennen, sie nicht aufeinander zu reduzieren; mit einer Regel, die trotzdem eine allgemeine Regel wäre, nämlich ›laßt uns spielen [. . .] und laßt uns in Ruhe spielen‹.
>
> (Lyotard, B 2: 1982, 131)

Daß dieses Denken keinesfalls pauschal gegen den Geist der Aufklärung gerichtet ist, unterstreicht Lyotard im Gespräch mit Willem van Reijen und Dick Veermann selbst, wenn er betont,

> [. . .] daß der Rationalismus der Aufklärung und der Revolution von 1789 unendlich viel subtiler war, als meine Kritiker offenbar glauben. Nehmen wir Diderot, der ist in meinen Augen das wahrscheinlich hervorragendste Beispiel für einen französischen Philosophen der Aufklärung, mehr noch als vielleicht Rousseau. Es ist evident, daß sein »Rationalismus« unendlich kompliziert ist. Das ist ein Vorhaben, das ich schon lange mit mir im Kopf herumtrage [. . .], zu zeigen, wie komplex dieser Rationalismus ist und wie er jenen Momenten Recht tut, die durch den heutigen amerikanisch-deutschen Rationalismus völlig ausgeschlossen werden. Er wird den Momenten einer Rationalität gerecht, die nicht über Argumentation zum Endpunkt eines Konsenses führen.
>
> (Zit. nach: Reese-Schäfer, B 2: 1989, 115)

Lyotard rekurriert hier auf eine andere aktuelle Rezeption des Denkens der Aufklärung, auf den Versuch von Jürgen Habermas, den Universalitätsanspruch der Vernunft durch eine kommunikationstheoretische Umdeutung des Rationalismus zu retten. Das Modell der kommunikativen Vernunft geht von der Möglichkeit einer Versöhnung von Partikularem und Allgemeinem, von einer Überwindung divergierender Standpunkte aus – und zwar im Rekurs auf ein universalistisch verstandenes Konzept der ›Lebenswelt‹, das von der Existenz gemeinsamer Grunderfahrungen bei verschiedenen Individuen und partikularen Gruppen ausgeht. Kommunikation basiert für Habermas auf einem »Moment der Unbedingtheit, welches mit den kritisierbaren Geltungsansprüchen in die Bedingungen der Konsensbildungsprozesse eingebaut ist« (Habermas, B 2: 1985b, Bd. 2, 586 f.). Indem Habermas Gerechtigkeit und ›Wahrheit‹ nicht ohne Bezug auf Synthesis und Konsens denken kann, bleibt er auf die universalistischen Prinzipien eines Rationalismus bezogen, der nur in der Aufhebung von Widersprüchen (und nicht in deren Anerkennung wie in Lyotards Konzept des ›Widerstreits‹) theoretische und praktisch-ethische Schlüssigkeit zu erreichen glaubt. Zwar ist das universalistische Prinzip in Habermas' Konzeption formal und nicht material (es gibt nicht normativ ›wahre Inhalte‹ vor); diese ist aber doch normativ in dem Sinne, daß sie den Subjekten die Art und Weise vorschreibt, wie sie Konflikte auszutragen haben:

> Indem sich Hörer und Sprecher frontal miteinander über etwas in der Welt verständigen, bewegen sie sich innerhalb des Horizonts ihrer gemeinsamen Lebenswelt; diese bleibt den Beteiligten als ein intuitiv gewußter, unproblematischer und unzerlegbarer holistischer Hintergrund im Rücken. [. . .] Die Lebenswelt bildet einen Horizont und bietet zugleich einen Vorrat an kulturellen Selbstverständlichkeiten, dem die Kommunikationsteilnehmer bei ihren Interpretationsanstrengungen konsentierte Deutungsmuster entnehmen.
> (Habermas, B 2: 1985a, 348)

Die Diskussion um Habermas' Modell kreist um die Frage, ob sich hinter der Rede von den »konsentierten Deutungsmustern« nicht gerade die als ›totalitär‹ empfundenen Totalitätsvorstellungen eines dogmatischen Rationalismus verbergen und ob Habermas' Konsensparadigma dem ›Anderen‹ der Vernunft, den häufig im Namen der Rationalität verdrängten Dimensionen der Leiblichkeit, der ›Natur‹, der Weiblichkeit gerecht zu werden in der Lage ist.

Ausgehend von einer intensiven Auseinandersetzung mit der Literatur des 18. Jahrhunderts hat Rolf Grimminger Habermas' Position kritisiert. Denn gerade die Bemühung der Literatur nach 1750, der individuellen Subjektivität, der Leiblichkeit, der ›Natur‹ ihr Recht zuzugestehen, verdeutlicht die Sterilität des Konsensdenkens. Denn die Grundüberzeugung einer skeptischen Aufklärung besteht darin, daß Literatur gerade die Aufgabe hat, Situationen darzustellen, in denen die Existenz einer gemeinsamen Lebenswelt zum Problem wird:

> Schon diese evidente Welt des sinnlichen Daseins muß Habermas aus der kommunizierbaren Vernunft exkommunizieren, denn anders stünde es schlecht um ihre Einheit. Die Vernunftutopie der kommunikativen Übereinstimmung spielt sich zwischen Menschen ab, die sich zur Abstraktion ihrer selbst verflüchtigt haben, keine Geburt hat sie zur Welt gebracht, kein Tod treibt sie wieder hinaus, sie sind nicht, sie sprechen nur. [. . .] Die Möglichkeit pluraler bis widersprüchlicher Lebenswelten in der einen, der herrschend alltäglichen, routiniert problemfreien, sieht Habermas nicht vor. (Grimminger, B 2: 1990, 30 f.)

Polemisch nennt Grimminger die Subjekte der Verständigung, die Habermas als »zurechnungsfähige Personen« bezeichnet, »verkleinerte Modelle rationalistischer Großorganisationen« (Grimminger, B 2: 1990, 40).

Die hier in ihren Grundzügen skizzierte gegenwärtige Diskussion um die Aktualität und die Implikationen aufklärerischen Denkens ist keineswegs ohne Bezug zu dem Gegenstand dieses Buches, zur *Literatur* der Aufklärung. Den verschiedenen Auffassungen von Vernunft und Rationalität entspricht nämlich notwendig auch eine jeweils verschiedene Bestimmung der Funktion von Literatur (und Kunst im allgemeinen). Während die universalistische Rationalitätsauffassung der Kunst zwar eine relative Autonomie zugestehen kann, ihren Geltungsbereich aber letztlich auf eine Veranschaulichung rationaler Gehalte oder auf eine begrenzte Darstellung von Subjektivität beschränkt, ist die Kritik an universalistischen Rationalitätskonzeptionen unmittelbar mit einer Aufwertung der Kunst und des Ästhetischen verknüpft. Denn wenn der Vernunft die Fähigkeit abgesprochen wird, universelle Aussagen in bezug auf jeweils partikulare Inhalte zu treffen, so läßt sich in plausibler Weise die Kunst als die privilegierte Instanz begreifen, die in der Lage ist, die irreduziblen Erfahrungen und Perspektiven der partikularen Subjekte zu veranschaulichen und für den Widerstreit Zeugnis abzulegen, ohne für eine Zentralperspektive zu optieren.

Die Geschichte der deutschen Literatur des 18. Jahrhunderts läßt sich vor diesem Hintergrund als ein komplexer Entwicklungsprozeß verstehen, in dessen Rahmen zunächst der Versuch unternommen wird, die Literatur dadurch zu legitimieren und ›gesellschaftsfähig‹ zu machen, daß sie den Ansprüchen einer aufgeklärten Rationalität entspricht. Das Werk und die Person Gottscheds stehen für den Anspruch, die Literatur von dem zu befreien, was der Leipziger Kunstrichter als Ausdruck barocker Irrationalität verstand. In der Welt des aufgeklärten Rationalismus sollte die Literatur gegenüber der Philosophie, der Theologie, aber auch der aufgeklärten Moral und Politik als nützliche und vernünftige Instanz verteidigt werden. Daß sich an dieser Position sehr schnell und gerade im Ausgang von der poetischen Praxis eine gewaltige Polemik entzündete, ja daß die literarische Praxis geradezu im Widerspruch gegen die normativen Ansprüche Gottscheds vorankam, sollte den heutigen Betrachter nicht dazu verleiten, die historische Bedeutung einer Etablierung der Literatur als einer Instanz vernünftigen Denkens zu unterschätzen.

Aber: Wenn Gottsched die Funktion der Literatur auf die Veranschaulichung wahrer oder moralisch nützlicher Sätze reduzierte, mußte die Literatur in ihrer Praxis und in der theoretischen Auseinandersetzung zum Anwalt dessen werden, was sich einer leichten Unterordnung unter die Sätze einer abstrakten universalistischen Rationalität entzog. Es war kein Irrationalismus, der sich gegen die Festlegungen Gottscheds zur Wehr setzte, sondern das Unbehagen an einer allzu reduktionistischen Auffassung von Vernunft, die zu Schematismus und Sterilität führte. In ganz verschiedenen Richtungen, aber doch mit einer von dem gleichen Geist getragenen Wendung artikulierte sich die Opposition gegen eine Bindung der Literatur an einen reduzierten Vernunftbegriff. Man optierte für das Wunderbare und das Erhabene als das ›Andere‹ einer konventionellen Rationalität (Bodmer, Breitinger), für eine neue Ästhetik als eine Lehre von den ›niederen‹ Erkenntnisvermögen (Baumgarten, Meier), für die Einführung religiöser Gehalte und deren subjektiver Verarbeitung in der Literatur (Klopstock), für eine neue und differenziertere Konzeption des Dramas (Lessing) und der Epik (Wieland).

Die Literatur nach 1750 zeigt in ihrer Herausbildung verschiedener literarischer Modelle, die sich dem engen Regeldenken Gottscheds widersetzen, eine Tendenz hin zu einer Autonomie der Literatur, die den Weg für die Weiterentwicklung des Literaturverständnisses in Sturm und Drang, Weimarer Klassik und Romantik ebnet – wobei die neuere Forschung die genannten Strömungen nicht mehr in ihrer Gegnerschaft, sondern in der Fortsetzung und kritischen Weiterführung aufklärerischer Ansprüche sieht. Aus heutiger Sicht ist die Beschäftigung mit der Literatur der Aufklärung deshalb von exemplarischer Bedeutung, weil an ihr die Entdeckung des Eigenwertes der Literatur gerade für die Anliegen einer kritischen und selbstkritischen Aufklärung studiert werden kann. Der in diesem Buch vorgeschlagene Terminus ›literarische Aufklärung‹ verdeutlicht einerseits die spezifische Bedeutung des Literarischen im Prozeß der Aufklärung, indem die Fähigkeit der Literatur betont wird, Phänomene und Erfahrungen in ihrer Widersprüchlichkeit und Ambivalenz zu erfassen, die einem bornierten Rationalismus verborgen bleiben. Er unterstreicht andererseits, daß die sich bildende Eigengesetzlichkeit der Literatur nicht mit einer irrationalistischen und anti-aufklärerischen Option gleichzusetzen ist, sondern mit ihren eigenen Mitteln die aufklärerische Praxis der Kritik und Selbstkritik vollzieht.

Unsere Analysen zu den verschiedenen literarischen Texten der deutschen Aufklärung werden also immer von der Frage geleitet sein, wie die ›Logik‹ des jeweiligen Gedichtes, Dramas oder Romans zu einer kritischen Selbstreflexion menschlicher Erfahrungen beiträgt und wie diese ›Logik‹ sich von derjenigen eines wissenschaftlichen oder philosophischen Diskurses unterscheidet. Dabei wird sich zeigen, daß in manchen Bereichen – etwa in der Begründung des modernen Dramas, in der Ästhetik des Erhabenen oder in der Entwicklung des literarischen Perspektivismus in der Epik – innovative literarische Modelle entwickelt werden, die noch heute in der Diskussion um moderne und postmoderne Literatur eine wichtige Rolle spielen.

2

# Grundlagen

## Dimensionen und Probleme der historischen Aufklärung

Immanuel Kant hat 1784 das Selbstverständnis einer avancierten Aufklärung in seiner berühmten Definition exemplarisch formuliert:

> *Aufklärung ist der Ausgang des Menschen aus seiner selbst verschuldeten Unmündigkeit. Unmündigkeit* ist das Unvermögen, sich seines Verstandes ohne Leitung eines anderen zu bedienen. [...] Sapere aude! Habe Mut, dich deines *eigenen* Verstandes zu bedienen! ist also der Wahlspruch der Aufklärung.
>
> (Zit. nach: Bahr, *Was ist Aufklärung?*, 9)

In Kants Formulierung wird ein Grundzug aufklärerischen Selbstverständnisses deutlich: Es geht bei der Forderung, vernünftig und verständig zu denken, nicht darum, fixierte Wahrheiten und Gewißheiten zu reproduzieren, sondern in einer selbständigen Gedankenbewegung zu jeweils ›eigenen‹ Einsichten zu gelangen. Worauf es ankommt, ist also das ›Selbstdenken‹ im Gegensatz zu einer passiven Aufnahme fixierten Wissens. Kants Definition ist aber keine ›Lösung‹ der Probleme und Ambivalenzen des Aufklärungsprozesses, sondern deren Ausdruck. Daß der Ausgang aus der selbst verschuldeten Unmündigkeit überraschende Erkenntnisse bringen, aber auch neue Abhängigkeiten erzeugen kann, gehört zu den Einsichten, die in einer eindimensionalen Betrachtung der Geistesgeschichte des 18. Jahrhunderts oft verdrängt, in den letzten Jahren aber immer deutlicher als Vermächtnis der Aufklärung verstanden worden sind. Wie sich die skizzierte Ambivalenz der Aufklärung in der Selbstreflexion der Zeitgenossen in verschiedenen Facetten ausprägt, soll nun gezeigt werden.

Immanuel Kant

Lithographie nach einer Zeichnung
von Veit Hans Schnorr von Karolsfeld (1789)

Im Bereich der *Ethik* zeigt sich die Problematik des aufgeklärten Denkens darin, daß es zu einer Dichotomie zwischen Theorie und Praxis, zwischen rationaler Erkenntnis und ethischem Anspruch kommen kann. In seinen Briefen *Über die ästhetische Erziehung des Menschen* bilanziert Friedrich Schiller elf Jahre nach Kants Definition diesen Konflikt:

> Die Aufklärung des Verstandes, deren sich die verfeinerten Stände nicht ganz mit Unrecht rühmen, zeigt im Ganzen so wenig einen veredelnden Einfluß auf die Gesinnungen, daß sie vielmehr die Verderbniß durch Maximen befestigt. Wir verleugnen die Natur auf ihrem rechtmäßigen Felde, um auf dem moralischen ihre Tyranney zu erfahren, und indem wir ihren Eindrücken widerstreben, nehmen wir unsre Grundsätze von ihr an. (NA 20,320)

Der Ausgang aus der selbst verschuldeten Unmündigkeit stellt das Individuum vor das Problem, seine Handlungen nicht an von außen kommenden Vorschriften ausrichten zu können, sondern autonom bestimmen zu müssen. Das ›mündige‹ Individuum wird mit der Frage konfrontiert, wie es mit der Natur im Menschen, also mit der eigenen Leiblichkeit und den ›Begierden‹ umzugehen hat. Nicht erst mit Horkheimers und Adornos »Dialektik der Aufklärung« wird diese Frage der Unterdrückung der Natur im Menschen akut. Schiller benennt in präziser Weise das Problem, indem er zwei divergierende Reaktionen auf den Verlust heteronomer Handlungsnormierungen beschreibt:

> Der Mensch kann sich aber auf eine doppelte Weise entgegen gesetzt seyn: entweder als Wilder, wenn seine Gefühle über seine Grundsätze herrschen; oder als Barbar, wenn seine Grundsätze seine Gefühle zerstören. Der Wilde verachtet die Kunst, und erkennt die Natur als seinen unumschränkten Gebieter; der Barbar verspottet und entehrt die Natur, aber verächtlicher als der Wilde fährt er häufig genug fort, der Sklave seines Sklaven zu seyn. (NA 20,318)

Was Schiller hier beschreibt, ist ein wesentlicher Gegenstand auch der Literatur des 18. Jahrhunderts, die vor diesem Hintergrund in einem ganz spezifischen Sinne als literarische Aufklärung bezeichnet werden kann. Wenn diese gegen die ›rohen‹ Triebe und gegen deren kaum verhüllte Instrumentalisierung in der Libertinage zu Felde zieht, so ist gleichzeitig zu betonen, daß die Unterdrückung der Natur und die mit dieser häufig verbundene und von Schiller angesprochene Heuchelei in der Kritik am Schwärmertum ein mindestens ebenso häufig wiederkehrendes Thema der aufklärerischen Dichtung darstellt. Wenn Schiller erklärt: »Der gebildete Mensch macht die Natur zu seinem Freund, und ehrt ihre Freyheit, indem er bloß ihre Willkühr zügelt« (NA 20,318), so ist dieser Versuch einer Synthese keine Auflösung der Ambivalenzen, die das aufklärerische Denken prägen, sondern der Zielpunkt, mit dem Schillers Idee der ästhetischen Erziehung sich diesen Ambivalenzen zu stellen sucht. Zwischen Unterdrückung der Natur und der Begierden und einer ›libertinären‹ Öffnung gegenüber dieser Ausprägung des Natürlichen bewegt sich Wielands *Geschichte des Agathon*, der Aufklärungsroman par excellence, und gerade die neuere Forschung ist sich darüber einig, daß es in diesem Text nicht um eine Auflösung der Dichotomien, sondern um deren skeptisch-heitere Inszenierung geht. Wenn Max Horkheimer und Theodor W. Adorno unter dem Eindruck der nationalsozialistischen Gewaltherrschaft die Dialektik des Naturzwangs charakterisieren, so verweisen sie auf eine wesentliche Problematik des aufklärerischen Denkens, sind sich aber nicht der Tatsache bewußt, daß bereits die Aufklärer selbst die in Rede stehende Problematik reflektiert haben:

> Jeder Versuch, den Naturzwang zu brechen, indem Natur gebrochen wird, gerät nur um so tiefer in den Naturzwang herein. So ist die Bahn der europäischen Zivilisation verlaufen. Die Abstraktion, das Werkzeug der Aufklärung, verhält sich zu ihren Objekten wie das Schicksal, dessen Begriff sie ausmerzt: als Liquidation. (Horkheimer/Adorno, B 2: 1988, 19)

In der Rezeption Rousseaus und Diderots hat sich die deutsche Aufklärung sehr wohl darum bemüht, den Ansprüchen der Natur gerecht zu werden; es fehlt den Theoretikern der Frankfurter Schule an historischem Blick, wenn sie etwa die Bedeutung der empfindsamen und skeptischen Elemente der Aufklärung, die beispielsweise für Lessing und Wieland von großer Bedeutung sind, in bornierter Weise mißachten.

Die skizzierte Ambivalenz im ethischen Bereich, die sich auf das Verhältnis des Menschen zu seiner inneren Natur bezieht, besitzt evidentermaßen auch anthropologische und psychologische Dimensionen. Entgegen Horkheimers und Adornos These ist der Aufklärungsdiskurs gerade nicht monolithisch und reflektiert sehr wohl die Problematik einer Unterdrückung der ›Natur im Menschen‹:

> Das also [. . .] ist die psychologische Dialektik der Aufklärung: Man grenzt die Vernunft mehr oder minder scharf gegen die widerständige Natur ab und verwikkelt sich deshalb in einen endlosen Kampf mit ihr. Er prägt vor allem auch die schöne Literatur in aller Unmittelbarkeit, und er verbindet darüber hinaus sowohl die mehr rationalen als auch die mehr irrationalen Strömungen der Aufklärung in einer sehr genau bestimmbaren Hinsicht. (Grimminger, B 2: 1984, 23)

Was Horkheimer und Adorno im Angesicht der nationalsozialistischen Barbarei in zugespitzter Form artikulieren, erweist sich bei näherem Hinsehen also bereits als ein privilegierter Gegenstand der aufklärerischen Selbstreflexion:

> Die Herrschaft des Menschen über sich selbst, die sein Selbst begründet, ist virtuell allemal die Vernichtung des Subjekts, in dessen Dienst sie geschieht, denn die beherrschte, unterdrückte und durch Selbsterhaltung aufgelöste Substanz ist gerade nichts anderes als das Lebendige, als dessen Funktion die Leistungen der

> Selbsterhaltung einzig sich bestimmen, eigentlich gerade das, was erhalten werden soll.
>
> (Horkheimer/Adorno, B 2: 1988, 62)

Eine wesentliche Funktion der aufklärerischen Reflexion besteht gerade darin, dieser Unterdrückung der Natur und der damit gegebenen Amputation des Menschen entgegenzuwirken, das »Eingedenken der Natur im Subjekt« zu praktizieren und in anthropologischer Hinsicht ein Bild des ›ganzen Menschen‹ zu zeichnen, worauf die Veranstalter des DFG-Symposiums von 1992 zum Thema »Der ganze Mensch. Anthropologie und Literatur im 18. Jahrhundert« zurecht verwiesen:

> Im Gegenzug gegen die cartesianische Trennung von res cogitans – res extensa und die metaphysischen Versuche ihrer Bewältigung bildet sich um die Mitte des 18. Jahrhunderts eine neue Erfahrung vom Menschen und mit ihr eine ›Wissenschaft‹ vom ›Zusammenhang der tierischen Natur des Menschen mit seiner geistigen‹, die sich gezielt den Namen ›Anthropologie‹, ›philosophia anthropologica‹, ›menschliche Philosophie‹ gibt. Man hat von der ›Erfindung des Menschen‹ gesprochen. Entschlossen nimmt die neue Anthropologie Tendenzen der Aufklärung auf: Rückgang auf die Empirie, Naturalisierung des Menschen, ›Rehabilitation der Sinnlichkeit‹. (Schings, B 2: 1994, 1)

Vor diesem Hintergrund ist auch die systematische Bedeutung der Empfindsamkeit als einer vorromantischen Disposition im Rahmen des Aufklärungsprozesses zu erkennen. Wenn das Gefühl als Ausdruck der Natur des Menschen und als Einheit von Moral und emotionaler Gestimmtheit in den Vordergrund tritt, so zeigt sich das Bewußtsein der aufklärerischen Subjektivität bezüglich der Gefahren eines einseitigen Zweckrationalismus:

> Erklärungen für das Entstehen dieser modernen Subjektivität und ihrer Empfindungsfähigkeit haben sich auf wesentlich grundsätzlichere Bestimmungen zu beziehen, die auch den historischen Wandel von Teilbereichen der Gesellschafts- und Staatsorganisation überdauern: auf jene Rationalisierungsschübe von Wirtschaft, sozialer und politischer Herrschaft, aus denen sich die ›prosaischen Verhältnisse‹ der Moderne entfalten. Sie erzwingen auch die perfekte Abspaltung eines nützlichen und zugleich mehr oder minder abhängigen, unfreien Daseins von einem lustvollen. [. . .] Mag der Rückzug in die Privatheit dann auch als Fluchtbewegung kritisierbar sein, so hat er doch bereits im 18. Jahrhundert noch eine andere Bedeutung, die neu bewertet werden muß. Er zeigt seit Rousseau die ›sentimentalische‹ und gerade im Rückzugsbereich der schönen Literatur betriebene Suche nach der privaten ›Natur‹, der unentfremdeten Identität des Subjekts.
>
> (Grimminger, B 2: 1984, 99)

Die empfindsame Subjektivität als Repräsentantin der ›Natur im Menschen‹ steht freilich selbst vor der Aporie, daß sie mit der Wendung gegen die aufklärerische Rationalisierung, wie sie sich etwa in den politischen Systemen des ›aufgeklärten Absolutismus‹ zeigt, in eine Position gedrängt wird, die auf eine Verleugnung der eigenen Reflexivität und ›modernen‹ Vermitteltheit hinausläuft. Vor und mit Rousseau steht das empfindsame Subjekt vor dem Problem, daß es einen präreflexiven Zustand der Unschuld propagiert, der aber gerade das Ergebnis einer aufgeklärten und ›sentimentalischen‹ Reflexion ist. Auf dieses Dilemma antwortet die Empfindsamkeit häufig mit einer Abspaltung und Tabuisierung der Körperlichkeit, die als Domäne aristokratischer Immoraliät oder – auf literarischem Gebiete – als Ausdruck unverantwortlicher anakreontischer ›Tändelei‹ erscheint. Das Grazienideal, wie es etwa bei Wieland und Schiller formuliert wird, erscheint als ein Modell der Vermittlung von Spontaneität und Reflexion, von ›Natur‹ und Bildung. So heißt es von der Protagonistin der Verserzählung *Musarion*:

Nie sahe man die Musen
Und Grazien in einem schönern Bund;
Nie scherzte die Vernunft aus einem schönern Mund;
Und Amor nie um einen schönern Busen.
(WW 9,10)

Nicht um eine frivole Zurschaustellung von Körperlichkeit, aber auch nicht um eine Verleugnung der Sinnlichkeit geht es hier, sondern um eine Subjektivitätskonzeption, die empfindsame Impulse aufnimmt und mit diesen eine Kultivierung des Erotischen versucht. Diese ist, wie Schillers Formel von der Freundschaft des gebildeten Menschen mit der Natur und sein Verweis auf die Dialektik von Freiheit und Willkür zeigt, keine pikante Marotte, sondern eine Antwort auf eine fundamentale Antinomie des Aufklärungsdiskurses.

Eine analoge Ambivalenz bildet sich im Verhältnis der aufklärerischen Diskurse zur Politik. Die Entfaltung der empfindsamen Subjektivität ist auch Ausdruck eines sich entwickelnden bürgerlichen Selbstbewußtseins gegenüber dem Wertesystem und der Mentalität des Adels. Wie Reinhart Kosellek herausgearbeitet hat (vgl. B 2: 1989), verstand sich die Opposition gegen die ›herrschende‹ Gesellschaft und deren Rationalität als unpolitisch und privat, löste aber durch ihre von außen kommende Kritik eine Legitimationskrise der spätfeudalistischen Gesellschaft aus. Jürgen Habermas beschreibt die Distanzierung des bürgerlichen Subjekts von der repräsentativen Öffentlichkeit der aristokratischen Gesellschaft in der »publikumsbezogenen Privatheit« der bürgerlichen Familie, die konstitutiv für die literarische Form des bürgerlichen Trauerspiels wurde und auch sonst in den literarischen Diskursen der Aufklärung eine bedeutende Rolle spielte:

Private Autonomie, die ihren *ökonomischen* Ursprung verleugnet, eine außerhalb des Bereichs der durch den autonom sich dünkenden Marktteilnehmer einzig praktizierten, verleiht denn auch der bürgerlichen Familie das Bewußtsein ihrer selbst. Sie scheint freiwillig und von freien Einzelnen begründet und ohne Zwang aufrechterhalten zu werden; sie scheint auf der dauerhaften Liebesgemeinschaft der beiden Gatten zu beruhen; sie scheint jede zweckfreie Entfaltung aller Fähigkeiten zu gewähren, die die gebildete Persönlichkeit auszeichnet. Die drei Momente der Freiwilligkeit, der Liebesgemeinschaft und der Bildung schließen sich zu einem Begriff der Humanität zusammen, die der Menschheit als solcher innewohnen soll und wahrhaft ihre absolute Stelle erst ausmacht: die im Worte des rein oder bloß Menschlichen noch anklingende Emanzipation eines nach eigenen Gesetzen sich vollziehenden Inneren von äußerem Zweck jeder Art. (Habermas, B 2: 1990, 110 f.)

Aber wie die Formulierung Habermas' andeutet, zeigt sich auch in diesem Bereich eine Ambivalenz des aufklärerischen Impulses, weil die Autonomie des bürgerlichen Subjekts, die sich nur in der Privatheit zu artikulieren vermag, an den Zwängen und Gesetzmäßigkeiten der äußeren Sphäre, also des Bereichs der Ökonomie und der Politik, ihre Grenze findet. So ergibt sich die Gefahr einer Aufspaltung des Subjekts in eine vermeintlich freie Privatheit und Innerlichkeit und in eine den ›Sachzwängen‹ untergeordnete Äußerlichkeit. Diese Problematik wird auch in Kants bereits zitierter Abhandlung aufgegriffen und auf eine problematische Weise ›aufgelöst‹. Zur Verdeutlichung seines Verständnisses von Mündigkeit etabliert Kant nämlich eine (aus heutiger Sicht eher mißverständliche) Unterscheidung zwischen einem öffentlichen und einem privaten Gebrauch der Vernunft, die eine problematische Dichotomie zwischen individuellem und gesellschaftlichem Vernunftgebrauch voraussetzt:

> [...] der *öffentliche* Gebrauch seiner Vernunft muß jederzeit frei sein, und der allein kann Aufklärung unter Menschen zustande bringen; der *Privatgebrauch* derselben aber darf öfters sehr enge eingeschränkt sein, ohne doch darum den Fortschritt der Aufklärung sonderlich zu hindern. Ich verstehe aber unter dem öffentlichen Gebrauch der Vernunft denjenigen, den jemand *als Gelehrter* von ihr vor dem ganzen Publikum der *Leserwelt* macht. Den Privatgebrauch nenne ich denjenigen, den er in einem gewissen ihm anvertrauten *bürgerlichen Posten* oder Amte von seiner Vernunft machen darf. (Zit. nach: Bahr, *Was ist Aufklärung?*, 11)

Kant zeichnet hier das Prinzip des aufgeklärten Absolutismus nach, bei dem gemäß der im Text zitierten Maxime »*räsoniert*, soviel ihr wollt und worüber ihr wollt; *aber gehorcht!*« (zit. nach Bahr, *Was ist Aufklärung?*, 11) freie Meinungsäußerungen in einer sich bildenden bürgerlichen Öffentlichkeit toleriert werden. Im Bereich des politischen und gesellschaftlichen Handelns aber wird absoluter Gehorsam gefordert. Was Kant mit Blick auf die von ihm diagnostizierte Unreife der meisten Menschen begrüßt, erscheint vielen Zeitgenossen als unselige Zersplitterung menschlicher Möglichkeiten und als ein Auseinanderklaffen von Theorie und Praxis, individueller Haltung und gesellschaftlichem Handeln.

Dabei postuliert Kant die prinzipielle Verpflichtung des kritischen Denkens, sich auf *alle* Bereiche des menschlichen Lebens zu erstrecken und sich nicht mit bestimmten Reservaten zu begnügen:

> Ich habe den Hauptpunkt der Aufklärung, die des Ausganges der Menschen aus ihrer selbstverschuldeten Unmündigkeit, vorzüglich *in Religionssachen* gesetzt:

weil in Anschauung der Künste und Wissenschaften unsere Beherrscher kein Interesse haben, den Vormund über ihre Untertanen zu spielen; überdem auch jene Unmündigkeit, so wie die schädlichste, also auch die entehrendste unter allen ist. Aber die Denkungsart eines Staatsoberhaupts, der die erstere begünstigt, geht noch weiter und sieht ein: daß selbst in Ansehung seiner *Gesetzgebung* es ohne Gefahr sei, seinen Untertanen zu erlauben, von ihrer eigenen Vernunft *öffentlichen* Gebrauch zu machen und ihre Gedanken über eine bessere Abfassung derselben, sogar mit einer freimütigen Kritik der schon gegebenen, der Welt öffentlich vorzulegen; davon wir ein glänzendes Beispiel haben, wodurch noch kein Monarch demjenigen vorging, welchen wir verehren.

(Zit. nach: Bahr, *Was ist Aufklärung?*, 16)

Diese positive Einschätzung der politischen Verhältnisse in Preußen unter Friedrich II. wurde beileibe nicht von allen Zeitgenossen geteilt. Strittig blieb und bleibt zweierlei: ob die Freiheit der Meinungsäußerung in politischen Fragen wirklich bestand und ob die von Kant etablierte Trennung des öffentlichen und privaten Gebrauchs der Vernunft die aufklärerische Kritik nicht zur praktischen Wirkungslosigkeit verurteilte. Der kritische Aufklärer Lessing kommentierte jedenfalls im Jahre 1769 in einem Brief an Friedrich Nicolai vom 25. August sowohl den Zustand der publizistischen Öffentlichkeit als auch die konkreten politischen Verhältnisse in Preußen mit kompromißloser polemischer Schärfe:

Sonst sagen Sie mir von Ihrer Berlinischen Freiheit zu denken und zu schreiben ja nichts. Sie reduziert sich einzig und allein auf die Freiheit, gegen die Religion soviel Sottisen zu Markte zu bringen, als man will. [...] lassen Sie einen in Berlin auftreten, der für die Rechte der Untertanen, der gegen Aussaugung und

Despotismus seine Stimme erheben wollte, wie es itzt sogar in Frankreich und Dänemark geschieht: und Sie werden bald die Erfahrung haben, welches Land bis auf den heutigen Tag das sklavischste Land von Europa ist. (Zit. nach: Lessing, *Gesammelte Werke*, Bd. 9, 327)

Daß die herrschenden Mächte in Deutschland nicht einmal bereit waren, einen Disput über religiöse Themen öffentlich austragen zu lassen, erfuhr Lessing im Zuge seines Streits mit dem Hamburger Hauptpastor Goeze, der sich auf die Herausgabe kritischer Fragmente zur Offenbarung des Christentums durch den kritischen Aufklärer Lessing bezog. Diese exemplarische Auseinandersetzung im ausgehenden Aufklärungszeitalter belegt den Zusammenhang von religiöser und politischer Gegenaufklärung und damit die Problematik einer vermeintlich säuberlichen Trennung beider Bereiche.

Die politischen Implikationen des aufklärerischen Denkens wurden im Jahre 1795 von dem deutschen Jakobiner Johann Benjamin Erhard (1766–1827) in der Schrift *Über das Recht des Volkes auf Revolution* mit unmittelbarem Bezug auf Kants Formulierungen aufgegriffen. Erhard geht von der Überlegung aus, daß die politischen Verhältnisse den Anspruch des *Volkes* auf Mündigkeit unterdrücken können, und *in diesem Falle* hält er eine Revolution eben gerade als Ausgang aus einer *selbst verschuldeten Unmündigkeit* für legitim:

> Insoferne jedes Volk unaufhaltsam seiner Mündigkeit entgegengeht, insoferne bereiten sich alle Völker zu einer Revolution vor. Es ist aber möglich, daß sich die Verfassungen den verschiedenen Graden von Mündigkeit anpassen und dadurch eine eigentliche Revolution verhüten, so daß alles nach und nach geschieht und unvermerkt die Verfassung ihre richtige moralische Form erhält. So, wie man von dem Volke sagen kann, daß es seine Unmündigkeit verschuldet habe, so kann man

auch von der Regierung sagen, daß sie jede Revolution verschuldet habe, weil sie sich nicht der Mündigkeit anpaßte oder die Menschenrechte in dem Grade respektierte, als sie das Volk kennenlernte.

(Bahr, B 1: 1974, 47)

Daß die jakobinische Politisierung des Aufklärungsverständnisses nicht den Beifall der meisten Zeitgenossen fand, zeigt neben anderen Texten auch Schillers Konzeption der ästhetischen Erziehung, die auf das bereits erwähnte evolutionäre Bildungskonzept zielt und die unerwünschten Folgen einer Entfesselung ›wilder‹ Triebe zu korrigieren sucht.

## Tendenzen der deutschen Aufklärung von Gottsched bis Wezel

Was in der retrospektiven Betrachtung in systematischer Hinsicht als Ambivalenz der Aufklärung, als die immanente Problematik einer Orientierung an einem normativen Vernunftbegriff erscheint, ermöglicht eine Ordnung des umfangreichen historischen Materials. Entgegen landläufiger Vorstellungen ist das 18. Jahrhundert und mit ihm die Literatur der Aufklärung nicht durch das Vorherrschen eines bornierten und dogmatischen Rationalismus gekennzeichnet; vielmehr läßt sich eine Grundtendenz erkennen, die zwar von der Überzeugung ausgeht, daß die literarischen Programme und Prinzipien vor der Instanz einer kritischen Vernunft bestehen müssen, dabei aber einem einseitigen Rationalismus durch eine Differenzierung des Vernunftbegriffs zu entgehen sucht. Gefragt sind im Laufe des 18. Jahrhunderts insofern Konzeptionen, die das ›Andere der Vernunft‹ in einem offenen Verständnis von Rationalität zu integrieren vermögen, ohne einem unreflektierten Irrationalismus zu verfallen.

Von entscheidender Bedeutung für die aufklärerische Literatur ist vor diesem Hintergrund die rationalistische Grundlegung der Literaturtheorie, die in Deutschland untrennbar mit dem Namen Gottscheds verbunden ist. Wenn im Rückblick auf die Entwicklung des 18. Jahrhunderts (wie etwa in Goethes Autobiographie *Dichtung und Wahrheit*) der Anspruch einer präskriptiven und normierenden Poetik einem beißenden Spott ausgesetzt ist und wenn in Darstellungen zur Literatur des 18. Jahrhunderts – wie in der vorliegenden – die kreativen Entwicklungen der Dichtung als Dokumente einer Emanzipation von der rationalistischen Festlegung erscheinen, so ist auf der anderen Seite doch zu betonen, daß Gottscheds Anspruch, die Literatur mit den Postulaten des vernünftigen Denkens zu versöhnen, eine entscheidende Voraussetzung für eben diese Entwicklung der Aufklärungsliteratur darstellte. Auch da, wo sich die Literatur der Aufklärung in Opposition gegen die Regelpoetik Gottscheds entwickelte, profitierte sie von den Klärungen und Bestimmungen des so scharf kritisierten Professors für Philosophie und Poetik. Geistesgeschichtlich ist dessen Versuch, die Poetik neu zu fundieren, indem er nicht mehr die Rhetorik, sondern die Grundsätze der Philosophie (der »Wahrheit«, wie er sie verstand) als deren Grundlagen darstellte, von entscheidender Bedeutung. Denn wenn die Literatur der Aufklärung dazu beitragen soll, den Menschen aus seiner selbstverschuldeten Unmündigkeit zu befreien, muß sie Bezüge zur Wahrheit und zur Praxis unterhalten, und dies kann nur gelingen, wenn sie den Anspruch aufrecht erhalten kann, vor dem Richtstuhl der kritischen Vernunft zu bestehen. Wo sich wie in der Weimarer Klassik, bedingt durch problematische geschichtliche Erfahrungen (Verlauf der Französischen Revolution) eine Kluft zwischen Literatur und Praxis, zwischen Schönheit und Wahrheit auftut, ist der Geltungsbereich aufkläre-

Johann Christoph Gottsched
Kupferstich nach dem Gemälde
von J. F. Reiff (1753)

rischer Literatur im engeren Sinne verlassen. Schillers Briefe *Über die ästhetische Erziehung des Menschen* belegen diesen Ablösungsprozeß im Verlauf ihres Argumentationsganges und markieren so einen epochalen Einschnitt.

Entscheidend für den Verlauf der Literaturgeschichte des 18. Jahrhunderts ist aber die Art und Weise, wie sich die Opposition gegen die bornierte rationalistische Poetik formierte. In getrennten und untereinander konkurrierenden, wenngleich sich auch berührenden Modellen zeigen sich spätestens um 1750 Tendenzen, das rationalistische Modell zu erweitern und zu ergänzen. Indem der Anspruch der rationalistischen Poetik zurückgewiesen wird, entwickeln sich die Bedingungen der Möglichkeit für eine Autonomie des Literarischen, indem diesem ein spezifischer Erkenntnis-, Ausdrucks- und Reflexionswert zugesprochen wird, den die Philosophie als die Formulierung des rationalen Wissens nicht aufweist.

Grundsätzlich ist daran zu erinnern, daß die Problematik des aufklärerischen Rationalismus bei Horkheimer/Adorno mit der Forderung nach dem »Eingedenken der Natur im Subjekt« verbunden wurde. Gegen den objektivistischen Rationalismus der Regelpoetik klagen die Schriftsteller und Dichter um 1750 tatsächlich den Stellenwert des Subjektiven und die Bedeutung des Natürlichen ein (wobei die Vieldeutigkeit des Naturbegriffs Raum für verschiedene Strömungen läßt).

Eine Höherbewertung der Sinnlichkeit gegenüber dem Verstand und der Vernunft hat die sensualistische Tendenz der Aufklärung auf ihre Fahnen geschrieben, die im Laufe des 18. Jahrhunderts in verschiedenen Erscheinungsformen eine hervorragende Bedeutung erlangt. Die *Anakreontik* mit ihrer formal und inhaltlich streng an antiken Vorbildern orientierten Feier des Weines und der Liebe tritt mit Hagedorn und Gleim sehr früh auf, erhebt keinerlei theoretischen Anspruch und ist doch bei aller Formelhaftigkeit und bei dem offensichtlichen Kompensationscharakter, den die beschwingten Lieder haben, eine deutliche Kritik an dem intellektualistischen Menschenbild des Rationalismus. Auf der philosophischen Ebene wird der Sensualismus durch die Einführung der Ästhetik als philosophischer Disziplin gefördert, als deren Urheber Alexander Gottlieb Baumgarten (1714–62) anzusehen ist. Es ist für die Logik der Entwicklungstendenzen des 18. Jahrhunderts bezeichnend, daß Baumgarten als Schüler Wolffs auftritt, daß er demnach ganz im Rahmen der rationalistischen Schulphilosophie argumentiert, daß er aber mit seiner Aufwertung der ›niederen‹ Erkenntnisvermögen befreiend wirkt und damit dazu beiträgt, die Literatur aus den Fesseln der philosophischen Schemata zu befreien. Wenn die philosophische Reflexion die Literatur (und die Kunst überhaupt) als die Darstellung einer vollkommenen sinnlichen Erkenntnis verstehen konnte, so lag darin ein Ansporn für diese, einen eigenen Zugang zur ›Wirklichkeit‹ zu reklamieren, der von dem reinen Denken der Philosophie nicht besetzt wurde. Die sensualistische Perspektive gehört seit der Mitte des Jahrhunderts zu den wichtigen Ausdrucksformen, mit denen es möglich wird, Subjektivität jenseits der rationalistischen Dogmen darzustellen und zu artikulieren. Vor allem in der Epik Wielands ist die Sinnlichkeit ein Grundzug der psychologischen Analyse und ein wesentliches Element der dichterischen Sprache, die Anschaulichkeit durch die Wiedergabe der sinnlichen Eindrücke gewinnt. Vor diesem Hintergrund erscheint Wilhelm Heinses Roman *Ardinghello* (1787), der eine sensualistische Interpretation der antiken Kunst sowie der personalen Bezüge des Menschen bietet und gewöhnlich im Kontext von Sturm und Drang und Weimarer Klassik diskutiert wird, als eine radikalisierende Zuspitzung der sensualistischen Tendenz, die für die Literatur der Aufklärung charakteristisch ist. Auch wenn die Erotik und die mit ihr verbundene erotische Literatur hauptsächlich wegen des Fehlens einer adeligen Kultur der Libertins in der deutschen Aufklärung keine so große Rolle spielt wie in der französischen, so sind die sensualistisch-erotischen Akzente mit ihrer moralkritischen Tendenz insbesondere im Werk Wielands und Heinses nicht zu verkennen.

Hier zeigt sich das konkurrierende Verhältnis der verschiedenen Entwicklungstendenzen der aufklärerischen Literatur. Während in der sensualistischen Perspektive die Subjektivität der Menschen als Sinnlichkeit und damit vor allem als äußerliche Sensation interpretiert wird, stellt die

*Empfindsamkeit* das Gefühl und damit die innere Empfindung des Menschen in den Mittelpunkt ihrer anthropologischen Konzeption, wobei sie sich mit moralisierender Emphase gegen die potentielle ethische Indifferenz des Sensualismus wendet. Das Selbstverständnis und die Selbsterfahrung des Menschen lassen sich in der Perspektive der Empfindsamkeit nicht über die objektivistischen Begriffe der Schulphilosophie darstellen, sondern artikulieren sich im menschlichen Gefühl und in dessen Versprachlichung (die sich im Unsagbarkeitstopos häufig als indirekte Umschreibung des eigentlich nicht Formulierbaren präsentiert). Die empfindsame Emotion begreift sich als unmittelbar moralisch, als moralisches Gefühl, das sich gegen jede verstandesmäßige Bestimmung und insbesondere gegen die zynische Unmoral der Aristokraten wendet. Insofern ist die Empfindsamkeit Ausdruck des bürgerlichen Selbstverständnisses und dabei ähnlich wie die Anakreontik offensichtlich Ausdruck eines Kompensationsbedürfnisses: Die von der gesellschaftlichen Praxis mehr oder weniger ausgeschlossene Subjektivität kultiviert die Innerlichkeit des Gefühls und zelebriert ihre (vermeintliche oder wirkliche) moralische Überlegenheit gegenüber denen, die sich in eben dieser Praxis betätigen (und dabei ›die Hände schmutzig machen‹). Das bürgerliche Trauerspiel und der empfindsame Roman sind literarische Konsequenzen dieses Selbstverständnisses, und sie zeigen auch, daß die eben skizzierte Kompensationsthese diesem Ausdruck bürgerlicher Kultur und bürgerlichen Selbstverständnisses nicht ganz gerecht wird. Das Verdienst der Empfindsamkeit liegt zweifelsfrei darin, ein Vokabular und literarische Formen bereitgestellt zu haben, in denen sich Emotionen und in ihnen eine gefühlsmäßige Selbstreflexion des Subjekts sprachlich artikulieren können. Wie der Pietismus, auf den sie sich insbesondere wegen ihres auf die immanente (bürgerliche) Welt bezogenen Gestus keineswegs zurückführen oder reduzieren läßt, hat sie damit der Bewußtwerdung und Gestaltung menschlicher

Subjektivität den Weg gebahnt. Ohne sie wäre die Lyrik Goethes, die unser Verständnis dieser Gattung immer noch stark bestimmt, nicht denkbar.

Als Repräsentant einer empfindsamen Kultur, die weit über den Bereich der Literatur hinausgreift, ist Christian Fürchtegott Gellert (1715–69) anzusehen, der als Leipziger Professor für Beredsamkeit einer der Lehrer Goethes war und neben seinen epischen und dramatischen Texten sich besonders für die Briefkultur als eine privilegierte Ausdrucksform der empfindsamen Subjektivität einsetzte. Gegenüber der ebenfalls das Gefühl hochschätzenden späteren Bewegung des Sturm und Drang ist die Empfindsamkeit mit ihrer Betonung der ›Zärtlichkeit‹ jeglichem betont ›männlichen‹ Aktivismus abhold, was die Hochschätzung eines stilisierten Weiblichkeitsideals erklärt. Die Empfindsamkeit bringt in diesem Zusammenhang auch die erste weibliche Romanschriftstellerin hervor: Sophie von La Roche (1731–1807), die Freundin Wielands, legt 1771 die *Geschichte des Fräuleins von Sternheim* vor, die freilich von dem berühmten Dichter herausgegeben und mit einem gönnerhaften Vorwort versehen anonym erscheint. Trotzdem ist nicht zu leugnen, daß die Empfindsamkeit die Frau als Leserin in besonderer Weise förderte und insofern die Emanzipation der Frau unterstützte (auch wenn auf der anderen Seite eine klischeehafte Auffassung des ›Weiblichen‹ mit dieser Aufwertung verbunden war).

Daß Sensualismus und Empfindsamkeit zwei konkurrierende, jeweils einseitige und nicht zu einer Synthese führende ›Korrekturen‹ des rationalistischen Menschenbildes darstellen, ist ein entscheidender Gesichtspunkt der Literatur nach 1750, und dies prägt in besonderem Maße die Texte Lessings und Wielands. Die Einseitigkeit einer empfindsamen Innerlichkeit mit ihrem Ausweichen vor der empirischen Wirklichkeit wird in Wielands Epik zur Grundlage einer komischen Schwärmerkritik. In Lessings bürgerlichem Trauerspiel *Emilia Galotti* werden die Grundlagen der Gattung durch deren radikale Inszenierung fraglich, wenn die Titelheldin ihren Tod herbeiführen läßt, weil sie nicht mehr darauf vertraut, daß die empfindsame Verdrängung der Sinnlichkeit gegenüber den Avancen einer aristokratischen Erotik aufrecht erhalten werden kann. In solchen Versuchsanordnungen, bei denen in literarischen Experimenten die Problematik einseitiger Orientierungen dargestellt wird, zeigt sich der besondere Gehalt aufklärerischer Literatur: Ohne daß ›Lösungen‹ und ›Synthesen‹ geboten werden, verflüssigen die literarischen Texte starre Positionen und zeigen eine ganz eigene Logik, die es so in philosophischen oder ›wissenschaftlichen‹ Texten nicht gibt.

Als eine wichtige Gegenposition zu dem dogmatischen Rationalismus Gottscheds ist auch die Poetik der ›Schweizer‹ anzusehen. Johann Jakob Bodmer (1698–1783) und Johann Jakob Breitinger (1701–76) exponierten sich in den vierziger und fünfziger Jahren im ›Literaturstreit‹ als Verfechter des Wunderbaren, des Erhabenen und des ›Neuen‹ in der Poesie und gaben damit vielen jüngeren Dichtern das Signal zu einem Ausbruch aus den engen Grenzen der rationalistischen Poetik. Aus heutiger Sicht ist freilich zu bemerken, daß sie in wesentlichen Punkten mit dem so harsch bekämpften Gegner übereinstimmten, gingen sie doch wie Gottsched von der Philosophie Wolffs aus, hielten am Dogma der Naturnachahmung fest und optierten keineswegs für einen blanken Irrationalismus in der Poesie. Indem sie sich aber gegen Gottscheds ›Verbot‹ wandten, religiöse und damit auch ›wunderbare‹ Gegenstände in der Literatur zu behandeln (wobei ihr wichtigster Impuls aus der Verteidigung von John Miltons [1608–74] biblischem Epos *Paradise Lost* [1667] stammte), erweiterten sie den Spielraum der dichterischen Subjektivität. Ähnliches gilt auch für ihre Inanspruchnahme der Kategorie des Erhabenen, die sie nicht primär auf die Darstellung höfischer Gestalten bezogen, sondern im Kontext einer religiösen Poesie diskutierten. Der aufklärerische Impuls dieser Position zeigt sich in

Joh. Jacob Bodmers
Critische Abhandlung
von dem
# Wunderbaren
in der Poesie
und dessen Verbindung mit dem
# Wahrscheinlichen
In einer Vertheidigung des Gedichtes
Joh. Miltons von dem verlohrnen Paradiese;
Der beygefüget ist
Joseph Addisons
Abhandlung
von den Schönheiten in demselben
Gedichte.

---

Zürich, verlegts Conrad Orell und Comp.
1740.

Titelseite der Erstausgabe von Johann Jacob Bodmers
*Abhandlung von dem Wunderbaren in der Poesie* (1740)

der dichterischen Ausgestaltung dieses Programms, die Friedrich Gottlieb Klopstock (1724–1803) mit seinem biblischen Epos *Der Messias* seit 1751 verwirklichte. Denn die Thematisierung des hohen religiösen Gegenstandes führt nicht wie im Barock zu einer Erniedrigung des endlichen Subjekts, sondern zu dessen Erhebung in der Erfahrung der göttlichen Größe. Die menschliche Subjektivität setzt sich noch nicht absolut, wie dies in bestimmten Tendenzen des Sturm und Drang und der Romantik zu beobachten ist; sie wird sich aber in der dichterischen Evozierung des Absoluten ihres Ranges bewußt. Der Dichter begreift sich als Sänger der Erlösungsbotschaft, die für alle Menschen, ja selbst für den bereuenden Teufel Abbadona gilt; die Literatur bekommt einen quasireligiösen Wert, der sie über die nüchternen Gedankenketten der Schulphilosophie weit hinaushebt. Auf der anderen Seite steht diese begeisterte Subjektivität für ein Gegenmodell zu einer aufklärerischen Unterwerfung der Welt unter die Gesetze eben des Subjekts und für die Fähigkeit, das ›ganz Andere‹ aufzunehmen und in dieser Aufnahme die eigenen Ansprüche zu überwinden.

Die Aufsplitterung der literarischen Aufklärung in verschiedene konkurrierende Bewegungen zeigt sich allerdings im Hinblick auf die Poetik der Schweizer und die religiöse Epik besonders deutlich, und es erweist sich auch, daß die Literaturgeschichtsschreibung von der Idee eines linearen Fortschritts Abschied nehmen sollte. Der als Traditionalist gescholtene Gottsched konnte sich gegenüber der biblischen Poesie als ›Moderner‹ und geradezu als ›Progressist‹ fühlen, hatte er doch mit seiner 1732 erschienenen Übersetzung von Pierre Bayles (1647–1706) *Dictionnaire philosophique et critique* (1697) dafür gesorgt, daß der avancierteste Standard aufklärerischer Bibel- und Kirchenkritik in Deutschland bekannt wurde. Wenn er im Sinne einer aufgeklärten Rationalität die biblischen Stoffe aus der Dichtung zu verbannen suchte, so war es aus seiner Sicht verständlich, wenn er die Schweizer und Klopstock als Vertreter eines Neobarock ansah, die hinter einige von ihm gesetzte Standards zurückfielen. Die literaturgeschichtliche Perspektive sollte aber die Literaturfehden des 18. Jahrhunderts nicht noch einmal kämpfen; sie hat die Aufgabe, auch den vorwärts weisenden Impuls der Poetik des Wunderbaren und Erhabenen zu würdigen, die im übrigen auch erste Anregungen für die sich um die Jahrhundertwende entwickelnde Romantik bereit hielt.

Eine andere wichtige Tendenz der literarischen Aufklärung, die mit der Person Gotthold Ephraim Lessings (1729–81) verknüpft ist, steht in einer deutlichen Distanz zu den ›schwärmerischen‹ Tendenzen einer ›heiligen Poesie‹. Gegen den dogmatischen Rationalismus Gottscheds setzt sich Lessing nicht durch eine Abwendung von rationalistischen Grundsätzen ab, sondern vielmehr durch eine entscheidende und folgenreiche Neudeutung des Vernunftbegriffs. Lessing sieht im Prinzip der Rationalität nicht die Verfügung über einen gesicherten Schatz uneingeschränkt gültigen Wissens; er faßt die *Suche nach der Wahrheit* vielmehr als einen unabschließbaren Prozeß, der methodisch abgesichert sein muß, aber niemals zum *Besitz* der Wahrheit führen kann. Die kritische Abhandlung wie die literarischen Gattungen, vor allem das Drama, das er in besonderem Maße pflegt, dienen nach seiner Auffassung nicht zur Illustration und Veranschaulichung von zweifelsfrei feststehenden Einsichten und Wissensstrukturen; sie ermöglichen es vielmehr, wichtige Fragen des menschlichen Wissens und der menschlichen Existenz nach verschiedenen Seiten hin zu untersuchen. Die Komödie zum Beispiel hat in Lessings Augen nicht wie die von Gottsched propagierte sächsische Typenkomödie die Aufgabe, Abweichungen von einem vermeintlich feststehenden vernünftigen Denken und Handeln zu verlachen; vielmehr geht es Lessing schon in seinen Jugendkomödien darum, die Borniertheit eines dogmatischen Wissens und einer illusionären Sicherheit in der komischen Darstellung zu entlarven. An die Stelle des eindeutigen Wissens tritt ein Perspektivismus, der sich der Tatsache bewußt ist, daß ein und derselbe Gegenstand von verschiedenen Seiten aufgefaßt werden kann. Lessing ist Rationalist, aber er konzipiert ein pluralistisches Vernunftkonzept, das sich nicht mit vermeintlich feststehenden Resultaten begnügt, sondern die Teilhabe an dem offenen Prozeß der Wahrheitsfindung zur Grundlage einer großzügigen Intersubjektivität erklärt. Dieser Perspektivismus hat unmittel-

Gotthold Ephraim Lessing

Silhouette (1780)

bare ethische Konsequenzen, indem er die Toleranz nicht zu einem abstrakten philanthropischen Prinzip erklärt, sondern vielmehr aus dem unabschließbaren Ringen endlicher Subjekte um die Wahrheit hervorgehen läßt. Daß die ›realen‹ gesellschaftlichen und politischen Verhältnisse, daß die Zustände des ›aufgeklärten Absolutismus‹ weit davon entfernt waren, diesem aufgeklärten Ideal einer gemeinsamen Bemühung um die Wahrheit zu entsprechen, war Lessing immer bewußt. Es wurde ihm aber noch einmal eindringlich vor Augen geführt, als der Hamburger Hauptpastor Goeze im Streit um die *Fragmente eines Ungenannten* – bibelkritische Texte von Samuel Reimarus (1694–1768), die Lessing als Wolfenbütteler Bibliothekar anonym veröffentlicht hatte – die öffentliche Diskussion unterbinden wollte und mit Erfolg die staatliche Obrigkeit dazu brachte, seinen Kritiker Lessing (dem es im Sinne einer intersubjektiv vermittelten und koordinierten Wahrheitssuche darum ging, eine rationale Diskussion über Reimarus' Thesen anzuregen, die mit seinen Auffassungen gar nicht übereinstimmten) zum Schweigen zu bringen. Lessings Drama *Nathan der Weise*, das die Fortsetzung dieses Streits auf einer andern ›Kanzel‹ darstellt, ist vor diesem Hintergrund als ein Höhepunkt der deutschen Aufklärungsliteratur zu bewerten, weil in ihm die Aufgabe des *literarischen Diskurses* dahingehend bestimmt wird, daß in diesem die verschiedenen Aspekte der Wahrheitssuche in einer Weise vorgeführt werden können, die jeder anderen Form der Darstellung von Wissen und Nichtwissen überlegen ist.

Bei allem Gegensatz zwischen den Positionen Lessings und Klopstocks (die hier als Modelle für Konzepte ›heiliger Poesie‹ und ›unabschließbarer Wahrheitssuche‹ exemplarisch skizziert wurden) zeigt sich eine Gemeinsamkeit, die in der Entwicklung der aufklärerischen Literatur zutage tritt: Im Gegensatz zur rationalistischen Unterordnung der künstlerisch-literarischen Darstellung unter den Wahrheitsanspruch des philosophisch-wissenschaftlichen Diskurses wird der Literatur jetzt eine eigene Dignität zugesprochen, indem ihr eine spezifische Erkenntnisleistung zugetraut wird, die von anderen Formen des Wissens nicht in Anspruch genommen werden kann. Der literarische Diskurs ist nicht mehr die Veranschaulichung einer im übrigen schon feststehenden nicht-literarischen Wahrheit, sondern bringt eine Textkonstellation hervor, die in spezifischer Weise ›Wahrheit‹ auszudrücken vermag. Die ›Logik‹ des literarischen Textes besteht bei Lessing darin, daß er die Wahrheitssuche des endlichen Subjekts in Szene zu setzen vermag (und dies nicht nur, aber auch und insbesondere auf der Bühne); die Expressivität des literarischen Textes erkennt Klopstock darin, daß in diesem die Stellung des endlichen Subjekts angesichts des göttlichen Erhabenen ausgedrückt werden kann. Damit weist die Literatur der Aufklärung auf die Idee einer Autonomie der Literatur voraus und erklärt die Artikulation menschlicher Subjektivität (auch in verschiedensten Spielarten und Deutungen) zur spezifischen Aufgabe des literarischen Diskurses. Lessing und Klopstock stimmen bei aller Verschiedenheit auch darin überein, die endliche Subjektivität immer noch als typisierte und nicht als individuelle zu konzipieren, was die Scheidungslinie zwischen der Literatur der Aufklärung und der des Sturm und Drang und der ›Goethezeit‹ markiert.

Perspektivismus und Skeptizismus in Verbindung mit einer empirisch-psychologischen Orientierung kennzeichnet die Epik des reifen Wieland, der mit seinem *Agathon* (erste Fassung 1768) zum Begründer des modernen deutschen Romans wird, dessen Versepik aber ebenfalls eine besondere Beachtung verdient. Der Biberacher Pfarrerssohn, der in seiner Jugend ein Bewunderer Klopstocks war und in seinen Dichtungen eine religiös gefärbte Empfindsamkeit vertrat, näherte sich seit 1760 der kritischen Aufklärung Lessings, unterscheidet sich von diesem aber dadurch, daß er die Kritik an den Zuständen und Menschen seiner Zeit fast immer in komischen Konstellationen literarisch artikuliert und dadurch bei aller auch vorhandenen satirischen Wucht nicht die Schärfe des Kritikers erkennen läßt. In der komischen Reflexion stellt der Skeptiker Wieland die Problematik und die Schwächen der Conditio humana (wie er sie versteht) dar, und sein aufklärerischer Impuls konzentriert sich darauf, den gelassenen Umgang mit den Beschränkungen der menschlichen Existenz zu propagieren und einzuüben und jeglichen Dogmatismus, jegliche Absolutsetzung einer begrenzten Position zu verspotten. Als Wieland in der jungen Generation auf erbitterte Ablehnung seiner vermeintlichen Frivolität stieß (wie sie sich in der Verbrennung seiner Schriften durch die Mitglieder des Göttinger Hains zeigte) und eine ihm suspekt erscheinende, weil sensualistische und nihilistische Tendenzen radikalisierende Nachfolge einsetzte, bemühte er sich zeitweise um eine Überwindung des desillusionierten Skeptizismus, so im *Oberon* von 1780, der auf der Inhaltsebene den Sieg einer christlich inspirierten Liebe über einen misanthropischen Skeptizismus darstellt. Doch fand er in seinem großen Altersroman *Aristipp und einige seiner Zeitgenossen* (1802) zu einem sensualistisch-skeptischen Epikureismus zurück, der als Nachzügler einer originär aufklärerischen Position inmitten der sich etablierenden neueren literarischen Strömungen erscheint.

Wenn Kritik und Skepsis, Kampf gegen Schwärmerei und illusionäre Sicht von Mensch und Welt bei Lessing und Wieland eine wichtige Rolle spielen, so schrecken beide doch vor einer nihilistischen Wendung gegen die Vorstellung einer insgesamt guten und gerechten Weltordnung zurück. So preist Wieland in seinem *Oberon* die Macht des positiven Prinzips der Liebe, und Lessing reflektiert in seiner späten Schrift *Über die Erziehung des Menschengeschlechts* (1784) in geschichtsphilosophischer Perspektive die Frage, unter welchen Voraussetzungen die Vernunft und die Gerechtigkeit den weiteren Werdegang des »Menschengeschlechts« bestimmen könnten. Der heutigen kritischen Betrachtung erscheint die Inanspruchnahme normativer Argumentationsmuster aufgrund der kritisch-skeptischen Voraussetzungen beider Autoren als problematisch; es gehört aber zum Bild dieser führenden Vertreter der deutschen Aufklärungsliteratur, daß sie vor einem radikalen Bruch mit überlieferten Ordnungsvorstellungen und metaphysischen Konzepten zurückschreckten.

Demgegenüber lassen sich Positionen der *Spätaufklärung* beschreiben, die einzelne Tendenzen der aufklärerischen Literatur aufnehmen und radikalisieren und dabei vor einer Auseinandersetzung mit herkömmlichen, und das heißt hier: harmonisierenden Denkmodellen nicht zurückschrecken. So provoziert Wilhelm Heinse mit dem radikalen Sensualismus seines *Ardinghello* die Moralvorstellung seiner Zeitgenossen; so gibt der talentierte Romancier Johann Karl Wezel (1747–1819) in seinem Roman *Belphegor* eine desillusionierende Darstellung einer grausamen und von jeglicher Gerechtigkeit entfernten ›Weltunordung‹. Die Weiterführung der empiristischen Tendenz führt zu einer Blüte der Reisebeschreibungen, die häufig in einem enzyklopädischen Geiste geschrieben sind, und wir erkennen eine Verbindung des empiristisch-psychologischen Impulses mit der desillusionierenden Tendenz in Moritz' autobiographischem Roman *Anton Reiser* (1785/90).

Wenn die Zuweisung etwa der Texte Heinses und Moritz' zur Spätaufklärung umstritten ist, so liegt das daran, daß die literaturgeschichtliche Konvention bestimmte Autoren zu der Bewegung des Sturm und Drang rechnet und daß die Texte Goethes, Herders und Lenz', die nach allgemeinem Konsens hier einzuordnen sind (vgl. zur Epochenproblematik: Luserke, B 2: 1997, 9–22), im Jahrzehnt nach 1770 entstanden sind – so lag es häufig nahe, *alle* in dieser Zeit geschriebenen Texte dem Sturm und Drang zuzuordnen. Eine pragmatische Entscheidung rechnet zum Sturm und Drang im engeren Sinne die Texte aus dem Umfeld von Goethe, Herder und Lenz; die anderen Autoren (vor allem diejenigen, die wie Lessing und Wieland ihre Produktion aufklärerischer Literatur fortsetzen) werden im Kontext der Aufklärung beschrieben. Bei Autoren wie Heinse und Wezel lassen sich sicherlich ebenso wie beim jungen Schiller, der um 1780 mit seiner literarischen Produktion beginnt, Charakteristika aufzeigen, die für den Sturm und Drang typisch sind; da sie aber nicht zu der ›Bewegung‹ im engeren Sinne gehören, sollten sie in anderen Kontexten thematisiert werden.

Diese Bemerkungen können allerdings nur unter der Voraussetzung gelten, daß der Zusammenhang zwischen Sturm und Drang und Weimarer Klassik (und Romantik) einerseits und der Aufklärung andererseits immer mitbedacht wird. Denn wenn die ältere Literaturgeschichte die genannten Strömungen vornehmlich unter dem Gesichtspunkt einer vermeintlichen Überwindung der Aufklärung behandelt hat, so lag dabei ein restringierter Aufklärungsbegriff zugrunde, dessen Obsoletheit im vorliegenden Buch deutlich werden soll. Die Wendung gegen dogmatischen Rationalismus, das Eintreten für Natur, Gefühl und Sinnlichkeit ist der Aufklärung inhärent; sie wird von den genannten Strömungen nur weitergeführt und radikalisiert. Daß die literaturgeschichtliche Konvention trotz dieser Einschränkung ihre Berechtigung hat, ergibt sich daraus, daß die neuen Tendenzen auch wirklich Neues bringen, welches die Grundpositionen erschüttert, die von den hier exemplarisch skizzierten Positionen Lessings, Klopstocks und Wielands besetzt wurden. So ist der Sturm und Drang durch eine Neufassung des Individualitätsbegriffs und durch eine normative Inanspruchnahme einer bestimmten Naturvorstellung gekennzeichnet; so versucht die Weimarer Klassik neue Synthesen in humanistischer Perspektive (vgl. Goethes *Iphigenie*) und bricht konsequent mit aufklärerischen Wirkungskonzepten (vgl. Schillers *Wallenstein*); so radikalisiert die Romantik die Poetik des Fragments und die ›Überwindung‹ einer rationalistischen Logik durch die Stiftung einer ›progressiven Universalpoesie‹. Daß in allen diesen Entwicklungen *auch* aufklärerische Impulse fortwirken, kann hier nur angedeutet werden; die spezifische Religiosität der aufklärerischen ›heiligen Poesie‹ und die skeptisch-kritische Position der aufklärerischen Dramatik und Epik bei Lessing und Wieland zeigen deutlich die Eigenart der Literatur des 18. Jahrhunderts und damit der Aufklärung im engeren und eigentlichen Sinne.

Daraus folgt, daß im vorliegenden Band bestimmte Autoren nicht thematisiert werden (eben die des Sturm und Drang und der Weimarer Klassik) und lediglich bestimmte Entwicklungslinien angedeutet sind; daß der Weg der exponierten Aufklärungsautoren bis zum Ende verfolgt wird; daß exemplarisch Texte der ›Spätaufklärung‹ zur Sprache kommen, die an aufklärerischen Impulsen (in einem engeren Sinne) festhalten; daß im Falle Heinses ein Autor für die Aufklärung ›reklamiert‹ wird, den man im allgemeinen nicht in diesem Zusammenhang sieht.

## Aspekte der Sozial- und Ideengeschichte des 18. Jahrhunderts

Maßgeblich für die politischen und publizistischen Auseinandersetzungen des 18. Jahrhunderts waren Reaktionen des sich ausbildenden Bürgertums auf die politische Herrschaftsform des aufgeklärten Absolutismus. Dieser setzte die zentralisierende Staatenbildung der frühen Neuzeit fort, die sich gegen landständische und kleinere territoriale Gewalten wandte. Während sich aber in Frankreich und England ein starker Zentralstaat weiter konsolidierte, bildeten sich in Deutschland seit dem Ende des Dreißigjährigen Krieges ähnliche Herrschaftsformen gewissermaßen im Klein- und Kleinstformat, das heißt auf der Ebene der Territorialfürstentümer, heraus. Die spezifische Rationalität des staatlichen Handelns wurde dabei nicht mehr durch das Gottesgnadentum, sondern durch naturrechtliche Vorstellungen legitimiert:

> Wenn es einen natürlichen, einen gesellschaftlichen Zustand und außerdem natürliche Rechte des Menschen gibt, dann muß der Übergang auf einer Übereinkunft zwischen den Menschen beruhen, die nach einem Gesellschaftsvertrag einen Herrschaftsvertrag schlossen, mit dem sie eine friedensstiftende Macht, die das gemeine Wohl befördern sollte, einsetzten. Die Herrschaft und damit die Rechtsstellung des Monarchen sind dann also nicht durch göttliches, sondern durch menschliches Recht legitimiert. Die Individuen haben sich freiwillig entschlossen, auf die unumschränkte individuelle Durchsetzung ihrer natürlichen Bedürfnisse und Rechte zu verzichten, und zwar um eines höheren Ziels, des gemeinen Wohls willen. Die prinzipiellen Aufgaben der Könige, Friedenssicherung und Wohlfahrt der Untertanen, sind damit fixiert.
>
> (Horst Möller, »Friderizianismus, Theresianismus, Josephinismus«, in: Wuthenow, B 2: 1980, 27–41, hier 29)

Friedrich II. von Preußen (1712–86), der sich bekanntlich als ersten Diener des Staates bezeichnete, Maria Theresia von Österreich (1717–80) und ihr Sohn Joseph II. (1741–90) repräsentieren innerhalb des deutschen Reiches an jeweils exponierter Stelle dieses Herrschaftskonzept, das auf eine Stärkung des Staates und seiner Verwaltung unter anderem auf Kosten des Einflusses der Kirchen setzte. Es vollzog sich eine Modernisierung von oben, die sich zwar um das (vermeintliche) Wohl der Untertanen sorgte, sich um deren Meinung aber wenig kümmerte, diesen vielmehr auch gegen ihren Willen Veränderungen aufdrängte. Die aufklärerischen Prinzipien begünstigten zunächst die Effizienz der absolutistischen Regierung, mußten aber im Laufe der Zeit deren Legitimität aushöhlen. Wenn es den Herrschern nämlich um eine Vermehrung der Bevölkerung, um eine Ankurbelung der wirtschaftlichen Aktivitäten, um eine Vermehrung des Wohlstandes und um eine Verbesserung der Bildung (was zum größten Teil zunächst einmal bedeutete: um Alphabetisierung) ging, so mußten sie zwangsläufig eine bürgerliche Schicht von Beamten, Kaufleuten und ›Industriellen‹ stärken und darüber hinaus das politische Bewußtsein breiterer Schichten fördern. Mit zunehmendem Selbstbewußtsein konnten diese sich aber berechtigt sehen, an der politischen Willensbildung beteiligt zu werden und zunächst einmal eine öffentliche Diskussion über das ›gemeine Wohl‹ in die Wege zu leiten. Wie bereits der Blick auf Kants Überlegungen zur Aufklärung zeigt, war aber der Gehorsam des Untertanen auch im aufgeklärten Preußen erste ›Bürgerpflicht‹, und Lessing war nicht der einzige, der mit der ›Berlinischen Freiheit‹ nicht wirklich zufrieden war.

Dabei war das Verhältnis der bürgerlichen Aufklärer zu Friedrich II. keinesfalls nur negativ. Vor allem am Anfang seiner Regierungszeit betrachteten diese ihn als einen Partner, mit dem sie gemeinsam die Aufklärung gerade der rückständigen Volksmassen betreiben konnten:

> Die Aufklärer selbst sahen sich als eine intellektuelle Elite an, die bis zur erfolgreichen Aufklärung aller Volksschichten gleichsam als geistiger Vormund fungieren mußte. Die vom Absolutismus betriebene Bevormundung der Untertanen, ihre prinzipielle Ausschließung vom aktiven politischen Leben traf also bei den Aufklärern, solange sie das Gefühl hatten, nicht selbst betroffen zu sein, und die Fürsten aufgeklärte Reformpolitik betrieben, auf Verständnis oder gar Billigung.
>
> (Horst Möller, »Friderizianismus, Theresianismus, Josephinismus«, in: Wuthenow, B 2: 1980, 27–41, hier 35 f.)

Als der französische Aufklärer Voltaire (1694–1778) Potsdam verließ und später sogar verhaftet wurde, war zumindest sein Vertrauen in den ›philosophischen König‹ enttäuscht, und im Laufe der Zeit mußten die Forderungen nach politischer Gleichheit und einer Teilhabe an der politischen Macht stärker werden. Noch am Ende des 18. Jahrhunderts waren aber die meisten Schriftsteller Anhänger einer konstitutionellen Monarchie, und die Hinrichtung Ludwigs XVI. und damit die Wendung der französischen Revolution zu einer republikanischen Regierungsform traf auf weitestgehendes Unverständnis. Friedrich II. konnte im übrigen gerade im Verlauf des Siebenjährigen Krieges (1756–1763), der für die deutsche Geschichte des Jahrhunderts eine zentrale Rolle spielt, mit der Sympathie vieler bürgerlicher Beobachter rechnen, weil sich patriotische Hoffnungen im Hinblick auf eine Einigung Deutschlands auf Preußen richteten, weil man sich also eine Beendigung des Duodezfürsten-Absolutismus durch die Großmacht Preußen erhoffte. Dieser Sachverhalt blieb nicht ohne Auswirkungen auf die Literatur, wie sich am Beispiel Johann Wilhelm Ludwig Gleims (1719–1803) zeigt, der die anakreontischen Scherze hinter sich ließ und sich mit seinen Kriegsliedern einer spezifischen Form der engagierten Literatur zuwandte. Goethe hat in seiner Autobiographie *Dichtung und Wahrheit* auf die Bedeutung dieser patriotischen Literatur hingewiesen, die manchen heutigen Betrachter befremden mag, und argumentiert, daß hier ein nationaler Gehalt gegeben war, der für das zersplitterte Deutschland etwas nachholte, was in den großen europäischen Ländern schon längst selbstverständlich war. Der kritisch-skeptische Lessing war es, der diesen patriotischen Enthusiasmus in seiner *Minna von Barnhelm* (1767) relativierte, indem er das sächsische Fräulein dem preußischen Offizier beigesellte und diesem zu einer Art von ›Humanisierung‹ verhalf. Daß auch erbitterte Gegner von provinzieller Fürstenwillkür bereit waren, in das Lob des Preußenkönigs einzustimmen, zeigt das Beispiel des Journalisten und Dichters Christian Friedrich Daniel Schubart (1739–91), der zehn Jahre lang, von 1777 bis 1787, als Gefangener des württembergischen Herzogs Karl Eugen (1728–93), der auch Schillers Landesherr war, auf dem Hohenasperg verbrachte, in seinem Gedicht *Die Fürstengruft* eine barock donnernde Scheltrede auf absolutistische Willkür und Eitelkeit verfaßte, 1786 aber dennoch einen Hymnus *Friedrich der Große* schrieb (der ihm auch eine Haftverkürzung einbrachte).

Der Fall Schubart ist ein Symptom sowohl für die fortbestehende Mißachtung von Menschenrechten im Herrschaftssystem des aufgeklärten Absolutismus als auch für die mangelnde politische Zielstrebigkeit der bürgerlichen Opposition. Öffentlichkeit und in ihr Manifestation bürgerlichen Denkens und bürgerlicher Mentalität bedeuten im 18. Jahrhundert weitgehend nicht politische Diskussion, sondern Selbstverständigung über moralische Fragen. Dabei spielt die Empfindsamkeit mit ihrer anti-höfischen und ihrer anti-aristokratischen Betonung des moralischen Gefühls eine wesentliche Rolle. Bürgerliches Bewußtsein artikuliert sich mit der oben bereits skizzierten vermeintlich unpolitischen Wendung ins Private, Moralische; Kritik äußert sich nicht als politische, sondern indirekt und von außen als moralische Kritik an der unmoralischen Welt der Höfe und der staatlichen Verwaltung. Eine besondere Rolle spielten in diesem Zusammenhang die moralischen Wochenschriften, die nach englischem Vorbild zwischen 1717 und 1770 in einer großen Zahl von (größtenteils kurzlebigen) Titeln und mit häufig sehr hohen Auflagen erschienen. Ihre Bedeutung läßt sich auch daran ablesen, daß die ›Häupter‹ der literarischen Parteien der Frühaufklärung als Herausgeber fungierten, so Gottsched (*Die Vernünftigen Tadlerinnen*, 1725/26 in falscher Übersetzung nach dem englischen Muster *Tatler*, 1709–11; *Der Biedermann*, 1727–29) auf der einen, Bodmer und Breitinger (*Discourse der Mahlern*, 1721–23) auf der anderen Seite. Insgesamt wurde auf den verschiedensten

Ebenen (Zeitschriften, Kaffeehäuser, Salons, Akademien, Lesegesellschaften) der Versuch unternommen, durch institutionalisierte Publikations- und Diskussionsprozesse eine Öffentlichkeit herzustellen und so den Prozeß der Aufklärung als einen Prozeß der Heranbildung eines räsonierenden Publikums voranzutreiben.

Das 18. Jahrhundert bringt auch die Entwicklung eines literarischen Marktes. Die Zahl der Neuerscheinungen von Büchern vervierfacht sich von 978 im Jahre 1700 auf 4012 im Jahre 1800; der Anteil der weltlichen Literatur an dieser Produktion stieg von 57% auf 94% (nach Barner, B 3: 1987, 76). Die Zahl der Analphabeten sank im Laufe des 18. Jahr-

Ein Buchladen

Illustration in der *Bildergalerie weltlicher Mißbräuche* von Pater Hilarion (1785)

hunderts von etwa 80–90% auf 50% (wobei die Lesefähigen hier noch nicht als ›echte Leser‹ in unserem Sinne anzusehen sind; man schätzt die Zahl der potentiellen Leser auf über 15% [1770] bzw. 25% [1800] der Bevölkerung über sechs Jahren) (vgl. Barner, B 3: 1987, 77). Ein wichtiger Entwicklungsprozeß liegt in der zunehmenden Bedeutung der weiblichen Leser; der empfindsame Roman wendet sich in besonderer Weise an ein weibliches Publikum, und er weist mit Sophie La Roche die erste bedeutende Autorin auf.

Trotz all dieser positiven Entwicklungen ist nicht zu übersehen, daß die aufklärerischen Bestrebungen nur eine Minderheit erreichten. Darüber hinaus ist zu unterstreichen, daß seit den 1760er Jahren eine Massenproduktion von Büchern, literarischen Journalen und Kleinschriften einsetzte, die in den kommenden Jahrzehnten zu einer potentiellen Teilung des Publikums führte. Eine Welle von empfindsamen Romanen und bürgerlichen Rührstücken überschwemmte den Markt; eine Aufteilung in ›hohe‹ und ›niedere‹ Literatur wurde denkbar. Dies mußte insofern einen Einschnitt bedeuten, als die didaktischen Gattungen der Frühaufklärung, vor allem die Fabeln, die Lehrgedichte und die Satiren gerade mit dem Ziel geschrieben waren, das weniger gebildete Publikum an die Standards der Aufklärung heranzuführen. Mit der Teilung des Publikums wurde aber die aufklärerische Idee, nach der die Literatur eine moralische, aber auch allgemeine ›bewußtseinsmäßige‹ Besserung des Menschen bewirken sollte, äußerst fragwürdig. Die Abwendung der Weimarer Klassik von der Wirkungs- zu einer Werkästhetik hat mit der Enttäuschung über die Wirkung der Literatur auf ein breiteres Publikum zu tun; sie zementierte freilich die Dichotomie zwischen ›hoher‹ und ›niederer‹ Literatur und gab die Idee einer Kultivierung eines breiten Publikums auf. Vor diesem Hintergrund ist der Vorwurf des alten Aufklärers Nicolai an Schiller, dessen Abhandlung über die ästhetische Erziehung sei schon deshalb wertlos, weil sie nicht allgemein verständlich geschrieben sei, aus der Perspektive einer aufklärerischen Wirkungsästhetik zumindest verständlich. Die Autoren der Spätaufklärung halten als Zeitgenossen der Weimarer Klassik an dem alten wirkungsästhetischen Postulat fest und verweigern sich dem als elitär empfundenen Klassizismus. Darüber hinaus gewinnt das Denken der Spätaufklärung in vielen Fällen eine soziale Konkretion; die Fähigkeit zur ›Befreiung aus der selbstverschuldeten Unmündigkeit‹ wird nicht mehr als ein rein kognitives oder moralisches Problem angesehen, sondern auch im Kontext der sozialen Umstände diskutiert, in denen das jeweilige Individuum lebt. In Karl Philipp Moritz' »psychologischem Roman« *Anton Reiser* etwa geht es um die Frage, warum bei dem Titelhelden trotz ernstem Streben die Emanzipation von den Zwängen einer repressiven Gesellschaft und eines bornierten Denkens mißlingt.

Insgesamt kann festgestellt werden, daß die Literatur im Verlauf des 18. Jahrhunderts eine wichtige Rolle im Prozeß der Konstituierung eines bürgerlichen Bewußtseins spielt. Sie kann dies deshalb, weil sie deutlich pragmatisch orientiert ist und das literarische Sprechen nicht von den Diskussionen über Moral und Politik trennt. Christian Fürchtegott Gellert ist Professor der Beredsamkeit in Leipzig, und er verkündet auf dem Katheder dasselbe Ideal eines vernünftigen moralischen Gefühls wie in seinen Fabeln, Verserzählungen, Dramen und seinem Roman. Literatur hat gerade in der Frühaufklärung eindeutig die Funktion, Ideen zu vermitteln, die außerliterarisch gewonnen wurden und im literarischen Sprechen eine Verkleidung bekommen, die ihren ›Transport‹ zu einem weniger gebildeten Publikum erleichtern. Erst in einer späteren Phase der Aufklärung, vor allem bei Lessing und Wieland, wird die Literatur zu einem speziellen Träger des Selbstdenkens, einer Reflexion, die nicht vorgefertigte Ergebnisse reproduziert, sondern scheinbar fraglos geltende Sätze, Normen und Werte kritisch überprüft. Es wird zu zeigen sein, daß diese – heute noch in besonderer Weise aktuelle – Form der literarischen Aufklärung Texte produziert, die keine einfachen Handlungsanweisungen vermitteln, sondern höchstens in allgemeiner Form gegen den Dogmatismus und die Borniertheit eines schablonenhaften Denkens anschreiben. Aus dieser spezifisch literarischen Form der kritischen Reflexion über gegebene Gehalte entwickelt sich aber die Idee einer Autonomie der Literatur, wobei mit deren praktischer Verwirklichung die pragmatische ›Relevanz‹ von Literatur denkbar gering wird. Trotz diesem skeptischen Ausblick bleibt es aber das Verdienst der Aufklärungsbewegung des 18. Jahrhunderts, zu der Bildung einer diskutierenden Öffentlichkeit beigetragen zu haben. Die relative Wirksamkeit dieser Art von Öffentlichkeit wird allein schon durch die intensive Arbeit der Zensurbehörden unterstrichen, die in allen Staaten des Deutschen Reiches tätig waren und die Freiheit der öffentlichen Diskussion stark behinderten. So griff 1778 im Streit Lessings mit dem Hamburger Hauptpastor Goeze Lessings Landesherr, der Herzog von Braunschweig, nach Aufforderung durch den Repräsentanten der Orthodoxie ein und verbot Lessing die weitere Publikation theologischer Schriften (wobei auch in diesem Fall die politische Bedeutung des Streitfalles zwar nur indirekt, aber doch sehr deutlich zu erkennen ist: Goeze wollte, daß die in Rede stehenden Fragen in lateinischer Sprache diskutiert und so der Öffentlichkeit entzogen wurden, während Lessing darauf setzte, daß sich auch das nicht theologisch gebildete Publikum mit seinem ›gesunden Menschenverstand‹ eine Meinung bildete).

Die erwähnte kritische Relativierung vieler Postulate der Aufklärung am Jahrhundertende ist auch und in besonderem Maße auf das epochale Ereignis der Französischen Revolution zurückzuführen. Über den Zusammenhang zwischen Aufklärung und Revolution ist viel gestritten worden; als sicher kann gelten, daß die französischen Revolutionäre von den Philosophen und Schriftstellern der Aufklärung beeinflußt waren. In Deutschland war die Aufklärung selber weniger revolutionär als im Mutterland der

Großen Revolution; trotzdem standen viele ihrer Vertreter der Revolution positiv gegenüber. Dies änderte sich bei fast allen mit der Hinrichtung des Königs; das aufklärerische Denken war generell auf den Ausgleich von Interessen und vor allem auf graduelle Entwicklung ausgerichtet. Wenn Schiller als Reaktion auf das, was er als Barbarisierung des revolutionären Prozesses verstand, eine ästhetische Erziehung propagierte, so war zumindest das Erziehungsmodell genuin aufklärerisch; der Gedanke, daß die Besserung der Individuen zu einer heilsamen Veränderung auch der Gesellschaft führen würde, kann als allgemeiner Konsens der Aufklärung angesehen werden. (Daß die Erziehung eine ästhetische und erst darüber vermittelt eine moralische sein sollte, bezeugt die kritische Distanz, die Schiller gegenüber den gängigen Theorien der Aufklärung aufgebaut hat.) Insgesamt führte der problematische Verlauf der Französischen Revolution bei vielen zu einer skeptischen Position gegenüber der Möglichkeit, die breite Masse der Menschen so aufzuklären, daß sie als mündige Bürger ihre Rechte in einem reformierten Staatswesen angemessen vertreten könnten. So zeigt sich am Ende des Jahrhunderts eine gewisse Orientierungslosigkeit im Hinblick auf die politischen Perspektiven und auf eine Fortsetzung des Aufklärungsprozesses.

Ein ähnlich komplexer Entwicklungsprozeß läßt sich im Hinblick auf den Einfluß feststellen, den die Philosophie auf die Ideengeschichte der Aufklärung ausübte. Zum Verständnis der Literaturgeschichte des 18. Jahrhunderts ist es nicht notwendig, die detaillierte Begründung und Exposition der jeweiligen Lehrgebäude zu untersuchen (was im Rahmen dieses Buches auch gar nicht möglich wäre); es ist aber wichtig, bestimmte Grundlinien zu kennen, die auch den Zeitgenossen der Aufklärungsphilosophen wichtig waren und die auf diese einen wichtigen Einfluß ausübten.

Gottfried Wilhelm Leibniz (1646–1716) war ohne Zweifel der einflußreichste Philosoph des Aufklärungszeitalters (auch wenn die Tragweite seiner Philosophie im 18. Jahrhundert noch gar nicht eingeschätzt werden konnte). Sein Werk war den modernen Naturwissenschaften und der Mathematik gegenüber äußerst aufgeschlossen; er selbst gilt als Begründer der Differentialrechnung. Seine Philosophie bricht mit den Traditionen des scholastischen Denkens und bemüht sich um eine Vermittlung des Subjektivismus der neuzeitlichen Moderne mit metaphysischen Vorstellungen. Seine französisch geschriebenen Hauptwerke *Essais de Theodicée* (1710) und *Monadologie* (1714) enthielten zwei Theorieelemente, die in popularisierter Form das Denken des 18. Jahrhunderts bestimmten: die Lehre von den Monaden und die Doktrin von der prästabilierten Harmonie. Die Monadenlehre betont die Bedeutung der jeweils individuellen Subjektivität, die als eine in sich ruhende, eigenständige, nach Vervollkommnung strebende und im Vollzug dieses Strebens Glückseligkeit erlangende Kraft aufgefaßt wird. Die Konzeption der ›fensterlosen‹ Monade, die in sich ein Bild der gesamten Welt trägt, dabei selbst eine eigene Welt bildet und durch den Drang nach ›Perfektibilität‹ gekennzeichnet ist, bildet ein Hauptmotiv der Aufklärung, das sich auch in der eingangs zitierten Definition Kants wiederfindet. Eingebunden ist die Subjektivität des Menschen nach Leibniz aber eben durch die ›prästabilierte Harmonie‹ in den Kosmos der Monaden mit der Zentralmonade Gott, wobei dafür Sorge getragen ist, daß Energien und Streben der verschiedenen Monaden nicht gegeneinander arbeiten, sondern eine Harmonie ergeben, die dem philosophischen Bewußtsein die Überzeugung vermittelt, in der ›besten aller möglichen Welten‹ zu leben. Dies deshalb – so der Grundgedanke der Theodizee –, weil eine andere Kombination von Monaden zu einem Chaos geführt hätte und vor diesem Hintergrund die Welt als wohlgeordnet angesehen werden muß. Es läßt sich leicht erkennen, daß Leibniz' Philosophie viele Antinomien zu lösen versucht, die in der Literatur des 18. Jahrhunderts immer wieder problematisch werden: das Verhältnis von Körper und Geist/Seele, von ›Trieben‹ und Vernunft, von Individuum und Gesellschaft, von Empirisch-Faktischem und Normativem, von Kausalität und Teleologie. Dabei ist das System Leibniz' gerade deshalb so interessant, weil es viele Fragen des modernen Denkens in dessen avanciertester Form berührt, dabei aber eine Lösung anbietet, die *noch* genauso beruhigend erscheint wie die Gewißheiten der christlichen Religion und der mittelalterlichen Metaphysik. In bezug auf das Körper-Geist-Problem geht Leibniz von der durch die prästabilierte Harmonie geregelten Verbindung zweier entgegengesetzter Prinzipien aus; in der Frage der ›Triebe‹ erklärt er diese für niedere Formen der menschlichen Erkenntnis und damit zu Vorformen des intellektuellen, ›wahren‹ Wissens. Das Denken des 18. Jahrhunderts wird häufig einzelne Elemente dieses Denkgebäudes isolieren und anders gewichten, und aus diesen Differenzierungen und Nuancierungen ergeben sich bedeutsame philosophische Veränderungen, die nicht ohne Einfluß auf die Literatur bleiben.

Grundlegend vor allem für die deutsche Frühaufklärung wurde das Schaffen von Christian Thomasius (1655–1728), der als Professor in Leipzig und Halle lehrte. Er war kein spekulativer Kopf wie Leibniz, kann demgegenüber aber als der Begründer und Anreger des pragmatischen Denkens der Aufklärung angesehen werden. Ihm, der als erster Universitätsvorlesungen in deutscher Sprache abhielt, ging es darum, die Philosophie aus dem Elfenbeinturm einer nur akademischen Gelehrsamkeit herauszuholen und seinen Zuhörern Grundsätze praktischer Klugheit zu vermitteln. Der Appell an den gesunden Menschenverstand (»sensus communis«), der Kampf gegen die Vorurteile und seine Anregungen zur kritischen Überprüfung konventioneller Gewißheiten machen ihn zu einem Vorkämpfer des ›Selbstdenkens‹ und damit eines Verständnisses von Aufklärung, das erst ab der Jahrhundertmitte auch in der Literatur seine Wirkung entfalten konnte.

Christian Wolff (1679–1754) erzielte als Popularisator der Ideen Leibniz' wohl die größte Breitenwirkung eines Philosophen im Laufe des 18. Jahrhunderts. Er machte die Philosophie von der Theologie unabhängig und verteidigte den Anspruch, rein von den Gesetzen der Vernunft her zu argumentieren, wobei er mehr als sein Lehrmeister auf die logisch-mathematische Beweisführung Wert legte und diese auf nahezu alle Bereiche des menschlichen Wissens ausweitete. Dadurch geriet die von ihm begründete »Schulphilosophie« in den Ruf der Pedanterie; sie wurde in der zweiten Jahrhunderthälfte zum Inbegriff eines bornierten und schematischen Aufklärungsdenkens, was auch damit zusammenhing, daß er die in der Monadologie angelegte bedeutende Rolle der Subjektivität abwertete und in seinem deduktiven Denken der Individualität keinen Platz ließ. Daß allerdings auch diese Form der Aufklärungsphilosophie von großer Brisanz war, zeigt die Tatsache, daß Wolff 1723 in Halle aufgrund pietistischer Kritik seinen Lehrstuhl verlor (erst Friedrich II. sorgte 1740 für Wolffs Rückkehr).

Die stärkere Berücksichtigung der menschlichen Subjektivität und der ›Natur‹ im Menschen wurden – wie gezeigt – in den unterschiedlichen Strömungen etwa der Empfindsamkeit und des Sensualismus zu wesentlichen Tendenzen des Aufklärungszeitalters. Ungefähr seit der Jahrhundertmitte läßt sich auch im philosophischen Denken die Tendenz beobachten, die Stelle des Leibnizschen Systems, an der die monadische Seele in ihrer Verbindung mit dem Körper zu finden ist, in psychologisierendem Sinne zu untersuchen. Unter Ausblendung der metaphysischen Erkenntnisinteressen bildet sich eine anthropologische und empirisch-pragmatische Fragestellung, die das Denken der Zeit bestimmt. Sie kann auch skeptische Positionen einbeziehen, die sich grundsätzlich jedem metaphysischen Erklärungsversuch verweigern. Spuren eines solchen Denkens, das dem Fachphilosophen als oberflächlich erscheinen mag, für die *literarische Aufklärung* aber eine wichtige Funktion hat, finden sich bei Wieland. Eine spezielle Wendung zur »Erfahrungsseelenkunde« bildet den Übergang zur Spätaufklärung, wobei zahlreiche Mediziner, die »philosophischen Ärzte« wie Johann Georg Zimmermann (1728–95), Ernst Platner (1744–1818) und Johann Friedrich Abel (1751–1829), der Lehrer Schillers, sich um ein Verständnis des »ganzen Menschen« bemühten. Die in der zweiten Jahrhunderthälfte einflußreiche Popularphilosophie ist durch eine eklektizistische Verbindung empirischer Erkenntnisse insbesondere mit Elementen der Leibnizschen Philosophie gekennzeichnet. Einen endgültigen Bruch mit der überlieferten metaphysischen Philosophietraditon bildet schließlich der Kritizismus Kants, der in gewisser Weise die analytische Tendenz der Aufklärung zusammenfaßt und krönt; mit seiner kritischen Philosophie selbst konnte Kant aber keinen unmittelbaren Einfluß mehr auf die Literatur der Aufklärung ausüben. Auch tat sich ein Generationenproblem auf, das sich etwa darin zeigt, daß Wieland, der bedeutende Aufklärer, Kants Philosophie mit Verständnislosigkeit begegnete.

Einen wichtigen Einfluß auf die Literatur und Poetik der deutschen Aufklärung übte ein Schüler Leibniz' und Vorläufer Kants aus: Alexander Gottlieb Baumgarten (1714–1762) beschäftigte sich zunächst im Rahmen des Leibnizschen Systems mit der ›sinnlichen Erkenntnis‹, die – wie gezeigt – als eine niedere Erkenntnisform (»petites perceptions«) angesehen wurde. In seiner *Aesthetica* (1750–58) argumentierte er zwar noch im Rahmen des Begriffssystems von Leibniz und Wolff, überwand dieses aber insofern, als er die Eigenwertigkeit der poetischen Sinnlichkeit unterstrich und dieser eine spezifische Erkenntnisfunktion zuwies. Die Bedeutung dieser Einsichten für die Entwicklung der Literatur des 18. Jahrhunderts sind kaum zu unterschätzen: Während für Gottsched, der ganz im Sinne Wolffs argumentierte, die Literatur lediglich anschauliche Bestätigungen für wahre Vernunftsätze liefern sollte, wurde jetzt der

Gedanke möglich, daß die Literatur eigene ›Wahrheiten‹ auszusprechen habe, die der Philosophie oder der Wissen schaft nicht zugänglich seien. Die Autonomie der Literatur (und der Kunst) wird im Rahmen der philosophischen Reflexion denkbar; eine Vorstellung von spezifisch literarischer Aufklärung kann sich bilden. Einen großen Anteil an der Verbreitung der Gedanken Baumgartens hatte dessen Schüler Georg Friedrich Meier (1718–77), der vor allem die poetische Anwendung der philosophischen ›Ästhetik‹ herausarbeitet, indem er sich um die theoretische Grundlegung der Empfindsamkeit (*Theoretische Lehre von den Gemüthsbewegungen überhaupt*, 1744), der ›Witz‹-Kultur und der Anakreontik (*Gedanken von Schertzen*, 1744) sowie um die Propagierung Klopstocks (*Beurtheilung des Heldengedichts ›Der Meßias‹*, 1749–52) bemühte. An der Überwindung der allzu bornierten Regelpoetik Gottscheds, den er ausführlich kritisierte, hatte Meier erheblichen Anteil.

So zeigt sich auch in der Philosophie und in deren Wirkung auf das literarische und allgemeine öffentliche Leben ein Ausdruck der oben skizzierten Tendenzen, die zu einer Subjektivierung und zu einer pragmatisch-psychologischen Auseinandersetzung mit dem menschlichen Dasein führen und dabei in der Betonung des Gefühls und der Sinnlichkeit die metaphysischen Dimensionen der Philosophie zurückdrängen. Als am Ende des Jahrhunderts eine Diskussion um die monistische Philosophie Baruch Spinozas (1632–77) ausbricht, die allgemein im Sinne eines Natur-Pantheismus verstanden wird – Goethe und Herder bekennen sich zu einem solchen Verständnis Spinozas, die Position Lessings bleibt umstritten –, zeigt sich ein Bruch mit den pragmatischen und auch den skeptisch-analytischen Tendenzen der Aufklärung. Auch von dieser Perspektive her erscheint es plausibel, Sturm und Drang, Weimarer Klassik und Frühromantik außerhalb des Kontextes der Aufklärung zu diskutieren. Gleichzeitig spricht einiges dafür, den Terminus

»Spätaufklärung« gerade für solche Denker und Schriftsteller zu reservieren, die an der pragmatischen Orientierung der Aufklärung festhalten und sich den spekulativen Tendenzen der neuen Strömungen verweigern.

Die Geschichte der deutschen Aufklärungsliteratur ist nicht ohne ausländische Einflüsse zu erklären und zu verstehen. England und Frankreich sind die Länder, die mit ihrer avancierten politischen und ökonomischen Entwicklung einen besonderen Vorbildcharakter annehmen, der sich auf alle Gebiete des geistigen Lebens und dementsprechend auch auf die Literatur bezieht, wobei dieser Vorbildcharakter ein kritisches Verhältnis nicht ausschließt, wie Lessings Polemik gegen den französischen Klassizismus beweist. Eben dieser Klassizismus, der gesellschaftlich durch die Anbindung der führenden Dichter an den Hof vermittelt wird, ist das Vorbild, das Gottsched bei seinem Versuch einer Neuformierung der deutschen Literatur leitet. Für die weitere Entwicklung des aufklärerischen Denkens in Deutschland wurden aber insbesondere die großen Schriftsteller und ›Philosophen‹ (im französischen Sinne, der keine schulmäßig-systematische Denkweise einschließt) Voltaire (François Marie Arouet, 1694–1778), Denis Diderot (1713–1784) und der Genfer Jean-Jacques Rousseau (1712–78) wichtig. Voltaires Kritik am Aberglauben und am Machtmißbrauch der christlichen Kirchen wirkte auf die deutschen Schriftsteller ebenso wie seine überlegene, manchmal in den Augen der Zeitgenossen schon den Zynismus streifende Skepsis in der ›philosophischen Erzählung‹ *Candide* (1759). Eine gewisse Ambivalenz ergab sich in der Beziehung der deutschen Intellektuellen zu Voltaire durch die Tatsache, daß dieser gewissermaßen als Hofphilosoph Friedrichs II. in Potsdam wirkte (wobei das spätere Zerwürfnis ebenso zwiespältig aufgenommen wurde) – die Bevorzugung der französischen Philosophie durch den Philosophen auf dem Thron war mit einer Mißachtung der deutschen Literatur verbunden, wie Friedrichs französisch (!)

Friedrich der Große und Voltaire
Zeitgenössischer Kupferstich

verfaßte Schrift über die deutsche Literatur (*De la littérature allemande*, 1780) zeigt. Diderot wurde in Deutschland zunächst vor allem als Theoretiker und Praktiker eines bürgerlich-rührenden Theaters in der Übersetzung durch Lessing bekannt (*Das Theater des Herrn Diderot*, 1760). Breit wirksam wurde demgegenüber die Zivilisationskritik Jean-Jacques Rousseaus, die als inneraufklärerische Kritik der Aufklärung rezipiert wurde und die einerseits die bereits in Deutschland wirksame empfindsame Tendenz verstärkte, andererseits eine Wendung gegen den Intellektualismus und den Fortschrittsoptimismus einer allzu konventionellen und etablierten Aufklärung auslöste. Auch der Sturm und Drang und noch Weimarer Klassik und Romantik bezogen bei ihrer Weiterentwicklung und teilweisen Revision des Aufklärungsdenkens das Naturverständnis Rousseaus und dessen Polemik gegen die Aufklärungskultur in ihre Konzepte mit ein. Am Ende des Jahrhunderts blickte die gesamte deutsche Öffentlichkeit gebannt nach Paris und beobachtete mit Engagement, Sorge und Skepsis das dortige Revolutionsgeschehen, so daß die ›Briefe aus Paris‹ wie etwa die von Johann Heinrich Campe (1746–1818) zu einer bevorzugten Textsorte der Spätaufklärung wurden (die sich im übrigen noch im 19. Jahrhundert, etwa bei Börne und Heine, zeigt). Wie bereits dargelegt, gehört die Reflexion über die notwendigen Konsequenzen aus dem problematischen Verlauf der Französischen Revolution zu den Faktoren, die zu einer Abwendung von zentralen Konzepten der Aufklärungstradition führte.

Weniger politisch-philosophisch war der gleichfalls bedeutende englische Einfluß auf die deutsche Literatur geprägt. Starke Wirkung zeigte zunächst die empiristische Tradition der englischen Philosophie, die im Gegenzug zu der intellektualistischen Komponente der Leibnizschen Philosophie die Bemühungen der psychologischen und pragmatischen Denkrichtung unterstützte. Mit der Aufklärung beginnt darüber hinaus eine intensive Shakespeare-Rezeption: Wieland übersetzt das dramatische Werk des großen Engländers, Lessing benutzt ihn als Verbündeten im Kampf gegen den französischen Klassizismus, und der Sturm und Drang wird ihn als großes Vorbild und Modell verehren. Bürgerliches Bewußtsein und seine literarischen Formen – diese Beziehung prägt die intensive Rezeption englischer Vorbilder: Das bürgerliche Trauerspiel geht von George Lillos (1693–1739) *The London Merchant* (1731) aus; der Vorbildcharakter ist so stark, daß Lessing die Handlung seiner *Miß Sara Sampson* sogar in England ansiedelt; der empfindsame Briefroman ist auf die ungeheuer populären und einflußreichen Romane Samuel Richardsons (1689–1761) zurückzuführen (*Pamela or Virtue Rewarded*, 1740; *Clarissa*, 1748). Auch die psychologische Differenzierung des Romans durch das Werk Henry Fieldings (1707–1754) und dessen formale Verfeinerung durch Laurence Sterne (1713–68) in *Life and Opinions of Tristram Shandy* (1760–67) finden in Deutschland, vor allem bei Wieland und Wezel, eine bedeutende Nachfolge. Das deutsche Wort »empfindsam« wurde zwar schon hier und dort vorher verwendet; es entstammt in seinem expliziten Sinne einem Ratschlag Lessings an Johann Joachim Christoph Bode (1730–1793), der bereits 1768 an einer Übersetzung von Sternes *Sentimental Journey Through France and Italy* (1768) arbeitete – an einem Text also, der im übrigen die Mode der spätaufklärerischen Reisebeschreibungen begründete.

# 3
# Aspekte der Frühaufklärung

## Gottscheds Regelpoetik: rationalistische Legitimation der Literatur

Johann Christoph Gottsched (1700–66) verdient als eine wichtige ›Portalgestalt‹ der deutschen Aufklärung und ihrer Literatur unsere besondere Aufmerksamkeit, weil sein Versuch einer rationalistischen Legitimation der Literatur einerseits eine entschlossene Überwindung der Grundsätze des Barock bedeutete, andererseits eine Konzeption aufklärerischer Rationalität verkörperte, an der sich die späteren Aufklärer kritisch abarbeiten konnten. Wenn Gottsched aus deren und erst recht aus heutiger Sicht als Pedant und unpoetischer Schulmeister erscheint, so darf man doch nicht verkennen, daß sein Schaffen der Entwicklung einer eigenständigen deutschsprachigen Literatur wichtige Impulse gab.

Gottsched, der seit 1730 als Professor der Poesie in Leipzig wirkte, zeichnete sich durch eine umfassende Aktivität aus, die alle Bereiche des kulturellen Lebens betraf. Nicht nur im Bereich der Poetik (*Critische Dichtkunst*, 1730; viele verbesserte Neuauflagen), der Philosophie und der Rhetorik wirkte er, er trat auch als Herausgeber zweier Moralischer Wochenschriften (*Die Vernünftigen Tadlerinnen*, *Der Biedermann*) hervor, übersetzte bedeutende Werke der Aufklärung ins Deutsche (u. a. Pierre Bayles *Dictionnaire historique et critique* [1697], Leibniz' *Essais de Théodicée* [1710] und Helvetius' *De l'Esprit* [1758]), wirkte in der »Deutschen Gesellschaft« mit, die sich in der Tradition der Sprachsozietäten des 17. Jahrhunderts um die Pflege der deutschen Sprache bemühte, und engagierte sich intensiv für das deutschsprachige Theater. Letzteres vollzog sich in einer unmittelbaren Verbindung von Theorie und Praxis, indem er einerseits mit dem Leipziger Theater der Neuberin zusammenarbeitete und andererseits eine Theatertextsammlung herausgab, die Übersetzungen sowie deutsche Originaltexte enthielt.

Der Ausgangspunkt von Gottscheds Schaffen läßt sich durch zwei Zielsetzungen charakterisieren: Zum einen ging es ihm darum, die Literaturtheorie an den Standard der aufgeklärten Philosophie heranzuführen, mit deren ›schulmäßiger‹ und durchaus auf Popularisierung ausgerichteter Version er als Schüler Christian Wolffs bestens vertraut war. Zum anderen bemühte er sich, das von ihm (nicht zu Unrecht) als allzu gering eingeschätzte Niveau der deutschen Literatur zu heben und damit auch die Bedeutung der Literatur gegen deren (bürgerliche oder religiöse) Verächter zu verteidigen. Insgesamt erscheint Gottscheds gesamtes Werk als der großangelegte Versuch, in der durch die Prinzipien des Rationalismus gekennzeichneten Gesellschaft des aufgeklärten Absolutismus für die Literatur den Platz zu reklamieren, der dieser aufgrund des ihr zugetrauten Nutzens zukommt.

Gottsched stellt heraus, daß die Literatur nicht gegen die Prinzipien der aufgeklärten Philosophie, der Religion und des bürgerlichen Nützlichkeitsdenkens verstößt. Von all den genannten Seiten wurden Bedenken gegen die Literatur artikuliert. In der Tradition der platonischen Dichterkritik konnte dem philosophischen Bewußtsein die Literatur als lügnerisch und schädlich erscheinen, weil sie von den Ideen der Vernunft ablenke; ähnlich lehnte eine protestantische asketische Tradition die Beschäftigung mit weltlicher Literatur als ungewünschte Zerstreuung und als Ablenkung vom Seelenheil ab; analog opponierte das utilitaristisch eingestellte Bürgertum gegen die Lektüre literarischer Werke (besonders von Romanen), weil diese als Zeitverschwendung und damit als Ablenkung von den ökonomisch bestimmten Realitäten angesehen wurde. Indem Gottsched diese Einwände gegen die Literatur zu zerstreuen suchte, mußte er zwangsläufig ein Literaturkonzept privilegieren, das sich den intellektuellen, religiösen und moralisch-utilitarististischen Maßstäben der Zeitgenossen anpaßte. Literatur mußte also als gesellschaftlich nützlich, religiös unbedenklich und intellektuell wertvoll angesehen werden, um den Einwänden ihrer gelehrten, frommen oder realitätstüchtigen Verächter entgehen zu können.

So erscheint es verständlich und konsequent, daß Gottsched nicht für eine Autonomie der Literatur oder den genial schaffenden Autor votierte, sondern die Literatur an Zwecke band, die sich aus der philosophischen Reflexion ergaben. Sein besonderer aufklärerischer Impetus ist in diesem Kontext darin zu sehen, daß er die verständige Beurteilung von Literatur nicht einer kleinen Schar von Eingeweihten überantwortete, sondern als eine Kompetenz ansah, die von jedem vernünftigen Individuum erworben werden konnte. Zwischen der wissenschaftlich-philosophischen Vernunft und den Grundsätzen der Literatur gab es für Gottsched keinen Widerspruch; weit entfernt war er von einer Dichtungskonzeption wie der romantischen, die das Wunderbare und sich dem rationalen Verständnis Entziehende zum privilegierten Gegenstand der Dichtung macht.

Grundsätzlich wendet sich Gottsched gegen die nur rhetorische Ausrichtung der Poetiken des 17. Jahrhunderts. Obwohl viele seiner Positionen auf rhetorische Regeln zurückgeführt werden können, geht es ihm doch prinzipiell darum, die Regeln der Dichtkunst im Rahmen einer den Gesetzen der rationalistischen Philosophie entsprechenden Deduktion zu entwickeln. Er möchte der Dichtung

> [...] deutliche Begriffe gewähren, wo man bisher entweder undeutliche oder gar wohl dunkle gehabt, und dasjenige gründlich erweisen, was bisher nicht aus-

# Versuch
einer
# Critischen Dichtkunst
## vor die Deutschen;

Darinnen erstlich die allgemeinen Regeln der Poesie,
hernach alle besondere Gattungen der Gedichte,
abgehandelt und mit Exempeln erläutert werden:

Uberall aber gezeiget wird

**Daß das innere Wesen der Poesie**
in einer Nachahmung der Natur
bestehe.

Anstatt einer Einleitung ist Horatii Dichtkunst
in deutsche Verße übersetzt, und mit
Anmerckungen erläutert

von

**M. Joh. Christoph Gottsched.**

---

Leipzig 1730
Verlegts Bernhard Christoph Breitkopf.

Titelseite der Erstausgabe von Johann Christoph Gottscheds
*Versuch einer Critischen Dichtkunst* (1730)

führlich genug erwiesen worden, sodann auf diesem Grund weiter bauen, was sich durch richtige Schlüsse daraus bringen läßt.

(Gottsched, *Versuch einer Critischen Dichtkunst*, XXX)

Aus dieser Programmatik folgt die erwähnte Überzeugung, daß die Rezipienten der Literatur ebenso wie die ›Kunstrichter‹ durch vernünftige Reflexion in der Lage sind, die Gesetze der Literatur zu verstehen und im konkreten Fall anzuwenden. In der Nachfolge Wolffs bezieht Gottsched die Rezeption literarischer Texte auf die niederen Erkenntnisvermögen (hauptsächlich auf die sinnliche Anschauung), die als minderwertig im Vergleich zu denen der philosophischen Erkenntnis gelten. Das Problem, wie in diesem Bereich der zentrale Begriff des ›guten Geschmacks‹ so zu bestimmen sei, daß eine allgemein gültige Übereinstimmung erzielt werden könne, war durch die sensualistischen und relativistischen Geschmackstheorien im Anschluß an Jean Baptiste Du Bos (1670–1742) virulent geworden und hatte in Johann Ulrich Königs (1688–1744) *Untersuchung von dem guten Geschmack* (1727) eine skeptische Erörterung erfahren. Gottsched beharrt dagegen auf der Möglichkeit eines verbindlichen allgemeinen guten Geschmacks, wenn er erklärt:

Der gute Geschmack ist nämlich der von der Schönheit eines Dings nach der blossen Empfindung richtig urtheilende Verstand, in Sachen, davon man kein gründliches und deutliches Erkentniß hat.

(Gottsched, *Versuch einer Critischen Dichtkunst*, 123)

Dieser rationalistisch fundierte ›gute Geschmack‹ steht in explizitem Widerspruch zu den Stilmerkmalen der Barockliteratur, deren späten Vertretern wie Caspar David von Lohenstein (1635–83) schwülstiger Stil vorgeworfen wird.

Daß die Literatur von Gottsched funktional bestimmt wird, daß sie fremden Zwecken zu dienen hat und keine Autonomie erlangt, beweist der berüchtigte ›Rezeptsatz‹, eine Anweisung zur Herstellung eines literarischen Textes:

> Zu allererst wähle man sich einen lehrreichen moralischen Satz, der in dem ganzen Gedichte zum Grunde liegen soll, nach Beschaffenheit der Absichten, die man sich zu erlangen, vorgenommen. Hierzu ersinne man sich eine ganz allgemeine Begebenheit, worinn eine Handlung vorkömmt, daran dieser erwählte Lehrsatz sehr augenscheinlich in die Sinne fällt.
> (Gottsched, *Versuch einer Critischen Dichtkunst*, 161)

Nicht die Eigengesetzlichkeit des literarischen Textes, nicht die Grundsätze der literarischen Form, nicht die Einsicht in den ambivalenten Charakter ethischer Sätze sind hier entscheidend, sondern die vorausgesetzte Analogie zwischen der rationalen Erkenntnis des philosophischen und der ›sinnlichen‹ Darstellung des literarischen Diskurses. Wenn die literarische Produktion an den literaturexternen Inhalten eines ›Lehrsatzes‹ ausgerichtet wird, so kann gegen die Kritiker der Literatur ihr systemstabilisierender Charakter in Gesellschaft, Kirche und Staat dargelegt werden. Jeglicher Ausdruck individueller Subjektivität erscheint in diesem Konzept ausgeschlossen; alles Verstörende, der rationalen Erkenntnis Unzugängliche wird verdrängt. Literarische Aufklärung im Sinne Gottscheds ist demnach nur eine Dienerin der philosophischen Aufklärung, die es deshalb geben muß, weil wenig gebildete Menschen die Lehrsätze der Philosophie nicht in ihrer Abstraktheit und nur in einer sinnlichen Einkleidung verstehen. Der Literatur kommt so eine erzieherische Funktion zu, indem sie diejenigen Subjekte, die dazu auf einem wissenschaftlichen Wege nicht fähig sind, auf das Niveau der Aufklärung hebt und damit zum ›Richtig-Denken‹ anleitet. Der Vernunftbegriff dieser Version von Aufklärung ist also gegen jeden Individualismus und Perspektivismus gerichtet; er impliziert die Existenz einer objektiven, über aller subjektiver Einschränkung stehenden Wahrheit, die in der Philosophie wie in der Literatur ihren jeweils spezifischen, weil mehr oder weniger deutlichen Ausdruck erfährt:

> Die gründliche Sittenlehre ist für den großen Haufen der Menschen viel zu mager und zu trocken. Denn die rechte Schärfe in Vernunfftschlüssen ist nicht für den gemeinen Verstand unstudirter Leute. Die nackte Wahrheit gefällt ihnen nicht: es müssen schon philosophische Köpfe seyn, die sich daran vergnügen sollen. [...] Die Poesie hergegen [...] lehrt und belustiget, und schicket sich für Gelehrte und Ungelehrte: darunter jene die besondere Geschicklichkeit des Poeten, als eines künstlichen Nachahmers der Natur, bewundern, diese hingegen einen beliebten und lehrreichen Zeitvertreib in seinen Gedichten finden.
>
> (Gottsched, *Versuch einer Critischen Dichtkunst*, 167)

Gottsched schließt sich somit nicht nur der Horazischen Formel des »aut prodesse aut delectare« an; er übernimmt auch die aristotelische Lehre von der Dichtung als einer Nachahmung der Natur. Es ist evident, daß mit dieser Bestimmung keine naturalistische Imitation der empirischen Wirklichkeit anvisiert wird; es geht vielmehr darum, daß in Gottscheds Perspektive die ›höheren‹ Gesetze der Natur, wie sie der philosophischen Reflexion deutlich werden, auch für die Dichtung maßgeblich sind. Drei Formen der Naturnachahmung unterscheidet der Leipziger Poetikprofessor: die poetische Malerei als eine wenig elaborierte Abschilderung natürlicher Gegenstände, die dramatische Nachahmung der Natur auf der Bühne und die ›Fabel‹ als die höchste Form der poetischen Nachahmung (wobei unter dem Terminus sowohl die konkrete literarische Gattung als auch das Handlungsgerüst insbesondere eines epischen Werkes zu verstehen ist – wie der bereits zitierte ›Rezeptsatz‹ zeigt). Gottsched erklärt, die Fabel »sey die Erzählung einer unter gewissen Umständen möglichen, aber nicht wirklich vorgefallenen Begebenheit, darunter eine nützliche moralische Wahrheit verborgen liegt« (Gottsched, *Versuch einer Critischen Dichtkunst*, 150).

Aus diesen Bestimmungen ergibt sich unmittelbar der *normative* Charakter von Gottscheds Poetik. Nur solche literarischen Gattungen und Formen, denen zugetraut wird, die genannte nützliche moralische Wahrheit zu befördern, können als akzeptabel angesehen werden. Ausgeschlossen wird explizit das Wunderbare und mit ihm alles empirisch nicht Anzutreffende (worauf die Rede von der »möglichen Begebenheit« verweist), wodurch Märchen, Mythen, religiöse Epen einem klaren Verdikt verfallen. Aber auch die sich ausbildende Gattung des Romans wird zugunsten des ›hohen‹ Epos ebenso abgewertet wie die Lyrik skeptisch beurteilt wird. Daß die Beurteilungen Gottscheds nicht immer durch innere Konsistenz gekennzeichnet waren, zeigt die Hochschätzung der Fabel, zu deren prägenden Merkmalen die empirisch nicht anzutreffende Fähigkeit der Tiere zu sprechen gehört.

Insgesamt orientierte sich Gottsched an der Poetik und der dichterischen Praxis des französischen Klassizismus, wodurch er eine rigide Lehre von den drei Einheiten des Raumes, der Zeit und der Handlung und auch die Ständeklausel übernahm, nach der in der höchst geschätzten Gattung Tragödie nur adelige Personen auftreten durften. Diese letzte Bestimmung zeigt den Zusammenhang zwischen den abstrakten philosophisch-poetischen Kategorien und den gesellschaftlichen Implikationen der Theorie. Denn in der poetischen Praxis sollten es die Adeligen sein, durch deren Verhalten die Dichter die gewünschten moralischen Lehren vermittelten; und wenn es stimmt, daß sich Gottscheds Bemühungen insbesondere einer Kultivierung des bürgerlichen Publikums widmeten, so zeigt sich die Intention, die Maßstäbe und Verhaltensnormen des Adels als der herrschenden Schicht des aufgeklärten Absolutismus zu übernehmen. Gegen diese Assimilation bürgerlicher Ideale an aristokratische Normen wird die Empfindsamkeit und mit ihr die Literatur der Aufklärung ab 1750 rebellieren, was sich im Bereich der Dramentheorie und -praxis vor allem im Werke Lessings zeigt, der sich der Ständeklausel und der Orientierung am französischen Klassizismus vehement widersetzen wird.

Die Zwischenstellung zwischen aristokratischer Wertordnung und bürgerlicher Mentalität manifestiert sich auch in Gottscheds eigenem Stück *Der sterbende Cato* (1732; eigentlich eine Kompilation von Joseph Addisons [1672–1719] *Cato* und Deschamps' *Caton d'Utique* [beide 1713]), das als Musterstück sein normatives Gattungsverständnis der Tragödie verdeutlicht. Auf der einen Seite überwiegt nämlich als Deutung der aristotelischen Begriffe *eleos* und *phobos* (Jammer und Schauder) die Kategorie der Bewunderung angesichts des Freitodes Catos, den dieser wegen des Untergangs der Republik vollzieht; auf der anderen Seite soll im Sinne der moralischen Wirkungsabsicht die Möglichkeit einer Identifizierung mit dem Handelnden nicht ausgeschlossen werden. Wenn der Zuschauer aber – und dieser Gedankengang verweist auf die Argumentationen Lessings – die Maßstäbe und die Praxis der Handelnden nicht als die seinigen ansehen kann (was in der Theorie aufgrund der Ständeklausel eigentlich vorausgesetzt ist), so ist nicht ersichtlich, wie die Handlung des Dramas ihm moralische Lehrsätze vermitteln kann. Diese immanente Widersprüchlichkeit kennzeichnet auch Gottscheds Bestimmung der Tragödie:

> Ein Trauerspiel, meine Herren, ist ein lehrreiches moralisches Gedichte, darin eine wichtige Handlung vornehmer Personen auf der Schaubühne nachgeahmet und vorgestellet wird. Es ist eine allegorische Fabel, die eine Hauptlehre zur Absicht hat und die stärksten Leidenschaften ihrer Zuhörer, als Verwunderung, Mitleiden und Schrecken, zu ihrem Ende bringet, damit sie

dieselben in ihre gehörigen Schranken bringen möge. Die Tragödie ist also ein Bild der Unglücksfälle, die den Großen dieser Welt begegnen und von ihnen entweder heldenmütig oder standhaft ertragen oder großmütig überwunden werden. Sie ist eine Schule der Geduld und Weisheit, eine Vorbereitung zu Trübsalen, eine Aufmunterung zur Tugend, eine Züchtigung der Laster. (Gottsched, *Schriften zur Literatur*, 5)

Stoizistische Züge, die auf den Barockklassizismus Corneilles bezogen werden können, verbinden sich in diesen Sätzen mit einer Position, die das konkrete Verhalten der Rezipienten durch die poetische ›Fabel‹ zu verändern hofft.

Auch in bezug auf die Komödie ist der normative Zug von Gottscheds poetologischem Konzept zu erkennen. Auch das komische Drama, in dem nach der überkommenen Poetik auch ›niedere‹ Personen zugelassen waren, sollte der moralischen Unterrichtung des Publikums dienen, indem der Hauptzweck der Komödie im Verlachen derjenigen gesehen wird, die von den vernünftigen Normen abweichen. Indem die Laster oder einfach nur abweichende Verhaltensweisen auf der Bühne dargestellt und dem Spott überantwortet werden, dient die Komödie der Einübung konformen ›vernünftigen‹ Verhaltens.

Theatergeschichtlich bedeutsam war die Vertreibung des Hanswurst, die auf Veranlassung Gottscheds im Jahre 1737 im Leipziger Theater unter der Leitung von Caroline Neuber (1697–1760), der »Neuberin«, in Szene gesetzt wurde. Die rationalistisch inspirierte Purifizierung des Theaters, durch welche die Sprache in den Mittelpunkt der Aufführung gerückt wurde, verdrängte die volkstümlich-derben Formen des Komischen und insbesondere den Einfluß der italienischen Commedia dell'arte. Das Lachen sollte nicht um seiner selbst willen gefördert, sondern in den Dienst der moralischen Belehrung gestellt werden. In der sächsischen Typenkomödie erfüllte sich Gottscheds Komödienideal, das aber nicht lange praktischen Bestand haben konnte.

Gottscheds Poetik und seine vielfältige Wirksamkeit beruhten wie sein wichtigstes Theaterstück nicht auf originellen Einsichten und kühnen Innovationen, sondern darauf, daß er zeitgemäße Positionen mit dem philosophischen ›Standard‹ der Epoche verband. Er orientierte sich sehr wohl an den ›Alten‹ und insbesondere am französischen Klassizismus (woraus sich etwa eine deutliche Ablehnung Shakespeares und Miltons, später auch von Klopstocks *Messias* ergab), ließ aber als Kriterium nicht die Autorität als solche, sondern die philosophische Vernunft gelten. Sein rationalistischer Dichtungsbegriff war zweifelsfrei reduktionistisch, so daß die poetische Praxis sich in Opposition gegen seine Festlegungen entwickelte; seine Werke, vor allem die *Critische Dichtkunst*, blieben aber lange Zeit (zumindest bis 1750) populär, weil sie einem aufklärerisch-rationalistischen Common sense entsprachen und die Literatur in die sich ausbildende komplexe Gesellschaftsstruktur des aufgeklärten Absolutismus perfekt integrierten. Literarische Aufklärung als Organon der philosophischen ist hier universalistisch und gegen weitergehende Ansprüche der Subjekte und der partikularen Instanzen gerichtet. Im Anschluß an die Schulphilosophie ist Gottscheds Selbstbewußtsein von der Überzeugung geprägt, daß das Ganze der Welt durch die Vernunft in seinem Sinn erfaßt werden kann. Die weitere Entwicklung von Literatur und Poetik wird dieses einheitliche Denkgebäude von verschiedenen Seiten her aufbrechen, indem die Oppositionen zwischen Individuum und Gesellschaft, Sinnlichkeit und Verstand, Emotion und Ratio, religiösem Glauben und wissenschaftlicher Erkenntnis, harmonischem Schönem und spannungsvollem Erhabenen, Perspektivismus und ›objektiver‹ Wahrheit, Bürgertum und Aristokratie in der Dichtung thematisiert werden. Daß diese Offenheit für neues Denken auch neue literarische Formen mit sich bringt, die der normativen Regelpoetik fremd sein müssen, ist evident und wird im folgenden zu zeigen sein.

## Dichtungsformen der Frühaufklärung

Parallel zu der einflußreichen Wirkung Gottscheds entwickelte sich die frühaufklärerische Dichtung – freilich ohne daß die poetische Praxis sich darin erschöpfte, die Vorstellung des Leipziger Poetikprofessors in die Tat umzusetzen. Als wesentliche poetische Tendenzen der Zeit vor 1750 lassen sich ausmachen: die Naturlyrik des Hamburger Ratsherrn Barthold Heinrich Brockes (1680–1747), die Lehrdichtung und Gedankenlyrik des Naturwissenschaftlers und Universalgelehrten Albrecht von Haller (1708–77) – sie wird im vierten Kapitel des vorliegenden Bandes behandelt –, die ›scherzhafte‹ Dichtung von Brockes' Landsmann Friedrich von Hagedorn (1708–54), allgemein die anakreontische Lyrik (die ebenfalls im vierten Kapitel erörtert wird), die verschiedenen Arten der Lehr- und Fabeldichtung sowie die Satirik. Wenn die meisten der erwähnten Texte, Formen und Autoren heute nur noch historisches Interesse wecken und in keiner lebendigen Tradition mehr stehen, so ist dies vor allem der Tatsache geschuldet, daß unser gegenwärtiges Dichtungsverständnis insbesondere im Bereich der Lyrik an Vorstellungen orientiert ist, die sich mit der Genieästhetik des Sturm und Drang entwickelt haben und die von der Dichtung den (mehr oder weniger) unmittelbaren Ausdruck individueller Gefühle erwarten. Demgegenüber ist die Dichtung der Frühaufklärung entweder an philosophischen Fragen und an der Veranschaulichung abstrakter Theoreme interessiert oder widmet sich der Arbeit an überlieferten dichterischen Formen, die spielerisch variiert werden, ohne daß dabei ein Anspruch auf Originalität oder Genialität erhoben würde. Sicherlich deutet sich insbesondere mit Gellert ein neues Interesse am Individuum und dessen emotionaler Befindlichkeit an. Es ist jedoch für die unbefangene Würdigung der vorgoetheschen Dichtung von entscheidender Bedeutung, die traditionelle

Sichtweise zu überwinden, die in einer teleologischen Perspektive an der Dichtung des 18. Jahrhunderts nur das wahrnahm, was als Vorläufer der mit dem Namen Goethes verbundenen Dichtung verstanden werden konnte. Umgekehrt erscheint auch eine ressentimenthafte Haltung problematisch, die geneigt ist, alles für wichtig zu halten, was einem klassizistischen Kanon zu widersprechen scheint. Ein angemessener Umgang mit der frühaufklärerischen Literatur (wie auch der mit der übrigen Dichtung des 18. Jahrhunderts) sollte die verschiedenen Texte nach deren geschichtlichen Voraussetzungen analysieren und danach fragen, wie das jeweilige literarische Konzept auf die Spannungen und Widersprüche des aufklärerischen Weltbildes reagiert. Daß dabei auch die ›Rettung‹ des einen oder anderen Autoren denkbar ist und daß die Aufmerksamkeit auf weitgehend vergessene Autoren (und Autorinnen!) gelenkt werden kann, ist ein wichtiger Nebeneffekt dieser Darstellung.

Wenig Problematisches zeigt sich in Barthold Heinrich Brockes' umfangreicher, mehrbändiger Gedichtsammlung *Irdisches Vergnügen in Gott*, die zwischen 1721 und 1748 in mehreren Auflagen in Hamburg erschien. Brockes betrachtet sich selbst als Gelegenheitsdichter, führte eine geachtete Existenz als Ratsherr, war vermögend und glücklicher Familienvater, kurz: ein ›Biedermann‹ in der dem 18. Jahrhundert geläufigen Bedeutung, die sich auf die Fähigkeit zu vernünftigem und praktischem Denken bezieht, aus heutiger Sicht freilich durch eine gewisse Beschränktheit gekennzeichnet ist. In seinen zum Teil sehr langen Gedichten legte er größten Wert auf die sprachliche Wiedergabe visueller Eindrücke und damit auf die detaillierte Beschreibung von Naturgegenständen, von Pflanzen und Tieren. Wie der Titel seines Werkes anzeigt, geht es Brockes um eine dezidierte Hinwendung zum Diesseits, um eine literarische Darstellung von Phänomenen der empirischen Welt. Diese wird freilich nicht als Selbstzweck aufgefaßt, sondern führt den über die Schönheit der Welt entzückten Dichter zu einem

Illustration zu Barthold Heinrich Brockes'
Gedichtsammlung *Irdisches Vergnügen in Gott* (1721 ff.)
Stich nach einer Zeichnung von J. J. Pfeiffer

Lob Gottes, der als Schöpfer dieser Pracht angesehen wird. Im Übergang vom Barock zur Frühaufklärung, für den Brockes' Texte stehen, finden sich *noch* Überlegungen zur Eitelkeit des Irdischen angesichts der Größe und Macht Gottes; es überwiegt aber eine andere Haltung, die angesichts der Schönheit der Schöpfung und damit im Blick auf ein akzeptiertes Diesseits den Schöpfer preist. Im Kontext der zeitgenössischen Philosophie zeigt sich Brockes damit als ein Vertreter der Physikotheologie, einer Richtung, die den Versuch unternahm, zwischen den Erkenntnissen der sich entwickelnden Naturwissenschaften und der traditionellen Theologie zu vermitteln:

> Die Physikotheologie stellte eine der erfolgreichsten Harmonisierungsideologien der Frühaufklärung dar; sie bewahrte einerseits das traditionelle christliche Weltbild, rezipierte aber andererseits die neuen naturwissenschaftlichen Erkenntnisse und bekämpfte so wirkungsvoll, nämlich ›modern‹, die »Atheisten«.
> (Uwe-K. Ketelsen, »Barthold Heinrich Brockes«, in: Grimm/Max, B 3: 1988, 9–21, hier 19)

So schreibt Brockes (ausgerechnet!) in der resümierenden Schlußpassage des Gedichts *Gedanken bey der Section eines Körpers*:

> Es scheint, als könne man in diesen Wunderwerken,
> In diesem Meisterstück der bildenden Natur,
> Von unserm Schöpfer selbst hier eine helle Spur,
> Ganz überzeuglich klar und gleichsam sichtbar merken.
> Ach! rief ich, laßt denn hier an diesem Schauplatz schreiben:
> *Hier kann kein Atheist ein Atheiste bleiben.*
> (Zit. nach: *Die deutsche Literatur vom Mittelalter bis zum 20. Jahrhundert*, Bd. 4, 375)

Hier zeigt sich in der beschwörenden Ablehnung die Bedrohung des frühaufklärerischen Weltbildes, die durch die Aushöhlung überkommener Sinnvorstellungen im Widerspruch gegen die religiösen Überzeugungen des Christentums gegeben ist. Dabei liegt der Akzent in Brockes' Lyrik aber nicht auf der räsonierenden Darlegung, sondern in der Versenkung ins Detail. Der Erfolg seines immer wieder neu und erweitert aufgelegten Buches beruhte neben der ideologischen Beruhigung hauptsächlich auf seiner sprachlichen Fertigkeit, die sich in den Naturbeschreibungen manifestiert. Wie es Brockes gelingt, visuelle Eindrücke zu versprachlichen, möge die folgende Passage, die Beschreibung eines »Gold=Käfers«, verdeutlichen:

Durchs Auge ward mein Herz gerührt /
Als ich mit höchster Lust erblickte /
Wie ihm Smaragd und Gold den glatten Rücken schmückte;
Und ich bewunderte sein wandelbares Grün /
Das bald wie Gold / bald wie Rubin /
Und bald aufs neu Smaragden schien /
Nachdem der Fürst des Lichts auf seine Theilchen stral'te /
Und die verschied'ne Fläche mahlte.

(Zit. nach: *Die deutsche Literatur vom Mittelalter bis zum 20. Jahrhundert*, Bd. 4, 377)

Im Vergleich zur ›Erlebnislyrik‹ der Goethezeit fällt auf, daß die Empfindungen des lyrischen Ich (wenn dieser anachronistisch erscheinende Ausdruck erlaubt ist) vollständig von den objektiven Gegebenheiten des Naturphänomens abhängen. Das Ich sucht nicht die äußere Natur, um seine Gefühle und Stimmungen zu spiegeln, sondern versenkt sich mit dem Ethos eines Naturforschers in die Gegenstände, um aus ihnen die beschworene »Lust« zu gewinnen, die sich aus der reinen Rezeptivität dieses Ichs entwickelt. Wenn sich etwas in Brockes' Texten der Instrumentalisierung der Dichtung im Sinne der physikotheologischen Weltanschauung entzieht, so ist es die Freude am sinnlichen Detail, die als ein Vorbote der sensualistischen Tendenzen der späteren Aufklärung erscheinen. Zwar ist die sinnliche Wahrnehmung bei Brockes noch im Dienste der rationalistischen Theorie funktionalisiert, zwar interessiert er sich nicht für das Einzelphänomen, für das Partikulare als solches; aber dennoch läßt sich bei ihm bereits erkennen, wie die Literatur in ihrer Orientierung am sinnlichen Detail die Einengungen und die Heteronomie eines bornierten Rationalismus überwinden wird.

Ein anderes literarisch-ästhetisches Phänomen, das sich bei Brockes andeutet, aber durch das ›ideologische Projekt‹ des Autors daran gehindert wird, seine Wirkung zu entfalten, ist der Bereich des Erhabenen. Naturphänomene, die sich dem Verständnis des Menschen entziehen und dadurch Furcht, Grauen, vielleicht auch Abscheu und Entsetzen auslösen, kommen auch bei Brockes vor, entwickeln aber noch nicht die Sprengkraft, die sie bei Haller und in der theoretischen Reflexion bei Bodmer und Breitinger im Hinblick auf eine Kritik der Ästhetik des Schönen entwickeln werden. Wie Brockes mit dem Häßlichen als einer Extremform des Erhabenen umgeht, zeigt sein bereits erwähntes Gedicht, das eine Frauenleiche beschreibt. Dort heißt es zunächst:

> Kaum warf ich meinen Blick auf das zerstückte Weib,
> Kaum sah ich den zum Theil von Haut entblößten Leib,
> Ich kunnte kaum so bald die blutgen Muskeln schauen,
> Als mich ein widriges und ekelhaftes Grauen
> Den Augenblick befiel.
>
> (Zit. nach: *Die deutsche Literatur vom Mittelalter bis zum 20. Jahrhundert*, Bd. 4, 374)

Aber die unangenehme Empfindung des Sprechenden vergeht bezeichnenderweise, nachdem der Sezierer (»der kluge Carpser«) seine Arbeit aufgenommen hat. Die verständige

Aktivität des naturwissenschaftlich gebildeten Arztes ermöglicht das Verständnis der Phänomene, so daß der Widerwille verschwindet und auch diese sinnliche Erfahrung in den Dienst des Gotteslobes genommen werden kann:

Furcht, Grauen, Ekel war den Augenblick vergangen;
Mich nahm Bewundrung erst, darauf Erstaunen ein,
Dem folgt Erniedrigung und Ehrfurcht allgemach,
Und diesem auf dem Fuß Lob, Brunst und Andacht nach.

(Zit. nach: *Die deutsche Literatur vom Mittelalter bis zum 20. Jahrhundert*, Bd. 4, 374)

So gelingt es, einem relativ weiten Bereich der phänomenalen Welt gerecht zu werden, ohne die synthetisierende Perspektive aufgeben zu müssen, die als Basis der Dichtung anzusehen ist. Daß diese zunächst so beliebte Naturdichtung bereits ab 1750 als borniert und subaltern erschien, verwundert nicht, deutet aber darauf hin, daß sich neue poetische Modelle entwickeln, die der relativen Originalität von Brockes' Ansatz keine Gerechtigkeit mehr widerfahren lassen.

Ebenfalls in Hamburg lebte und wirkte der bedeutendste Lyriker und Dichter der Frühaufklärung, Friedrich von Hagedorn (1708–54). Die Abwendung von der metaphysisch-religiösen Schwere des Barock wurde von ihm in seinen anmutigen, kurzen, klassizistisch-schnörkellosen Gedichten vollzogen, die im Stile des *Rokoko* eine kultivierte Sinnenfreude propagierten und in leichtem Tone den Deutschen demonstrierte, was man unter scherzhafter Dichtung verstehen konnte. Alle bedeutenden Dichter der späteren Aufklärung, insbesondere Klopstock, Wieland und Lessing, haben Hagedorn verehrt und auch von ihm gelernt; noch Goethe äußert sich in *Dichtung und Wahrheit* denkbar positiv. Neben das Lied treten in seinem Werk das (kurze) Lehrgedicht, das Epigramm und die Fabel. Auch wenn Hagedorn sich dem Geiste der Zeit entsprechend einer didaktischen

Wirkung nicht verschloß, so betonen doch insbesondere seine Fabeln den Eigenwert des Poetischen und preisen das »Vergnügen«, das sich aus der Kunst des Fabulierens entwickelt. Die positive Bewertung der Sinnlichkeit bereitet die sensualistischen Tendenzen der Aufklärung vor. Auch wenn sich seine Gedichte häufig tradierter Muster bedienen (etwa der Schäferdichtung oder dem anakreontischen Schema folgen), so liegt doch in der dezidierten Parteinahme für das Vergnügen und den Sinnengenuß ein deutliches Moment der Emanzipation von den rationalistischen Postulaten der Normpoetik. Vor diesem Hintergrund verwundert es nicht, daß Hagedorn trotz der klassizistischen Orientierung seiner Sprache gute Beziehungen zu den Schweizern pflegte; der sittenstrenge Bodmer war sogar bereit, das Leichtfertige in Hagedorns Poesie zu übersehen, weil es doch in einer so gefälligen Form gegen die Instrumentalisierung der Dichtung im Namen einer rationalistisch verstandenen Vernunft protestierte. Dabei ist zu beachten, daß das Gefällige und Scherzhafte dieser Dichtungsart keineswegs eine unkritische Geisteshaltung mit sich brachte. Vielmehr zeigt sich in der Wendung gegen heroische und äußerliche Normsysteme (›Ehre‹) eine dezidierte Kritik an aristokratischen Denk- und Verhaltensmustern und eine in der bürgerlichen Kultur Hamburgs gewachsene lebensbejahende Bürgerlichkeit, die nicht – wie sonst in Deutschland häufig zu beobachten – durch schwärmerisch-empfindsame Distanz von der ›Welt‹ gekennzeichnet war. Daß auch das bürgerlich-kapitalistische ›Tauschprinzip‹ gegenüber der Macht der sinnlichen Liebe an seine Grenzen stößt, zeigt das scherzhafte, im Milieu der Schäferdichtung angesiedelte Gedicht *Die Küsse*:

Als sich aus Eigennutz Elisse
Dem muntern Coridon ergab,
Nahm sie für einen ihrer Küsse
Ihm anfangs dreißig Schäfchen ab.

Am andern Tag erschien die Stunde,
Daß er den Tausch viel besser traf.
Sein Mund gewann von ihrem Munde
Schon dreißig Küsse für ein Schaf.

Der dritte Tag war zu beneiden:
Da gab die milde Schäferin
Um einen neuen Kuß mit Freuden
Ihm alle Schafe wieder hin.

Allein am vierten ging's betrübter,
Indem sie Herd und Hund verhieß
Für einen Kuß, den ihr Geliebter
Umsonst an Doris überließ.

(Zit. nach Best, *Die deutsche Literatur in Text und Darstellung*, 122)

Die Einfachheit der Sprache und der Versform, die Scherzhaftigkeit der Behandlung und das Unproblematische des Gegenstandes bilden einen denkbar scharfen Kontrast zu den Dichtungsformen des Barock, aber auch zu den sich entwickelnden Tendenzen der Empfindsamkeit. Dabei ist aber keine forcierte Frivolität zu erkennen; die rokokohafte Tändelei schließt eine gefühlvoll-sympathetische Einstellung gegenüber dem Dargestellten nicht aus. Aus diesem Befund erklärt sich wohl, warum sowohl die ›enthusiastische‹ (Klopstock), scherzhaft-frivole (Wieland) als auch die analytisch-kritische Aufklärungsdichtung (Lessing) Hagedorn positiv rezipieren konnten.

Eine bedeutende Wirkung entfalteten in der ersten Hälfte des 18. Jahrhunderts didaktisch orientierte Dichtungsformen, die seit der Subjektivierung des Dichtungskonzepts im Sturm und Drang und der Wendung zur Autonomie von Kunst und Dichtung in Weimarer Klassik und Romantik aus dem ›Kanon‹ der Gattungslehre ›herausgefallen‹ sind. Die *Lehrdichtung* im engeren Sinne, die im Rahmen eines klassizistischen Dichtungskonzepts allein schon deshalb eine besondere Dignität aufwies, weil sie sich auf antike

Vorbilder (Lukrez, Vergil, Horaz) berufen konnte, bemühte sich im wesentlichen um eine Vermittlung aufklärerischen Gedankenguts, wobei philosophische Theoreme ebenso eine Rolle spielten wie die neuen Erkenntnisse der Naturwissenschaften, aber auch einzelwissenschaftliche Ergebnisse und poetologische Einsichten. Offensichtlich ist der pragmatische und popularisierende Charakter der Lehrgedichte, mit deren Hilfe es gelingen sollte, einem nicht oder nicht ausreichend gebildeten Publikum die genannten Erkenntnisse und die aus ihnen abzuleitenden Zusammenhänge verständlich zu machen. In dieser pragmatischen Ausrichtung, die selbstverständlich auch auf die ethisch-moralische Belehrung zu beziehen ist, trifft sich die Lehrdichtung mit der Intention der moralischen Wochenschriften, die sich ihrerseits auch der Lehrdichtung bedienten. Elemente des Lehrgedichts finden sich auch – wie gezeigt – in Brockes' *Irdischem Vergnügen in Gott*; lehrhafte Momente enthält die beschreibende Dichtung, die in Albrecht von Hallers *Die Alpen* (1729) und Ewald von Kleists *Der Frühling* (1749) ihre von den Zeitgenossen besonders geschätzten Modelle fand. Es war Lessing, der in seiner *Laokoon*-Schrift (1766) der deskriptiven wie der didaktischen Poesie eine Art Todesstoß versetzte, indem er die Dichtung auf die Darstellung von Handlungen und inneren Vorgängen der menschlichen Psyche verpflichtete. Diese späte Abrechnung ändert aber nichts an der Bedeutung der Lehrdichtung in den Jahren vor und um 1750. Philosophische Probleme traktierte der schwermütige Albrecht von Haller in seiner *Unvollkommenen Ode über die Ewigkeit* (1736) und in *Über den Ursprung des Übels* (1739) ebenso wie Johann Peter Uz (1720–96) in seiner *Theodicee* (1756). Gerade in Hallers Fragment gebliebenem Gedicht zeigt sich die Problematik der Lehrdichtung, durch welche diese im Laufe der Fortentwicklung des aufklärerischen Denkens in eine schwere Krise geriet: Wenn es um die Vermittlung gesicherter und nicht zu bezweifelnder Erkenntnisse ging, so mußte gerade einer skeptischen Wahrheitssuche mit ihrem Mißtrauen gegen die metaphysischen Systeme eine Dichtungsform unangemessen erscheinen, bei der vermeintlich objektiv gültige Sätze in dogmatischer Form vorgetragen wurden. Was im Bereich des naturwissenschaftlichen Lehrgedichts wie bei Abraham Gotthelf Kästners (1719–1800) *Philosophischem Gedicht von den Kometen* (1744) – der Autor war ein bedeutender Naturwissenschaftler und Leipziger Professor für Physik und Mathematik – noch angehen mochte, wurde im philosophischen und weltanschaulichen Kontext immer problematischer. Unter dem Einfluß der Empfindsamkeit trat die Bedeutung des Subjekts in den Vordergrund; nicht mehr die sachliche Darlegung objektiver Gegenstände, sondern die Vermittlung von Subjektivem und Objektivem wurde zu einem Grundproblem für das aufklärerische Denken und die dichterische Darstellung. In dem Lehrgedicht *Die Natur der Dinge* (1750) des jungen Wieland ist diese Bewegung zu verfolgen. Von der objektiven Darstellung der Vortrefflichkeit der Welt geht der Text am Schluß in eine Apotheose der menschlichen Subjektivität und des Dichters über. Die Schlußpassagen der stark von Klopstock beeinflußten Dichtung werden in einem modernen Sinne lyrisch, das heißt subjektiv-pathetisch und transzendieren so den Charakter der Lehrdichtung. Als Vertreter einer heiter-frivolen Dichtung kann Wieland 1768 in *Musarion* die Elemente des Lehrgedichts nur noch ironisch zitieren und durch Momente der Komödie und der Erzählung relativieren. Theoretische Gehalte erscheinen nicht mehr in der Form objektiv gültiger Sätze, sondern als Meinungen und Überzeugungen einzelner Figuren und somit an die durch Handlung und formale Perspektive vermittelte Subjektivität gebunden.

Eine andere Form aufklärerischer Didaxe zeigt sich in der Fabel. Sie erscheint den Dichtern und Theoretikern der Frühaufklärung als eine vorbildliche Synthese von Poesie und moralisch-philosophischer Lehre. Gottsched definiert sie als »die Erzählung einer unter gewissen Umständen möglichen, aber nicht wirklich vorgefallenen Begebenheit, darunter eine nützliche moralische Wahrheit verborgen liegt«. Zwischen 1730 und 1770 lassen sich fünfzig Autoren namhaft machen, die Fabeln veröffentlichen, unter ihnen die bekanntesten der Zeit wie Hagedorn, Gellert, Gleim und Lessing. Hagedorn hob besonders die poetischen Möglichkeiten der Fabel hervor, er orientierte sich an der Eleganz und Anmut des französischen Fabeldichters Jean de la Fontaine (1621–95). Nahe bei der »äsopischen« Fabel, die nur Tiere und Pflanzen agieren läßt, steht bei ihm und bei anderen die Verserzählung, die eine anschauliche Handlung mit einer praktischen Anwendung verbindet, wobei wiederum die Grenzen zum Lehrgedicht und zur Satire fließend sind. Christian Fürchtegott Gellerts Fabeln dienen mehr dem Nützlichen und der moralischen Didaxe, wobei sich der Autor eher an ein wenig gebildetes Publikum wendet und diesem die Ideale einer empfindsam-rationalistisch inspirierten protestantischen Bürgerlichkeit nahezubringen sucht. In diesem wie in vielen anderen Fällen gewinnt die Fabel keine politische Schärfe; Gellert propagiert die Einordnung des Einzelnen in das gesellschaftliche Ganze, warnt wohl aber bisweilen die ›Höheren‹ vor Willkür und Machtmißbrauch. So lautet etwa das Epimythion, der die ›Moral‹ der Fabel resümierende ›Nachspruch‹, der Fabel *Das Pferd und die Bremse*:

> Auf sich den Haß der niedern laden,
> Dies stürzet oft den größten Mann.
> Wer dir, als Freund nicht nützen kann,
> Kann allemal, als Feind, dir schaden.
> (Zit. nach Richter, *Gedichte und Interpretationen* 2, 162)

---

Kupferstiche zu Christian Fürchtegott Gellerts Fabeln von Daniel Chodowiecki (1777)

Gellerts Fabeln
Der Tanzbär
.................fort mit dir!
Du Narr, willſt klüger ſein als wir?

Die Bauern und der Amtmann.
Hört zu!.................................
Ihr Ochſen, die ihr alle ſeyd!
Euch Flegeln geb ich den Beſcheid
Ihr ſollt den Herrn zu eurem Pfarrn behalten.
Sagts, wollt ihr, oder nicht? denn itzt ſind wir noch da.

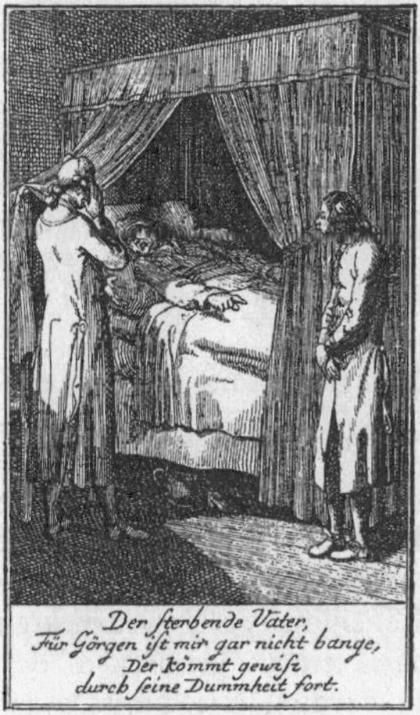

Der ſterbende Vater,
Für Görgen iſt mir gar nicht bange,
Der kömmt gewiſz
durch ſeine Dummheit fort.

Der Greis
Er lebte, nahm ein Weib, und ſtarb.

Daß im Vergleich zu den an anderer Stelle behandelten Texten Gellerts ein eher pessimistisches Weltbild und eine ›strategische‹ Klugheit die hier vorgetragene ›Lehre‹ prägt, hat wohl vor allem mit der pragmatischen und anti-idealistischen Ausprägung der Gattung zu tun, die schon von Äsop her für die Fabel typisch ist. Für Gellert, der sich auch theoretisch mit der Fabel befaßt hat (seine lateinische Habilitationsschrift von 1744 gab einen Überblick über Geschichte und Poetik der Fabel), ging es im wesentlichen darum, durch eine Leichtigkeit des Tons und eine ›treuherzig-biedere‹ Sprache eine populäre Wirkung zu erzielen und auf diese Weise Wahrheiten zu ›transportieren‹, die auf dem gewöhnlichen theoretisch-diskursiven Wege nicht gehört würden. Gellerts Fabeln waren tatsächlich ein großer Publikumserfolg; sie wurden praktisch in alle europäischen Sprachen übersetzt.

Im Jahre 1759 veröffentlicht Lessing eigene Fabeln zusammen mit theoretischen Erörterungen. Seinem kritisch-analytischen Verständnis von Aufklärung entsprechend, verwirft er den Plauderton und die relative Weitschweifigkeit Hagedorns und Gellerts und bevorzugt prägnante Texte, die ohne Umschweife die moralische Lehre darlegen, um derentwillen die Fabel erzählt wird. Zum asketischen Charakter von Lessings Fabelkonzeption paßt auch, daß er Prosafabeln schreibt, also auf die Verkleidung in Vers und Reim verzichtet und auf diese Weise den poetischen Charakter der Fabel minimiert.

Während die Fabel um 1770 an Bedeutung verliert (wogegen auch Herders 1768 verfaßtes Plädoyer für eine wiederum eher poetische Fabel nicht viel ändert), zeigt sich eine ganz eigenständige Form der Fabel mit aggressiver politisch-satirischer Tendenz bei Gottlieb Konrad Pfeffel (1736–1809). Die 1789 erschienene endgültige Sammlung seiner Fabeln rechtfertigt die Rebellion der Unterdrückten und hat eindeutigen Appellcharakter; sie gehören in den Kontext der Spätaufklärung und verbinden sich mit der jakobinischen Inanspruchnahme aufklärerischer didaktischer Dichtungsformen zum Zwecke der revolutionären Agitation bei den ›niederen‹ Volksmassen.

Eine wichtige Dichtungsform der Frühaufklärung mit einer unmittelbaren Wirkungsweise ist auch die Satire. Ähnlich wie in der sächsischen Typenkomödie, in der es um das Verlachen der Lasterhaften und Normwidrigen geht, wendet sich die Satire als »Strafgedicht« unmittelbar gegen Barbarei und Unvernunft. Christian Ludwig Liscow (1701–60) greift in seinen in den 1730er Jahren erschienenen Satiren Mißstände in Kirche und Universität an, die durch die Intoleranz der Orthodoxie bedingt sind. Dabei schreckte er vor persönlich verletzender Personalsatire nicht zurück (*Briontes der Jüngere, Eines berühmten Medici Glaubwürdiger Bericht*, 1734). Die Satire erweist sich als eine privilegierte literarische Ausdrucksform des aufklärerischen Bewußtseins, weil sie sich nicht in dem abgetrennten Bereich einer autonomen Literatur bewegt, sondern auf unmittelbare Wirkung in der literarischen Öffentlichkeit und in der gesellschaftlichen Umgebung aus ist. Dabei hat die Satire oft einen sehr eingegrenzten, auf konkrete Gegenstände bezogenen Bezugspunkt, wodurch sie sehr situationsgebunden erscheint. Vorausgesetzt ist ein weitgehender Konsens zwischen Autor und Publikum, die über gemeinsame Maßstäbe verfügen müssen, damit die Satire ihr Ziel erreichen kann; das Objekt der Satire muß zudem als Repräsentant der schieren Unvernunft erscheinen, damit es ohne Einschränkung verlacht werden kann. Liscow lebte selbst in bedrückenden Verhältnissen und erreichte mit seinen satirischen Attacken nur ein sehr beschränktes Publikum.

Verglichen mit Liscows Satiren sind diejenigen Gottlieb Wilhelm Rabeners (1714–71) sehr zahm und zurückhaltend. In ihnen werden nur in vager Allgemeinheit menschliche Schwächen aufs Korn genommen; vor persönlichen Angriffen und politisch brisanten Polemiken schreckte Rabener zurück. Programmatisch erklärte er, daß die Satire nicht das Recht habe, die Religion und die Fürsten zu beleidigen. Gerade wegen dieser Harmlosigkeit, die sich nur ganz konventionelle Kritik erlaubte und die Grundlagen des aufgeklärten Absolutismus nicht in Frage stellte, erfreuten sich Rabeners satirische Schriften, die 1751 und 1755 in einer vierbändigen Sammlung erschienen, einer großen Beliebtheit.

Bei Wieland und in der Spätaufklärung werden satirische Elemente in die Romanform integriert. Dabei überwindet die größere Form der Epik die Gebundenheit der ›kleinen‹ Satire an einzelne begrenzte Objekte und gewinnt eine gewisse Welthaltigkeit. Die Differenzierung des Vernunft- und Rationalitätsverständnisses, welche die Einheitlichkeit der *einen* Wahrheit zugunsten eines pluralen Perspektivismus überwindet, verkompliziert allerdings die Grundlagen der Satire: Wenn Wahrheit und Vernunft nicht mehr eindeutig bestimmt werden können, erweist sich auch das Verlachen des Normwidrigen als problematisch. Wenn man aber für das Objekt der Satire Verständnis und sogar Sympathie aufbringt, verwandelt sich der satirische Impuls in die versöhnliche Haltung des Humors; die eindeutige Wirkungsabsicht der Satire geht verloren. So zeigt sich auch in der Entwicklung der Satire die komplexe Wandlung der Aufklärung vom einsinnigen Rationalismus zu einer pluralen Vernunft, die den vielfältigen Facetten der menschlichen Erfahrung gerecht zu werden sucht und dabei viel von der plakativen Eindeutigkeit des frühaufklärerischen Rationalismus verliert.

# 4
# Die Entwicklung der Lyrik im 18. Jahrhundert

Unser heutiger Begriff der Lyrik und des Lyrischen ist stark an ein durch Goethe und seine Zeitgenossen begründetes Ideal des subjektiven Ausdrucks von Individualität gebunden. Ein solches Lyrikverständnis ist für die Literatur der Aufklärung nicht festzustellen. In Gottscheds *Critischer Dichtkunst* kommt der Terminus »Lyrik« gar nicht vor; wir finden lediglich eine Aufzählung verschiedener Gedichtformen. Im folgenden soll dennoch der Versuch unternommen werden, die Entwicklung kürzerer literarischer Texte in Versen (nicht unbedingt Reimen) in ihren groben Zügen zu umreißen. Dabei wird sich zeigen, daß die von uns skizzierten Tendenzen der deutschen Aufklärung auch in diesem Zusammenhang eine nicht zu unterschätzende Rolle spielen. So sind in der Lehrdichtung, der anakreontischen Dichtung und der Ode als den wichtigsten ›lyrischen‹ Formen die didaktischen, sensualistischen und die empfindsam-erhabenen Impulse der Dichtung des 18. Jahrhunderts zu erkennen, und es läßt sich verstehen, wie sich die Wendung zu einem neuen Lyrikverständnis vorbereitet, die mit dem Sturm und Drang und insbesondere mit dem jungen Goethe einsetzt.

Der Beginn des 18. Jahrhunderts ist durch eine Wendung gegen die rhetorischen Traditionen des Barock gekennzeichnet. Die Entwicklung eines ›modernen‹ Weltbildes und der beginnende Verlust einer traditionellen repäsentativ-höfischen Öffentlichkeit bedingen eine Abwendung von dem als »Schwulst« empfundenen Stilideal des Barock und von den höfischen (und großbürgerlichen) Gelegenheitsgedichten. Ausdruck dieses Geschmackswandels ist ein allgemeines Bedürfnis nach Stilsenkung, nach den rhetorischen Prinzipien der Klarheit, Deutlichkeit und Angemessenheit sowie die Bevorzugung einer ›natürlichen‹ Schreibweise, welche die zum Teil konventionalisierten, zum Teil bewußt artifiziellen und originellen Metaphern der Barockliteratur zu überwinden versucht. Ein Hauptgegenstand der allgemeinen Kritik ist das Sonett, das als formalistisches Gebilde empfunden wird, das lediglich schematisierte Formen und Aussagen zu transportieren imstande ist. Im Laufe des Jahrhunderts wendet sich diese Kritik auch gegen den »klappernden« deutschen Alexandriner, und mit Klopstock zeigt sich der Versuch eines deutschen Hexameters und des reimlosen freien Verses, wodurch sich ganz neue poetische Möglichkeiten ergeben. Eine Krise des ›lyrischen‹ Sprechens ergibt sich freilich zu Beginn des 18. Jahrhunderts durch die Tatsache, daß durch die Tendenz der Stilsenkung die Unterscheidung zwischen Poesie und Prosa schwierig wird und darüber hinaus die Gefahr einer Instrumentalisierung der Poesie als Dienerin der pragmatischen Intentionen einer rationalistischen Frühaufklärung zu erkennen ist. Nach dem Bilderrausch des Barock ist insofern die ›Lyrik‹ in einer schweren Krise, als ihre spezifische Leistung nicht zu erkennen ist.

Johann Christian Günther (1695–1723) repräsentiert den Übergang von der Barocklyrik zum Ausdruck ›natürlicher‹ Empfindungen. Günthers Gedichte machen die Erfahrung der Subjektivität zur Grundlage der Selbsterfahrung und nehmen damit Elemente der späteren Subjektivierung der ›Lyrik‹ vorweg. Aber nicht seine Gedichte wurden paradigmatisch im weiteren Verlauf des 18. Jahrhunderts, sondern Barthold Heinrich Brockes' bereits gewürdigte Bemühung, die Erkenntnisse der neuen Naturwissenschaft mit dem traditionellen christlichen Weltbild zu verbinden. Wie gezeigt, sind Brockes' Texte zwar auch, aber nicht nur Lehrgedichte; es kündigt sich auch der Versuch an, die Thematisierung von auserwählten Gegenständen mit dem Ausdruck der

Entzückung des Subjekts (und der demütigen Unterwerfung unter das Erhabene) zu koppeln. Charakteristisch für die Dichtung der Frühaufklärung sind der argumentative Charakter dieser Poesie und ihr logisch-prosanaher Sprachduktus, ebenso die Aufnahme sensualistischer Elemente, die aber ausdrücklich nicht zu einer skeptischen Infragestellung des überlieferten Glaubens führen, sondern vielmehr durch die Affizierung der ›unteren‹ Seelenvermögen auch das Gefühl von der Schönheit und Größe der von Gott geschaffenen Welt festigen sollen. Während sich barocke Elemente noch insofern erkennen lassen, als die Naturerfahrung der Gedichte häufig emblematische Züge annimmt (demnach also die sich abzeichnende empiristische Orientierung durch eine symbolisch-allegorische Deutung der Naturphänomene verdeckt wird), zeigt Brockes seine aufklärerische Modernität, indem er die Nützlichkeit und die Schönheit der Natur hervorhebt und so dezidiert das »irdische Vergnügen in Gott« einer Hinwendung zu einem transzendenten Jenseits vorzieht.

Eine wichtige Tendenz der frühaufklärerischen Poesie liegt in der beschreibenden Dichtung (der »poetischen Mahlerey«), als deren bedeutendste Vertreter Albrecht von Haller (1708–88) und Ewald Christian von Kleist (1715–59) angesehen werden können. Die deskriptive Dichtung, bei der im Falle Hallers (*Die Alpen*, zuerst 1729) durch die Kontrastierung zwischen der sittenlosen städtischen Zivilisation und des sittenreinen Lebens in der abgeschlossenen Welt des Gebirges idyllische Elemente und in der Naturschilderung Kleists (*Der Frühling*, 1749) empfindsame Züge zu erkennen sind, zeigt das Phänomen einer Hinwendung zur Natur, das alten Topoi folgt und auf jeden Fall als vorrousseauistisch anzusehen ist. Die scheinbar so rationalistische und auf ›Kultivierung‹ drängende Epoche der Aufklärung weist einen durchgehenden zivilisationskritischen Strang auf, der zwar in der zweiten Jahrhunderthälfte durch den Einfluß Rousseaus wirkmächtiger wird, aber bereits in der Frühaufklärung zu bemerken ist. Von besonderer Bedeutung sind auch die ›Lehrgedichte‹ Hallers, die dadurch aus dem Rahmen fallen, daß sich im Zusammenhang dieser eigentlich objektivistischen und ›unlyrischen‹ Dichtungsart eine subjektive ›Betroffenheit‹ zu Wort meldet, welche die enthusiastische Bewegtheit, aber auch die melancholische Stimmung des Sprechenden zum Ausdruck bringt. So lautet die erste Strophe von Hallers *Unvollkommener Ode über die Ewigkeit*:

Ihr Wälder! wo kein Licht durch finstre Tannen strahlt
Und sich in jedem Busch die Nacht des Grabes mahlt:
Ihr holen Felsen dort! wo im Gesträuch verirret
Ein trauriges Geschwärm einsamer Vögel schwirret:
Ihr Bäche! die ihr matt in dürren Angern fließt
Und den verlohrnen Strom in öde Sümpfe gießt:
  Erstorbenes Gefild' und Grausen-volle Gründe!
  O daß ich doch bey euch / des Todes Farben fünde!
O nährt mit kaltem Schaur / und schwarzem Gram mein Leyd!
Seyd mir ein Bild der Ewigkeit!

(Zit. nach: Richter, *Gedichte und Interpretationen* 2, 67)

Es wird deutlich, daß das Schema des Lehrgedichts durch die Intensität der Trauer und Melancholie des lyrischen Ich (von dem hier anders als bei den meisten Lehrgedichten bereits mit einem gewissen Recht gesprochen werden kann) in Frage gestellt wird. Die Ode ist deshalb »unvollkommen«, weil die beabsichtigte Theodizee nicht gelingen will; der Anlaß des Gedichts, der deutlich ausgesprochen wird (»Mein Freund ist hin«), bekommt ein stärkeres Gewicht als die didaktische Absicht. Haller selbst fügt an den Beginn seiner Ode die folgende Anmerkung:

Auf daß sich niemand an den Ausdrücken ärgere / worinnen ich von dem Tod als einem Ende des Wesens / oder der Hoffnung spreche / so berichte / daß alle diese Reden Einwürfe haben seyn sollen / die ich würde beantwortet haben / wann ich fähig wäre / diese Ode zu Ende zu bringen.

(Zit. nach: Richter, *Gedichte und Interpretationen* 2, 67)

Hier zeigt sich im Kleinen die von uns skizzierte Entwicklungstendenz der Aufklärungsdichtung: Während das rationalistische Schema die dichterische Form nur als eine gefällige Einkleidung einer außerliterarisch feststehenden Wahrheit versteht, wird die subjektive Wahrheitssuche, der es eher um die Intensität des Fragens als um den Erwerb vermeintlich sicherer Wahrheit geht, zur Charakteristik einer literarischen Aufklärung. Das philosophierende Subjekt wird dabei langfristig zu einem individuellen Subjekt, das existentielle Erfahrungen artikuliert, die sich nur noch poetisch aussprechen lassen, und von dieser Tendenz kann man bei Haller schon Spuren erkennen (auch wenn offensichtlich das ›Erlebnis‹ nicht Ausgangspunkt des lyrischen Sprechens ist, sondern vielmehr der Eindruck entsteht, die Naturbilder würden gesucht, um eine Empfindung oder einen Gedanken zu ›illustrieren‹).

Eine entschiedene Abkehr von barocken Formtraditionen ist auch in der anakreontischen Lyrik zu beobachten, die von den vierziger bis zu den sechziger Jahren im Gefolge von Hagedorns *Oden und Liedern* (1742 ff.) gepflegt wurde, unter anderem von Johann Nikolaus Götz (1721–1781), Johann Wilhelm Ludwig Gleim (1719–1803), Christian Felix Weiße (1726–1804), aber auch von Lessing und Goethe. Im Jahre 1554 war eine von dem französischen Humanisten Stephanus herausgegebene Sammlung erschienen, die sechzig antike Gedichte enthielt, die unter dem Namen Anakreons publiziert wurden. Charakteristisch für diese Gedichte ist der begrenzte Motivkreis: Wein, Liebe, Natur, Aufruf zu Geselligkeit und Vergnügen und (in den modernen Varianten) Ansätze zu einer Selbstreflexion des Dichters. Deutlich ist der Spielcharakter dieser Lyrik, in der kunstvolle Varianten eines beschränkten Motivkreises und überlieferter Formen präsentiert werden. Das Spielerische und die Freude am Kleinen (Lessing nannte seine Liedersammlung aus dem Jahre 1753 *Kleinigkeiten*) sind Ausdruck einer literarischen Rokokokultur, zu der auch der leicht frivole Ton dieser Dichtung und der gesellige Charakter dieser Lieder passen. Bei den anakreontischen Gedichten steht die Fiktionalität des Dargestellten im Vordergrund; ausdrücklich zurückgewiesen wird der Gedanke, es handele sich um Zeugnisse ›wirklichen‹ Erlebens. Läßt sich hieraus folgern, daß der anakreontischen Lyrik eine kompensatorische Funktion zukomme, daß es sich bei den Phantasien von Wein und Liebe um eine Flucht aus einer eher bürgerlichen Wirklichkeit handele, so ist doch auf der anderen Seite darauf zu verweisen, daß wir es gleichzeitig mit einer deutlichen Parteinahme für die sensualistische Tendenz der Aufklärungsdichtung zu tun haben. Die Ablehnung einer rationalistischen und rigoristischen Mißachtung der menschlichen Begierden und der Versuch, zu einer Kultivierung, nicht zu einer Verdrängung der Sinnlichkeit beizutragen, setzen die anakreontische Lyrik in eine deutliche Parallele zu den Bemühungen um eine philosophische Rehabilitation der Sinnlichkeit in der Begründung der Ästhetik durch Baumgarten. Darüber hinaus ist die Betonung des Scherzhaften und Verspielten gerade in Verbindung mit dieser Apologie der Sinnlichkeit ein deutlicher Etappenschritt hin zu der Idee einer Autonomie der Kunst. Demgegenüber steht freilich die anti-heroische, auf Mäßigung im Vergnügen ausgerichtete und gegen die ›wollüstige‹ Befriedigung der Begierden zu Felde ziehende Perspektive der anakreontischen Dichtung in einer weitgehenden Übereinstimmung mit der allgemeinen aufklärerischen Tendenz der Zeit. Zielscheibe des Spotts der Anakreontiker waren dagegen die Rationalisten und die Pietisten, insofern diese sich in einer bornierten Sinnenfeindlichkeit trafen. In formaler Hinsicht betonen die anakreontischen Gedichte den Rhythmus, verzichten auf den Reim, bevorzugen eine durchgängige Einfachheit in Sprache und Syntax, wodurch Wiederholungen und Antithesen zu wichtigen Stilmitteln werden. Der Gefahr einer eher quälenden Monotonie wird durch den Versuch begegnet, den Blick auf die Nuance zu konzentrieren, welche die Kunstfertigkeit des jeweiligen Dichters demonstrieren kann. Das poetische Modell der Anakreontiker ließ sich mit dem Ideal der Grazie identifizieren, in dem die Ungezwungenheit, Leichtigkeit und Verspieltheit der Bewegung zum Ausdruck kam. Es wirkte intensiv auf die literarische Produktion Wielands, der es durch eine Konfrontation mit den Normen der Empfindsamkeit zu ›vertiefen‹ vermochte, und auf die Ästhetik Schillers, dessen Theorie der Anmut hier eine ihrer Wurzeln hat.

Trotz der persönlichen Beziehungen zwischen den Anakreontikern und sittenstrengeren Poetikern (wie den Zürichern Bodmer und Breitinger) gab es durchaus deutliche Differenzen zwischen der sensualistischen und der empfindsam-erhabenen Tendenz innerhalb der deutschen literarischen Aufklärung. Um so bemerkenswerter, daß der Philosophieprofessor Georg Friedrich Meier in der Lage war, die über die enge Poetik Gottscheds hinausweisenden Tendenzen zusammenzusehen, was sich darin zeigt, daß er sowohl die ›scherzhafte‹ anakreontische Lyrik als auch Klopstocks *Messias* in ausführlichen Schriften verteidigte.

Die Jahrhundertmitte, insbesondere aber der Zeitraum des Siebenjährigen Krieges, brachte insofern einen Einschnitt in der Geschichte der Lyrik, als die anakreontische Poesie fast ganz verstummte. Die zweckfreie Poesie und die private Geselligkeit, die sich jedem ›höheren‹ Zweck verweigerten, gerieten ganz offenbar in eine Krise, die sich gerade an der Person Gleims ablesen läßt. Diesen erfaßt eine starke patriotische Begeisterung, und er schreibt *Preußische Kriegslieder in den Feldzügen 1756 und 1757* (1758), wobei es sich um Rollenlyrik handelt, bei der Gleim als ein Grenadier der preußischen Armee spricht. Einen neuen Ernst und gleichzeitig die Suche nach einer (freilich künstlich erzeugten) Naivität bezeugen diese Gedichte – und eine entschiedene Abkehr von den ›Scherzen‹ und der zweckfreien Artistik der anakreontischen Lieder. Es scheint, als ob die Geselligkeitsutopie von Wein und Liebe jetzt als ein substanzloser Ästhetizismus angesehen wird; vor allem wird das Bedürnis spürbar, die das Individuum überschreitende Gemeinschaft als ein normativ ausgezeichnetes Ganzes zu erleben, die deutsche Nation (für die Preußen als der größte Staat des Deutschen Reiches einsteht) als den Bezugspunkt der Dichtung zu haben:

Krieg ist mein Lied! weil alle Welt
Krieg *will*, so *sey* es Krieg!
Berlin sey Sparta, Preußens Held
Gekrönt mit Ruhm und Sieg!
(Zit. nach: Richter, *Gedichte und Interpretationen* 2, 124)

Eine Verbindung zwischen der patriotischen und der religiösen Lyrik ist darin zu sehen, daß im Rahmen des Säkularisierungsprozesses, der das 18. Jahrhundert prägt, religiöse Gehalte auf weltliche Gegenstände bezogen werden. So ist die Wendung Gleims von der scherzhaften Anakreontik zur patriotischen Kriegslyrik als ein Versuch zu deuten, der Lyrik ernste, ›substantielle‹ Gehalte zuzuweisen und damit ihre Bedeutung zu unterstreichen.

Ähnliches läßt sich allgemein von der ›ernsten Ode‹ sagen. Diese stellt insbesondere durch Klopstock das wichtigste Paradigma der Zeit ab 1750 dar und kann als Gegenpol zur Anakreontik begriffen werden. Einflüsse des Pietismus und der Empfindsamkeit spielen eine entscheidende Rolle, wobei sich eine Wendung gegen die Künstlichkeit und Rhetorik der konventionellen Poesie und ein Plädoyer für den Versuch ergibt, unmittelbar die Gefühle eines Subjekts zu artikulieren. Waren im pietistischen Lied (Tersteegen, Zinzendorf) die religiösen Erfahrungen des Subjekts zentraler

Gegenstand, so steht in der Empfindsamkeit die moralische Befindlichkeit des Subjekts im Vordergrund. Typisch für diese Tendenz sind die *Freundschaftlichen Lieder* von Jacob Immanuel Pyra (1715–44) und Samuel Gotthold Lange (1711–81). An die Stelle der rhetorisch und allgemein-konventionell postulierten Geselligkeit der Anakreontik tritt die empfindsam getönte Freundschaft der beiden Verfasser, wobei diese die Authentizität der artikulierten Empfindungen betonen.

In Opposition zur Poetik Gottscheds und auch zur scherzhaften Lyrik der Anakreontiker beruft sich die ernste Odendichtung auf eine Poetik des Erhabenen, die in Breitingers *Critischer Dichtkunst* (1740) unter Berufung auf die antike Abhandlung des Pseudo-Longinus (Übersetzung durch Boileau: *Traité du sublime ou du merveilleux dans le discours*, 1674) ausgearbeitet wurde. Dabei wurde der Gegensatz zwischen dem Schönen (das Gottsched ins Zentrum seiner Poetik gestellt hatte) und dem Erhabenen in der Weise pointiert, daß es sich beim Erhabenen um große und ehrwürdige Gegenstände handele, die häufig im Zusammenhang des Religiösen und Wunderbaren diskutiert wurden. Nicht so sehr große Helden (wie im Theater Corneilles) wurden als erhabene Gegenstände angesehen, sondern eher solche, die dazu angetan waren, das Subjekt zu erheben und zu begeistern. Diese Verbindung von objektiver Größe des Gegenstandes und der durch diesen bewirkten ›Erhebung‹ des Subjekts steht im Zentrum von Klopstocks Odentheorie und -praxis. Es geht für ihn darum, daß der Odendichter in einer eigentümlichen, der assoziativen Logik des Affekts folgenden Unordnung (»beau désordre«) die Bewegung ständiger Entzückung nachzeichnet. Die tendenzielle Subjektivierung der Kategorie des Erhabenen (die erst bei Kant und Schiller definitiv vollzogen wird) bewirkt eine wirkungsästhetische Strategie, bei der es um die Überwältigung des Rezipienten, um die Übertragung der Entzückung des sprechenden Subjekts auf die Zuhörenden geht. Da die Intensität des Erlebens und Empfindens nicht beliebig lange beibehalten werden kann, steht die Kürze der Texte sowie die Plötzlichkeit und Lebhaftigkeit, mit der die Bilder und Empfindungen auf den Zuhörer einströmen, im Mittelpunkt der Überlegungen zur ernsten Odendichtung. Von »Machtwörtern« spricht Klopstock, die besonderen Eindruck auf die Rezipienten machen sollen, von »Darstellung«, nicht Nachahmung der ›realen‹ Gegenstände, denn diese werden nicht in irgendeiner Weise reproduziert; vielmehr soll die emotionale Aneignung, Aufarbeitung und Verarbeitung eines Sujets dieses in seiner Bedeutung für die Subjekte vorführen (und damit in gewisser Weise erst konstituieren). Die emotionalen Potenzen der Gegenstände und deren Lebendigkeit werden so in der ernsten Ode ans Licht gebracht. Auf diese Weise kann Klopstock eine spezifische Eigenart des lyrischen Sprechens begründen, die sich von der Diskursivität des philosophischen Sprechens ebenso unterscheidet wie von der Prosa der Alltagssprache. Gerade in formaler Hinsicht eröffnete Klopstock dabei dem deutschen Vers neue Wege. Während er für den *Messias* den Hexameter in die deutsche Versgeschichte einführte, erweiterte er die spezifische Ausdruckskraft des jeweiligen Gedichtes durch die Einführung des Freien Rhythmus:

> Klopstock übernahm zunächst und variierte dann eine Anzahl antiker Strophen, ging zur Erfindung eigener Strophen über und löste sich schließlich von der Strophe, indem er an der Vierzeiligkeit der Versgruppen zwar festhielt, die Gruppen aber nicht mehr durch ein gemeinsames metrisches Muster miteinander verband. (Schließlich gab er hier und da sogar die Vierzeiligkeit auf.) Die Tendenz zur Individualisierung, die in der Erfindung eigener Strophenformen zum Ausdruck kommt, überträgt sich vom ganzen Gedicht auf die einzelne Strophe, die dadurch zur Scheinstrophe wird. Die Gestalt eines einzelnen Verses wiederholt sich also

> nicht von Strophe zu Strophe. Der Eingangsvers der ersten Scheinstrophe kann ausnehmend knapp, der Eingangsvers der zweiten ausnehmend breit sein usf. Die Formtypen, die so entstehen, vom überlieferten antiken Muster und dessen Variation über die frei erfundene Strophe zum scheinstrophischen und schließlich zum unregelmäßig gegliederten freirhythmischen Gedicht ergeben nicht eine Folge, in der die freiere Form die gebundnere jeweils ersetzt, sondern die Typen verteilen sich unchronologisch über das ganze lyrische Werk. Klopstock entscheidet also, welche der verschiednen Formen im besonderen Fall die geeignetste ist. (Behrmann, B 3: 1989, 105 f.)

Wenn hiermit der Erlebnislyrik der Goethezeit vorgearbeitet wird und sich unser heutiger Begriff des Lyrischen andeutet, so ist doch ein wesentlicher Unterschied zu betonen: Zwar wird in der ernsten Ode die emotionale Potenz der dargestellten Gegenstände für die menschliche Subjektivität hervorgehoben; es geht jedoch keineswegs um die Artikulation *individueller* Gefühle und um die Darstellung von *individueller* Subjektivität. Keine Individualisierung des Ausdrucks der Leidenschaft ist zu erkennen, sondern eine vorbildlich-repräsentative Anempfindung allgemeinverbindlicher Wahrheiten. Dies sollte aber keineswegs als ein Defizit verstanden werden; eine teleologische Betrachtung, welche bestimmte historische Positionen dogmatisch zum Maßstab erhebt, wird den historischen Phänomenen nicht gerecht. Klopstocks Leistung besteht ohne Zweifel darin, daß er gerade im Bereich der Lyrik sprachliche Möglichkeiten bereitstellte, mit denen sich die subjektive Erfahrung ›hoher‹ Gegenstände darstellen läßt. Die spezifische Form poetischer Subjektivität zeigt sich in der berühmten Ode *Der Zürchersee*, wobei gerade hier die Verbindung zum und die Distanzierung vom persönlichen Erlebnis gezeigt werden kann, weil uns Berichte von der ›realen‹ Über-

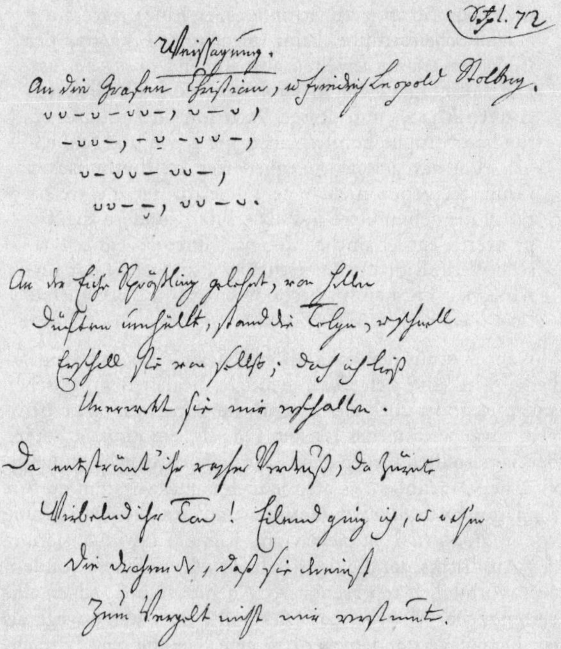

Anfang einer an die Grafen Stolberg gerichteten Ode
Handschrift Klopstocks vom September 1772

querung des Gewässers durch Klopstock und seine Freunde im Sommer 1750 erhalten geblieben sind. Eben nicht das individuelle Erlebnis, sondern die zu verallgemeinernde Erfahrung einer wahrhaft repräsentativen Subjektivität wird hier artikuliert:

Jetzo nahm uns die Au in die beschattenden
Kühlen Arme des Walds, welcher die Insel krönt;
Da, da kamest du, Freude!
Volles Maßes auf uns herab!

Göttin Freude, du selbst! dich, wir empfanden dich!
Ja, du warst es selbst, Schwester der Menschlichkeit,
Deiner Unschuld Gespielin,
Die sich über uns ganz ergoß!

(Klopstock, *Oden*, 45 f.)

Nicht die individuelle, an den konkreten Anlaß gebundene Freude wird hier lyrisch evoziert; das einmal empfundene Gefühl wird vielmehr zu einem Exempel einer im allgemeinen angemessenen Reaktion des menschlichen Subjekts auf die Schönheit der Natur, die wiederum auf die Macht und die Güte des Schöpfers verweist. Vor diesem Hintergrund ist auch die distanzierende Bezugnahme zu der anakreontischen Dichtung zu verstehen, deren spezifische Art, Freude und Lebensgenuß zu artikulieren, von Klopstock im Gegensatz zu einigen seiner eifernden Bewunderer gar nicht abgelehnt wird, deren Verzicht auf jegliche philosophische, metaphysische oder irgendwie ›ideologische‹ Legitimierung der angenehmen Empfindung dem Odendichter aber doch als Ausdruck eines zu ›trivialen‹ Bewußtseins erscheinen muß:

Lieblich winket der Wein, wenn er Empfindungen,
Beßre sanftere Lust, wenn er Gedanken winkt,
Im sokratischen Becher
Von der thauenden Ros' umkränzt;

Wenn er dringt ins Herz, und zu Entschließungen,
Die der Säufer verkennt, jeden Gedanken weckt,
Wenn er lehrt verachten,
Was nicht würdig des Weisen ist.

(Klopstock, *Oden*, 46)

Die Stürmer und Dränger konnten von dieser lyrischen Sprache Anregungen aufnehmen; es blieb vor allem dem jungen Goethe vorbehalten, gerade durch die sprachliche Artikulation des Naturerlebnisses das Modell einer individuellen und subjektiven Erfahrung hervorzubringen (die dabei ihren fiktionalen Charakter bewahrt). Daß die lyrische Sprache Klopstocks mit ihrer dem Lobe des Schöpfers gewidmeten Naturfrömmigkeit durchaus in der Lage war, gesellschaftliche und politische Gegenstände zu thematisieren, erweist sich in den Zeitgedichten zur Französischen Revolution. In deren Anfangsphase zeigte sich Klopstock als ein begeisterter Anhänger der radikalen Umwälzung, und es ging ihm in seinen Gedichten darum, den Deutschen das Vorbild der Franzosen vor Augen zu führen und die Passivität des eigenen Volkes zu beklagen (»Sie, und nicht wir«). Wie sich aufklärerischer Anspruch, ›hohe‹ Sprache und politisches Engagement zu einem überzeugenden lyrischen Gebilde verbinden, demonstriert das folgende Gedicht Klopstocks aus dem Jahre 1789:

Kennet euch selbst

Frankreich schuf sich frey. Des Jahrhunderts edelste That hub
Da sich zu dem Olympus empor!
Bist du so eng begrenzt, daß du sie verkennst, umschwebet
Diese Dämmerung dir noch den Blick,
Diese Nacht: so durchwandre die Weltannalen, und finde
Etwas darin, das ihr ferne nur gleicht,
Wenn du kannst. O Schicksal! Das sind sie also, das sind
Unsere Brüder die Franken; und wir?
Ach ich frag' umsonst; ihr verstummet, Deutsche! Was zeiget
Euer Schweigen? Bejahrter Geduld

Müden Kummer? Oder verkündet es nahe
Verwandlung?
Wie die schwüle Stille den Sturm,
Der vor sich her sie wirbelt, die Donnerwolken, bis
Glut sie
Werden, und werden zerschmettertes Eis!
Nach dem Wetter, atmen sie kaum die Lüfte, die Bäche
Rieseln, vom Laube träufelt es sanft,
Frische labet, Gerüch' umduften, die bläuliche
Heitre
Lächelt, das Himmelsgemälde mit ihr;
Alles ist reg', und ist Leben, und freut sich! Die
Nachtigall flötet
Hochzeit! Liebender singet die Braut!
Knaben umtanzen den Mann, den kein Despot mehr
verachtet!
Mädchen das ruhige, säugende Weib.

(Klopstock, *Messias, Gedichte, Abhandlungen*, 128)

Deutlich ist die rhetorische Kraft von Klopstocks Lyrik, der es darum geht, den Leser mitzureißen und zu ›erheben‹, wobei sich zeigt, daß das politische Geschehen ebenso wie die Erhabenheit der Natur eine quasi-religiöse Bedeutung gewinnen kann, weil es den Menschen tendenziell aus seiner Bindung an die Endlichkeit befreit. Die Metaphorik des Gewitters, die auch in dem berühmten Gedicht *Die Frühlingsfeier* eine zentrale Funktion hat (vgl. S. 118 im vorliegenden Band), kann somit zwanglos von einem im engeren Sinne religiösen Kontext auf die Sphäre des Politischen bezogen werden. Der »Wie«-Vergleich, der die zweite Hälfte des Gedichts bestimmt, zeigt die rationale, argumentative Struktur von Klopstocks poetischem Sprechen und damit die weiterhin bestehende Distanz zur ›Erlebnislyrik‹ der Klassik und Romantik, deren Zeitgenosse der späte Klopstock gleichwohl war.

# 5
# Drama und Dramentheorie im 18. Jahrhundert

Das Auftreten und das Werk Gottscheds und Lessings markieren die wichtigsten Stationen in der Entwicklung des Dramas und der Dramentheorie des 18. Jahrhunderts. Da die beiden bedeutenden Gestalten der literarischen Aufklärung in Deutschland jeweils gesondert vorgestellt werden (vgl. Kap. 3 und 8), begnügen wir uns hier mit einer ganz knappen Skizze der Gattungsentwicklung.

Gottscheds Klassizismus, der den regelmäßigen Dramentypus nach französischem Vorbild bevorzugte und bürgerliches Bewußtsein im Sinne des aufgeklärten Absolutismus nur durch eine Angleichung an adelige Werte und Formen zulassen wollte, erschien zunächst – das heißt bis zu dem energischen Einschreiten Lessings um die Jahrhundertmitte – als normbildend. Mit der sechsbändigen Dramensammlung *Die Deutsche Schaubühne* (1741–45), die allerdings zu einem bedeutenden Teil aus Übersetzungen bestand, stellte Gottsched den Bühnen ein Repertoire zur Verfügung, das im Sinne seiner Theaterreform die Intellektualisierung der Schaubühne befördern sollte. Betrachtet man die dramatische Praxis der ersten Jahrhunderthälfte, so zeigt sich, daß Gottscheds ›dirigistische‹ Methode nicht unbedingt die Kreativität der Dramatiker fördert, und es ist evident, daß diejenigen Autoren, die heute noch erwähnt werden, gerade durch die *Abweichung* von den vorgegebenen Schemata auffallen.

Der bedeutendste Dramenautor der genannten Periode ist ohne Zweifel Johann Elias Schlegel (1719–49). Er legt 1743 ein *Hermann*-Drama vor, das einen rhetorisch gesteigerten Patriotismus mit gewissen zivilisationsfeindlichen

Tönen verbindet. Sein bedeutendstes Trauerspiel ist aber *Canut* (1746), das von der Intention des Verfassers her als dänisches Nationalstück anzusehen ist. Es zeichnet sich durch eine flüssige und elegante Verssprache aus und überrascht durch die Zeichnung differenzierter Charaktere. Der Titelheld ist einerseits als das Muster eines friedliebenden, weisen Königs konzipiert, dem es aber nicht gelingt, den rebellierenden Ulfo in die ›Gemeinschaft der Guten‹ zu integrieren. Der so ausgelöste innere Konflikt macht Canut zu einem eher gebrochenen Charakter, der nicht mehr nur als schematisches Modell erscheint. Sein Gegenspieler Ulfo kann einerseits als Vertreter einer vorzivilisierten historischen Periode verstanden werden, in der Macht und Einfluß durch Kampf und Durchsetzungskraft erworben werden; er erscheint andererseits als eine schon ansatzweise aus einem individuellen Wesensgesetz heraus lebende Figur und insofern als ein Vorläufer der Sturm-und-Drang-Dramatik. Während die Intention des Autors dahin geht, die Verurteilung einer barbarischen Vorgeschichte mit der Verklärung einer neuen, friedliebenden Epoche zu verbinden, deutet sich bereits die Faszination durch Rebellen und ›Selbsthelfer‹ an, welche den zornigen jungen Männern des Sturm und Drang so viel bedeuten wird. Allein die Tatsache, daß Schlegels Stück kontroverse Deutungen zu provozieren vermochte, zeigt seine poetische Überlegenheit gegenüber den meisten Werken der Epoche.

Eine Modifizierung des von Gottsched propagierten Schemas versuchte auch Christian Felix Weiße, der insbesondere in seinem Trauerspiel *Richard III.* zwar die klassizistischen Regeln befolgte, in der charakterlichen Ausprägung seines Titelhelden aber jede *bienséance* mißachtete, indem er ein Scheusal auf die Bühne brachte und damit Lessing Gelegenheit gab, die Notwendigkeit gemischter Charaktere gerade in Abgrenzung zu Weiße zu postulieren, der das Beispiel eines Abscheu erregenden negativen ›Helden‹ geliefert hatte.

Im Bereich des Lustspiels propagierte Gottsched eine Art satirischer Verlachkomödie, in der durch die Nachahmung und Verspottung lasterhafter Handlungen und Charaktere eine moralische Wirkung erzielt werden sollte. Die sächsische Typenkomödie, die auf diesen Grundsätzen aufbaute, wurde von Gottscheds Gattin Luise Adelgunde Victorie (1713–62) in dem Stück *Die Pietisterey im Fischbein-Rocke* im Sinne einer beißenden Kritik religiöser Heuchelei und Bigotterie präsentiert (wobei die wütenden Reaktionen der Betroffenen in diesem Fall die Wirksamkeit der Satire bestätigten). Der Schematismus der Typenkomödie wurde aber auch mit der zunehmenden Kritik am rationalistischen Poetik-Konzept Gottscheds deutlich. Wie der junge Lessing sich an diesem Schema abarbeitet und wie ihm schließlich mit *Minna von Barnhelm* das Muster eines ernsten Lustspiels mit einer differenzierten Charakterdarstellung gelingt, wird an anderer Stelle demonstriert.

Vorher schon hatte Johann Elias Schlegel mit dem *Triumph der guten Frauen* (1748) ein anderes Komödienmodell zur Diskussion gestellt, das eine spielerische Intrige und einen leichten Konversationston bot. Schlegel ließ sich von ausländischen Vorbildern leiten und orientierte sich insbesondere an Pierre de Marivaux (1688–1763). Der Witz seiner Dialoge und die spielerische Leichtigkeit der Handlungsführung überwinden mühelos die Zwänge moralischer Demonstration.

Aber nicht ein solches Modell übte Einfluß auf die weitere Entwicklung des Lustspiels aus, sondern die Übernahme rührender Elemente, die sich ebenfalls auf ausländische Vorbilder, vor allem die französische *comédie larmoyante* bei Nivelle de la Chaussée (1692–1754) und die englische *sentimental comedy* bei Richard Steele (1692–1729) stützen konnte. Hier tritt das Komische zugunsten des Rührend-Emotionalen deutlich zurück, wobei der Unterschied zum Trauerspiel vor allem in dem glücklichen Ende und in der Belohnung der Tugend zu sehen ist. Die Beziehung zur Typenkomödie ist durchaus noch vorhanden, wie auch das rationalistische Weltbild nicht zurückgewiesen, sondern eher durch empfindsame Elemente bereichert wird. An die Stelle der satirischen Zeichnung negativer Charaktere tritt jedoch die betonte Gestaltung tugendhafter Figuren. So ist Cleon in Gellerts *Die zärtlichen Schwestern* (1745), einem Paradebeispiel dieses Dramentyps, der empfindsam liebende Vater, Lottchen die Verkörperung aller nur erdenklichen empfindsamen Tugenden. Gegenüber der Typenkomödie zeigt sich ein erhöhtes psychologisches Interesse und damit eine gewisse Tendenz zur Individualisierung der Figuren; ähnlich wie im Falle des empfindsamen Romans wirkt aber die moralische Vollkommenheit der Figuren unglaubwürdig und auch psychologisch wenig plausibel.

Lessings Wendung gegen die klassizistische Tragödie und die Typenkomödie vollzieht sich dezidiert und gleichermaßen in Theorie und Praxis. Das bürgerliche Trauerspiel etabliert sich als ›Nachfolger‹ der ›hohen‹ Tragödie; es ist empfindsam geprägt und nur insofern »bürgerlich«, als es die Werte der Mitmenschlichkeit und Tugendhaftigkeit als nicht standesgebundene Normen darstellt und einen universalen Anspruch erhebt. Daß in *Miß Sara Sampson* (1753) und *Emilia Galotti* (1772) ein schematisches Verständnis des bürgerlichen Trauerspiels auch schon wieder überwunden und die Aporien einer empfindsamen Tugendschwärmerei und eines bornierten moralischen Rigorismus verdeutlicht werden, wird noch zu zeigen sein. Auch *Minna von Barnhelm* (1767) und *Nathan der Weise* (1779) lassen sich nicht von einer schematischen gattungsgeschichtlichen Betrachtungsweise her explizieren; bei ihnen zeigt sich die differenzierte Ausbildung eines poetischen Dramas darin, daß das jeweilige Einzelwerk einen individuellen und unverwechselbaren Status gewinnt, der eine ebensolche Interpretation erfordert.

Einen Schritt weiter als Lessing in der Zeichnung individueller Charaktere geht die Dramatik der 1770er Jahre, die von den jungen Autoren des Sturm und Drang geschaffen wird und die sich dezidierter als Lessing von den Regeln des konventionellen Dramas lossagt. Vor dem Hintergrund dieser Entwicklung erscheint Lessings Hinwendung zum Blankvers im *Nathan* als ein Plädoyer gegen eine Art von dichterischer Willkür, die Lessing auch im Bilderbogen von Goethes *Götz von Berlichingen* (1773) erkennen mochte.

Parallel zu diesen neuen Entwicklungen schwoll sozusagen untergründig der Strom bürgerlicher Trauerspiele und bürgerlicher Schauspiele bis zum Jahrhundertende kontinuierlich an. Der Terminus »bürgerliches Schauspiel« (auch »bürgerliches Rührstück« genannt) verweist auf einen Dramentyp mit ähnlicher Thematik wie das gleichnamige Trauerspiel, der aber durch ein gutes Ende gekennzeichnet ist und schon durch diese Tendenz zur Harmonisierung von der Trivialisierung des Gattungstypus beredtes Zeugnis ablegt. Die Beliebtheit dieser Stücke machte noch dem Theaterdirektor Goethe in Weimar zu schaffen, der immer wieder Dramen des von ihm gar nicht geschätzten August von Kotzebue (1761–1819) und des als Schauspieler gerühmten August Wilhelm Iffland (1759–1814) aufführen mußte, damit das Publikum auf seine Kosten kam.

Eine ernsthafte Tradition des bürgerlichen Trauerspiels nahm Friedrich Schiller (1759–1805) mit *Kabale und Liebe* (1783) auf. Deutlich akzentuiert erscheint hier der Standeskonflikt zwischen dem bürgerlichen Mädchen und dem adeligen Ministersohn Ferdinand, der durch die unmittelbare politische Kritik an dem Verkauf von Untertanen ins Ausland (Kammerdiener-Szene) und die satirische Zeichnung des Fürstenknechts Wurm, ein Nachfolger von Lessings Marinelli, betont wird; wir erkennen aber auch die bürgerliche Selbstkritik in der Zeichnung des bornierten Vaters und der kleingeistigen und egoistisch-ehrgeizigen Mutter Miller. Über die »bürgerliche« Problematik hinaus weisen im übrigen grundsätzliche Reflexionen zum Thema einer absoluten Liebe und zu einem ›Riß in der Welt‹, der als ein epochales Entfremdungsphänomen die gesellschaftlichen Konflikte zu bedingen scheint.

Schillers und Goethes Abschied vom »bürgerlichen« Theater (Goethes *Urfaust* und auch sein *Clavigo* [1774] stehen durchaus in dem hier diskutierten Gattungskontext) läßt sich einerseits als Konsequenz aus der Trivialisierung der von Lessing erarbeiteten Muster begreifen; er zeigt aber auch eine grundlegende Krise der aufklärerischen Poetik an, die sich generell in der Literatur der Spätaufklärung bemerkbar macht. Indem nämlich die Möglichkeiten eines Einflusses der Literatur auf die gesellschaftliche Wirklichkeit und die Existenz eines gültigen Konsenses zwischen Autoren und Publikum durch die Pluralisierung von Wirklichkeitskonzepten immer fragwürdiger erschienen, wurden rezeptionsästhetische Konzepte problematisch, die eine unmittelbare Beeinflussung des Zuschauers durch das Bühnengeschehen postulierten. Vor diesem Hintergrund ist die Hinwendung zu dem werkästhetisch ausgerichteten Theater der Weimarer Klassik nicht unbedingt als Flucht aus der Wirklichkeit, sondern als Reaktion auf eine problematisch gewordene Konstellation zu begreifen. Die Trennung von Trivial- und ›höherer‹ Literatur, die dem aufklärerischen Bewußtsein ebenso problematisch erscheint wie manchem kritischen Betrachter unserer Zeit, hat in dieser Trennung ihren Ursprung (vgl. Bürger, B 3: 1982).

Die von Lessing propagierte Idee eines Nationaltheaters, das zur Bildung einer Nation beitragen sollte, war von diesen Aporien ebenfalls betroffen. Es ist bemerkenswert, daß Friedrich Schiller noch 1784 an einer volksaufklärerischen und wirkungsästhetischen, auf moralische Didaxe hin ausgerichteten Dramenpoetik und Theaterkonzeption festhielt. Man kann einen eigentümlichen Fall von ›Ungleichzeitigkeit‹ erkennen, wenn Schiller ganz im Sinne der Aufklärungspoetik behauptet, etwa die Figur seines ›großen Verbrechers‹ Franz Moor aus den *Räubern* (1782) befördere den Haß gegen das Laster, wo doch die Faszination dieses Dramas gerade auch mit der uneingestandenen Sympathie des Publikums für die moralisch fragwürdigen Figuren zu tun hatte (wobei Schiller wohlweislich über die ›moralische‹ Wirkung der Gestalt des noch wesentlich sympathischeren Verbrechers Karl Moor nichts sagt). Schiller jedenfalls formuliert in seiner Rede *Was kann eine gute stehende Schaubühne eigentlich wirken* (1784, späterer Titel: *Die Schaubühne als moralische Anstalt betrachtet*) noch einmal wortmächtig die Utopie einer aufklärerischen Dramenpoetik und Theatertheorie, als diese in der Praxis schon gar keine Bedeutung mehr hat:

> Die Gerichtsbarkeit der Bühne fängt an, wo das Gebiet der weltlichen Gesetze sich endigt. Wenn die Gerechtigkeit für Gold verblindet, und im Solde der Laster schwelgt, wenn die Frevel der Mächtigen der Ohnmacht spotten, und Menschenfurcht den Arm der Obrigkeit bindet, übernimmt die Schaubühne Schwerd und Waage, und reißt die Laster vor einen schrecklichen Richterstuhl. Das ganze Reich der Phantasie und Geschichte, Vergangenheit und Zukunft stehen ihrem Wink zu Gebot. Kühne Verbrecher, die längst schon im Staub vermodern, werden durch den allmächtigen Ruf der Dichtkunst jetzt vorgeladen, und wiederholen zum schauervollen Unterricht der Nachwelt ein schändliches Leben. (NA 20,92)

## 6
# Klopstock: Literatur, Religion und Aufklärung

Zwischen 1750 und 1770 von den Zeitgenossen wie kein anderer verehrt, ein großes Vorbild der nachkommenden Generation der Stürmer und Dränger, die ihn aber bald vergaß, dann schon »viel bewundert, aber wenig gelesen« (Lessing), dann wieder ein Modell für Hölderlins Lyrik, den heutigen Lesern wegen der religiösen Thematik seiner Texte eher fremd: widersprüchlich und problematisch ist die Wirkungsgeschichte Klopstocks, was um so ›ungerechter‹ erscheint, als der ›Sänger‹ des *Messias* und der Verfasser bedeutender Oden zeit seines Lebens geradezu hymnische Verehrung genoß.

Die folgende bekannte Passage aus Goethes *Werther* belegt den Ruhm Klopstocks, läßt aber auch in einem ersten Zugang die Mechanismen erkennen, welche die Rezeption seiner Texte bestimmten:

> Wir traten ans Fenster. Es donnerte abseitwärts, und der herrliche Regen säuselte auf das Land, und der erquickendste Wohlgeruch stieg in aller Fülle einer warmen Luft zu uns auf. Sie [Lotte, M. H.] stand auf ihren Ellenbogen gestützt, ihr Blick durchdrang die Gegend; sie sah gen Himmel und auf mich, ich sah ihr Auge tränenvoll, sie legte ihre Hand auf die meinige und sagte: »Klopstock!« – Ich erinnerte mich sogleich der herrlichen Ode, die ihr in Gedanken lag, und versank in dem Strome von Empfindungen, den sie in dieser Losung über mich ausgoß. (HA 6,27)

Die Textpassage belegt, daß Klopstocks Dichtungen in der Zeit um 1770 zum selbstverständlichen Allgemeingut der jungen Generation gehört, daß sie insbesondere deshalb geschätzt wurden, weil in ihnen die Möglichkeit gegeben schien, Gefühle in angemessener Weise auszudrücken, daß sich in der Rezeption der Texte eine ›zärtlich‹-empfindsame Gemeinschaft der Seelen herstellte, die durch die Konfrontation mit ›erhabenen‹ Gegenständen ermöglicht wurde. Aber es wird bereits in diesem relativ frühen Rezeptionszeugnis auch deutlich, daß mit Sturm und Drang und sich entwickelnder Weimarer Klassik und Romantik ein Subjektivismus Einzug in die Lyrik hält, der sich nicht mehr um die Objektivität der in der Dichtung geschilderten ›Gegenstände‹ kümmert, sondern diese primär als Vehikel verwendet, um an ihnen die eigene Subjektivität zu erfahren und gegebenenfalls zu kultivieren. Während Klopstock seine dichterische ›Mission‹ so verstand, daß er mit der Sprache der Literatur und mit den Versformen in Epos und Lyrik die göttliche Ordnung und die Beziehung des Menschen zu dieser verherrlichte, deutet sich bereits im *Werther* eine andere, ›modernere‹ Konzeption an, die der Dichtung in der Darstellung von Gefühlen und subjektiven Empfindungen einen Eigenwert zuschreibt, der nicht mehr durch den Bezug auf einen objektiven Gehalt legitimiert werden muß. Während bei Klopstock die Rede von der »heiligen Poesie« primär den Versuch bezeichnet, mit dichterischen Mitteln Göttliches zu evozieren, bildet sich seit dem Sturm und Drang die Vorstellung, daß die Dichtung selbst göttlichen Charakter (im Sinne einer sich entwickelnden Kunstreligion) aufweise. Paradoxerweise hat somit Klopstock, der die Dichtung ganz in den Dienst der Religion stellen und sie damit heteronomen Zwecken unterordnen wollte, der radikalen Autonomie der Kunst zugearbeitet. Dies kann aber insofern nicht erstaunen, als er wie kein anderer Zeitgenosse die Würde und damit die Autonomie des Dichters in den Vordergrund gestellt hat, dem er als einem Verkünder des Absoluten prophetische Funktionen zuwies. Aber nicht als obskurantistischer Gegner der Aufklärung, auch nicht als deren ›Überwinder‹ sollte Klopstock verstanden werden, sondern als einer der bedeutendsten Gegner des dogmatischen Rationalismus Gottschedscher Prägung, dem es darum ging, der Dichtung und dem Lebensgefühl des 18. Jahrhunderts Dimensionen zu erschließen, die in den utilitaristischen Poetikkonzeptionen keinen Platz hatten. Das Gefühl, die Vorstellungskraft, das Lob menschlicher Freundschaft und die staunende und überwältigte Aufnahme des Göttlich-Erhabenen – diese Momente brachte Klopstock in die Literatur der Aufklärung ein, und er bereicherte damit das Bild und die sprachliche Artikulationsfähigkeit menschlicher Subjektivität, die er gleichwohl immer an das Ganze einer göttlichen Ordnung binden wollte. Die religiöse Orientierung hinderte Klopstock dabei keineswegs an einem positiven Bezug zu den irdischen Dingen; die universelle Erlösung, die in seinem christozentrischen Weltbild allen Menschen zuteil wurde, erlaubte ein tolerantes Verständnis menschlicher Sünden und eine große Offenheit gegenüber den Elementen der göttlichen Schöpfung, die an der Herrlichkeit ihres Urhebers teilhatten. Ein optimistisches Weltbild, ein Vertrauen in die Güte Gottes und seiner Ordnung, eine weitgehende Distanz gegenüber der christlichen Erbsündelehre, eine gewisse Nähe zu der Position des Panentheimus (das heißt zu der Vorstellung, daß alle Dinge der Welt am Göttlichen teilhaben) – all dies macht aus Klopstock einen Vertreter aufklärerischer Dichtung, wobei die genaue Bestimmung seiner theologischen Position in der Ideengeschichte des 18. Jahrhunderts einen wichtigen Platz einnimmt, aus der literarhistorischen Perspektive aber keine entscheidende Bedeutung hat.

Bei der »herrlichen Ode«, die Werther in seiner Schilderung erwähnt, handelt es sich um *Die Frühlingsfeier* (erste Fassung 1759, zweite Fassung 1771). Übereinstimmungen mit und Unterschiede zu der Darstellung des jungen Goethe in der Schilderung eines Gewitters zeigen wichtige Charakteristika von Klopstocks Dichtung:

Aber itzt werden sie [die Lüfte, M.H.] still; kaum
athmen sie!
Die Morgensonne wird schwül!
Wolken strömen herauf!
Das ist sichtbar der Ewige,
Der kömmt!
Nun fliegen, und wirbeln und rauschen die Winde!
Wie beugt sich der bebende Wald!
Wie hebt sich der Strom!
Sichtbar, wie du es Sterblichen seyn kannst,
Ja, das bist du sichtbar, Unendlicher!

(Klopstock, *Oden,* 64)

Im Unterschied zu Goethes Text fällt auf, daß bei Klopstock die Begeisterung über das erhabene Naturschauspiel an die Anbetung Gottes gebunden ist. Die Herrlichkeit der Schöpfung gilt als Zeichen für die Größe des Schöpfers. Die Begeisterung des sprechenden Subjekts dient nicht dessen Selbstgenuß, sondern zeigt die Überwältigung des endlichen Subjekts im Angesicht des Unendlichen. Demgegenüber evoziert die *Werther*-Stelle eher die Unendlichkeit des empfindenden und reflektierenden Subjekts, und die Erhabenheit der Natur bezeugt nicht die Größe des unendlichen Schöpfers, sondern die Klopstocks – die des Dichters als desjenigen, der wie ein ›second maker‹ (Shaftesbury) mit der Poesie etwas schafft, das dem Werk des göttlichen Schöpfers gleicht. Klopstocks Text zeigt aber auch, daß die Dichtung hier sprachliche Möglichkeiten entwickelt, Naturhaftes zu beschreiben, das nicht unter der Verfügungsgewalt des Menschen steht, sondern als unmittelbare Erscheinung des Göttlichen einen Eigenwert gewinnt. Im Kontext der von uns skizzierten ›Ambivalenz der Aufklärung‹ ist dieser Aspekt von elementarer Bedeutung, gelingt es Klopstock doch, in einer gefühlvollen und damit die Subjektivität nicht ausgrenzenden Weise die Natur darzustellen, ohne diese zum Objekt menschlichen Interesses zu degradieren.

Die Poetik des Erhabenen, die bei Breitinger zu den rationalismuskritischen Elementen zählt, ist somit auch bei Klopstock – und bei ihm in einer poetisch überzeugenden Gestalt – ein Mittel der literarischen Aufklärung, die Aporien einer rationalistischen ›Dialektik der Aufklärung‹ zu überwinden. Klopstock wird zum Vorläufer einer Naturlyrik, die insbesondere in der Romantik die Aporien der Modernisierung und eines instrumentellen Verhältnisses zur Natur beklagt und eine Haltung sprachlich zu gestalten weiß, welche die Natur in ihrer Eigenart gewähren läßt und sie nicht gleich zuzurichten versucht. Zu erkennen ist aber auch, daß Klopstock die Herrlichkeit der Natur für ein Zeichen der Herrlichkeit Gottes hält, daß für ihn die Größe der Natur die Größe ihres Schöpfers ›sichtbar‹ macht.

Friedrich Gottlieb Klopstock wurde am 2. Juli 1724 in Quedlinburg geboren, besuchte nach dem dortigen Gymnasium von 1739 bis 1745 die Landesschule Pforta und studierte bis 1748 Theologie an den Universitäten Jena und Leipzig. Bereits 1748 wurde im Organ der ›Bremer Beiträger‹, den *Neuen Beyträgen zum Vergnügen des Verstandes und Witzes*, welche die literarische Opposition gegen Gottsched auf ihre Fahnen geschrieben hatten, die drei ersten Gesänge des christlichen Epos *Der Messias* veröffentlicht, an dessen Fertigstellung Klopstock bis 1772 arbeitete. Schon früh hegte der junge Dichter keine Zweifel an seiner ›Bestimmung‹, und nach der Beendigung des Werkes nannte er es den »Hauptzwek meines Lebens« (an Dietrichstein, 9. Dezember 1772). Eine bedeutende Rolle für sein Dichtertum spielten zwei geliebte Frauen, die sein Leben bestimmten: 1748 lernte er seine Cousine Maria Sophia Schmidt kennen (die »Fanny« seiner Oden); 1754 heiratete er die Hamburger Kaufmannstochter Meta Moller (»Cidli«), um die er nach ihrem Tod im Jahre 1758 lange trauerte. Im Jahre 1750 hielt sich Klopstock in Zürich bei Bodmer auf, dem Anführer der Gottsched-kritischen Literaturtheorie. Dieser nahm jedoch bezeichnenderweise Anstoß an Klopstocks lebenslustiger Art, so daß es schnell zu einem Zerwürfnis kam (woraufhin der junge Wieland bald Klopstocks Platz einnahm, der zunächst den asketischen Erwartungen seines Mentors eher entsprach). Noch im selben Jahr 1750 erhielt Klopstock die Nachricht, daß König Friedrich V. von Dänemark ihm eine jährliche Pension gewährte, die ihm ermöglichen sollte, den *Messias* fertigzustellen. Klopstock zog nach Kopenhagen und führte die Existenz eines (relativ) freien Schriftstellers, da die jährlichen Zahlungen ihn nicht wie die alten Hofdichter zu Huldigungen gegenüber dem König verpflichteten, ihm vielmehr seine Unabhängigkeit (auch von dem sich bildenden Markt) garantierten. 1770 ging Klopstock, nachdem sich die Verhältnisse am dänischen Hof geändert hatten, nach Hamburg zurück, wo er als gefeierter Dichter und als Mittelpunkt eines großen Freundeskreises bis zu seinem Tode lebte. Berühmte Zeitgenossen besuchten ihn; er kommentierte die Zeitereignisse, unter anderem den wechselvollen Verlauf der Französischen Revolution, in bedeutenden Gedichten. Im Jahre 1803 starb Klopstock; bei seiner Bestattung wurden ihm von den Städten Hamburg und Altona die höchsten Ehren erwiesen.

Stoffliche Grundlage des *Messias*-Epos sind die Evangelien, die Apostelgeschichte und die Apokalypse. Erzählt wird von der Verurteilung und dem Tode Christi sowie von der Auferstehung des Erlösers, wobei die ›irdische‹ Handlung eine Parallele in dem Kampf zwischen Himmel (Engel) und Hölle (Teufel) findet. Die letzten der zwanzig Gesänge enthalten in Visionen Bilder des Jüngsten Tages, bis schließlich unter dem Jubel der Engel und der Seelen Christus seinen Platz zur Rechten des Vaters einnimmt. Es ist oft bemerkt (und auch beklagt) worden, daß die Eigenart dieses Werkes eigentlich nicht epischer, sondern eher lyrischer Art ist, denn nicht um die Darstellung eines Handlungsverlaufes geht es eigentlich, sondern um die Hinwendung Christi und der Seelen zur Ewigkeit, um die Erlösung und Befreiung von Endlichkeit und Körperlichkeit, um die Ent-

# Der Messias.

## Erster Gesang.

Sing, unsterbliche Seele, der sündigen Menschen Erlösung,
Die der Messias auf Erden in seiner Menschheit vollendet,
Und durch die er Adams Geschlechte die Liebe der Gottheit
Mit dem Blute des heiligen Bundes von neuem geschenkt hat.
Also geschah des Ewigen Wille. Vergebens erhub sich
Satan wider den göttlichen Sohn; umsonst stand Judäa
Wider ihn auf; er thats, und vollbrachte die grosse Versöhnung.

Aber, o Werk, das nur GOtt allgegenwärtig erkennet,
Darf sich die Dichtkunst auch wohl aus dunkler Ferne dir nähern?
Weihe sie, Geist Schöpfer, vor dem ich im stillen hier bete;

Q 2 Führe

Anfang des ersten Drucks von Friedrich Gottlieb Klopstocks *Messias* in den *Neuen Beiträgen zum Vergnügen des Verstandes und des Witzes*, Bremen/Leipzig 1748 zückung der Unendlichkeit, an der die endlichen Seelen durch die Gnade Gottes und (vor allem) aufgrund der Vermittlung Christi teil haben. Schon für die Zeitgenossen von besonderem Interesse war die Gestalt des reuigen Teufels Abbadona, dessen Rettung im Geiste einer Allversöhnung (Apokatastasis Panton) gegen die Lehren der christlichen Orthodoxie verstieß, wobei dieser Aspekt in besonderer Weise Klopstocks Perspektive verdeutlicht: Er interessiert sich nicht in der Tradition Luthers für das individuelle Gericht des einzelnen Gläubigen, sondern erkennt in einer eschatologischen Perspektive die Allerlösung durch die Tat des Mittlers. In der Schilderung der Auferstehungen, die den Höhepunkt des Werkes bilden, vollzieht sich nichts anderes als die vielfältige Auswirkung des einen von Christus getragenen Heilsgeschehens. Die Überwindung der Endlichkeit und Körperlichkeit, die sich aus der durch das Heilsgeschehen bewirkten ›Erhebung‹ des Menschen ergibt, führt zu einer gewissen Abstraktheit der Darstellung, die dem intendierten epischen Charakter des Gedichtes widerspricht. »So eine herrliche Schöpfung die Messiade in *musikalisch* poetischer Rücksicht [...] ist, so vieles läßt sie in *plastisch* poetischer zu wünschen übrig, wo man bestimmte und *für die Anschauung bestimmte* Formen erwartet« (NA 20,456). Schillers Kritik bezeichnet genau das, was uns von Klopstocks Poesie trennt, weil wir daran gewöhnt sind, in der sinnlich-konkreten Darstellung des einzelnen Phänomens eine spezifische Leistung des Literarischen zu erblikken. Daß Klopstocks Dichtung gerade diese Erwartung enttäuscht, wurde bereits der Generation der Weimarer Klassik zum Problem:

> Seine [Klopstocks] Sphäre ist immer das Ideenreich, und ins Unendliche weiß er alles, was er bearbeitet, hinüberzuführen. Man möchte sagen, er ziehe allem, was er behandelt, den Körper aus, um es zu Geist zu machen, so wie andere Dichter alles geistige mit einem

Körper bekleiden. Beynahe jeder Genuß, den seine Dichtungen gewähren, muß durch eine Übung der Denkkraft errungen werden; alle Gefühle, die er, und zwar so innig und mächtig in uns zu erregen weiß, strömen aus übersinnlichen Quellen hervor.

(NA 20,247)

Auch wenn man mit der prägnanten Charakterisierung Schillers übereinstimmen mag, so ist doch darauf zu verweisen, daß Intellektualität als ein konstitutiver Faktor moderner Dichtung anzusehen ist (wie Schillers eigenes Werk beweist!) und daß Klopstock darüber hinaus sehr wohl in der Lage war, sich auf die Probleme des ›Irdischen‹ einzulassen – wie seine Revolutionslyrik zeigt, in bestimmten Zeiten sogar wesentlich intensiver als die Dichter der Weimarer Klassik, als diese – aus ›rein‹ ästhetischen und nicht mehr religiös bestimmten Motiven – eine vollständige Distanz der Literatur vom gesellschaftlichen Geschehen postulierten. Wie kein anderer Dichter seiner Zeit vermochte es Klopstock überdies, die Stellung und das Ansehen der Dichter zu verbessern. Sein 1774 veröffentlichter utopischer Plan einer *Deutschen Gelehrtenrepublik* beschäftigte sich nicht nur mit der Vereinigung aller deutscher Dichter und Gelehrten, sondern stellt auch ein kulturpolitisches Modell dar, mit dem der Einfluß der Literatur auf die gesellschaftliche Entwicklung befördert werden sollte. Nimmt man die im vierten Kapitel des vorliegenden Bandes gewürdigten Verdienste Klopstocks um die Weiterentwicklung des deutschen Verses hinzu (auch theoretische Abhandlungen zum Vers und zur dichterischen Sprache sind zu erwähnen), so entsteht ein reiches und differenziertes Bild, das dem heute nur noch wenig gelesenen Dichter den ihm gebührenden Platz in der Geschichte der deutschen Literatur sichert.

# 7
# Die Entwicklung des Romans im 18. Jahrhundert

Im Bereich der Epik vollzieht sich im 18. Jahrhundert eine grundlegende Wandlung, in deren Verlauf sich der Roman als eine allgemein gewürdigte Gattung zu etablieren vermag. Diese Entwicklung war sowohl vom Ausgangspunkt als auch von den Grundlagen des aufklärerischen Denkens her, das die Poetiken der Zeit beherrscht, nicht selbstverständlich. Zunächst fehlte dem Roman die Legitimation durch ein antikes Vorbild, so daß die klassizistische Regelpoetik Gottscheds den Roman übergeht oder in späteren Auflagen der *Critischen Dichtkunst* nur am Rande erwähnt. Das Zeitalter des Barock überlieferte der Aufklärung den höfischen Staats- und Liebesroman, der sich immerhin auf das Vorbild Heliodors berufen konnte und durch die Präsentation ›hoher‹ Standesfiguren und ›hoher‹ Gefühle legitimiert erschien, sowie den Schelmen- oder Picaroroman, der eine ausufernde Abenteuerhandlung mit einer satirischen Kritik an den herrschenden Verhältnissen verband, im grundlegenden Modell von Hans Jakob Christoffel Grimmelshausens (1621–76) *Simplicissimus* (1668) aber an der barocken Ablehnung der diesseitigen Welt festhielt. Aber nicht nur rationalistisch-klassizistische Argumente wurden gegen den Roman vorgebracht, auch theologische Einwände waren zu vernehmen; diese fanden in der *Mythoscopia romantica* (1698) des calvinistischen Zürcher Pfarrers Gotthard Heidegger (1666–1711) ihren beredten Ausdruck. Dabei formuliert der Kritiker moralische Bedenken gegen die Ausbreitung sinnlicher Details und erotischer Situationen; er wendet sich gegen die Zeitverschwendung, als die er die Lektüre der so ausführlichen Romane ansieht, und er moniert die Vermischung empirischer und fiktionaler Elemente innerhalb der Romanhandlungen, die den Leser in seiner Bewältigung der ›realen‹ Lebenswirklichkeit verunsichern müssen.

Diese Konstellation kann der Beliebtheit des Romans insbesondere bei weiblichen Lesern, deren Bedeutung innerhalb des 18. Jahrhunderts rapide zunimmt, keinen Abbruch tun; die Abenteuer- und Liebeshandlungen üben einen dauernden Reiz aus, der einer rationalisierenden Legitimation nicht bedarf. Dennoch – und dies erscheint selbstverständlich – wird der Roman von den gängigen Tendenzen der Aufklärung in den Dienst genommen, um ihm eine Legitimation zu geben, die den Vorwürfen der Nutzlosigkeit, moralischen Schädlichkeit und mangelnden ›Relevanz‹ zu begegnen weiß. Dabei verbindet sich, wenn man die gesamte Epoche betrachtet, insbesondere die pragmatische Tendenz der Aufklärung mit der Gattung des Romans. Die prosaische Romanform erscheint in besonderer Weise geeignet, empirisch plausible, psychologisch authentische und konkrete Situationen und Charaktere darzustellen, anhand derer die philosophischen und moralischen Konzepte der Aufklärung überprüft werden können. Grob gesagt, überwiegt dabei in der ersten Hälfte des 18. Jahrhunderts die affirmative Tendenz, das heißt: die pragmatische Analyse menschlichen Verhaltens in konkreten Situationen und Verhältnissen wird mit moralisch-ethischen Normen verknüpft; Faktisch-Empirisches und Normatives werden verbunden oder ›versöhnt‹. Konkret gesprochen bedeutet dies, daß die ›guten‹ Protagonisten am Ende ›belohnt‹ werden; daß also zwischen Moralität und ›gutem Leben‹, zwischen Charakter und Lebenslauf eine Art von ›prästabilierter Harmonie‹ besteht, deren Evidenz der Erzählprozeß zu demonstrieren hat. Es läßt sich feststellen, daß das Abenteuer- und Liebesschema des überlieferten Romans fast immer noch den Handlungsablauf bestimmt, daß aber ein teleologisches Modell zugrunde liegt, bei dem am Schluß des Romans das ›gute‹ Ende die Gültigkeit des aufklärerischen Optimismus bestätigt. Eine bedeutende Rolle für dieses Modell spielt der Typus des *empfindsamen Romans*, der sich entsprechend dieser grundlegenden aufklärerischen Tendenz um die Beschreibung moralisch akzeptierter Gefühle bemüht und insgesamt dazu beiträgt, die psychologische Plausibilität der Figurendarstellung zu befördern (auch wenn in vielen empfindsamen Romanen die moralische Vollkommenheit der Charaktere nicht nur dem heutigen Leser unglaubwürdig vorkommen muß). Anregungen des empfindsamen Romans nimmt eine Romanform auf, die eindeutiger als dieser eine psychologische Analyse ins Zentrum rückt und in Analogie zur Dramentheorie Lessings auch im Roman ›mittlere Charaktere‹ präsentiert. Wielands *Agathon* (erste Fassung 1766) steht für diesen Romantyp, der empfindsame und sensualistische Tendenzen zu einer ansatzweise ›realistischen‹ Charakterdarstellung nutzt und der je nach Perspektive als Entwicklungs- oder anthropologischer Roman bezeichnet werden kann. Die unterschiedliche Benennung bezeichnet dabei ein systematisches Problem im Zusammenhang mit Wielands Roman (und es gehört zu dessen Vorzügen, diese Problematik nicht verschleiert zu haben): Einerseits geht es im *Agathon* um eine illusionslose, jedem normativen Vorurteil abholde Analyse menschlichen Verhaltens, andererseits besteht ein Interesse daran, den ›Helden‹, dessen Charakter und Verhalten in der Konfrontation mit der ›Wirklichkeit‹ dargestellt werden, nicht scheitern zu lassen, sondern seine Geschichte zu einem sinnvollen Ende zu führen. Diese Übereinstimmung von Analyse und Telos, von kritischer Pragmatik und vorausgesetzter Normativität will sich im Falle Agathons eigentlich gerade nicht einstellen – weshalb Wieland in zwei Anläufen versucht, durch die Hinzufügung von Textpartien und die Umarbeitung des Romans vor allem den Schluß, der Agathon in die Welt des weisen Archytas versetzt, plausibel zu machen. Gegenüber dieser Harmonisierung der

Kupferstiche (1733) zu Christoph Martin Wielands *Agathon*

Widersprüche zwischen Individuum und Gesellschaft, zwischen moralischer Norm und empirischen Verhältnissen zeichnen sich exponierte Romane der Spätaufklärung gerade dadurch aus, daß sie eine tiefe Skepsis gegenüber der These bewahren, eine sinnvolle Entwicklung eines Individuums sei im Rahmen einer illusionslos geschilderten gesellschaftlichen Umgebung denkbar. In jeweils verschiedener Weise zeigen Johann Karl Wezels *Belphegor* (1776) und Karl Philipp Moritz' *Anton Reiser* (1785–90), daß die kritisch-analytische Tendenz des Romans den Sieg über die teleologische Perspektive eines aufklärerischen Versöhnungsdenkens davontragen kann.

Eine ähnliche Entwicklung nimmt der satirische Roman, der eine weitere wichtige Spielart der Epik des 18. Jahrhunderts ausmacht. Auch hier kommt die pragmatisch-empiristische Tendenz der Aufklärung in besonderer Weise zum Tragen; der Roman erhält unter anderem die Funktion, Mißstände im Verhalten einzelner und in der Gesellschaft mehr oder weniger direkt anzuprangern. Wielands *Geschichte der Abderiten* (Buchausgabe 1781) nimmt in diesem Kontext eine Schlüsselstellung ein, weil der Autor zwar gegen die Dummheit der Abderiten (die Verlegung der Handlung in die griechische Antike zeugt wie im *Agathon* von einer Vermeidung der unmittelbaren Konfrontation mit der deutschen Realität) positive Kontrastfiguren einführen kann, weil aber dem kritischen Perspektivismus einer avancierten Aufklärung der absolute Maßstab fehlt, mit dem über die Wirklichkeit geurteilt werden könnte. So zeigt der satirische Roman der Spätaufklärung sowohl die wirkungsästhetische Absicht, zur Veränderung problematischer Wirklichkeit beizutragen, als auch die Verunsicherung darüber, ob sich eine einheitliche Haltung gegenüber dieser Wirklichkeit im Dialog zwischen Autor und Leser überhaupt noch herstellen läßt. Eine mögliche Konsequenz aus diesem Sachverhalt besteht in der Integration des Romans in das Autonomiekonzept von Weimarer Klassik und Frühromantik, durch die der pragmatische Bezug des Romans trotz ›realistischer‹ Züge unterbunden wird (wie das Paradigma von Goethes *Wilhelm Meisters Lehrjahre* [1795] zeigt), eine andere in der weiteren Differenzierung der satirischen Perspektive durch die Einbeziehung ironischer und humoristischer Elemente, wodurch sich eine Tendenz zu einer Durchbrechung eindeutiger Wirkungsintentionen ergibt (vgl. Thümmels *Reise in die mittäglichen Provinzen Frankreichs* [1791–1805] und das epische Werk Jean Pauls).

Bedeutende Anregungen gingen für diese hier skizzierte Entwicklung des deutschen Romans im 18. Jahrhundert von der englischen Literatur aus. Für die aufklärerische ›Sublimierung‹ des Abenteuerromans wirkte Daniel Defoes (1660–1731) *Robinson Crusoe* (1719) traditionsbildend; zum Modell des empfindsamen Romans wurden die Werke Richardsons, von dem auch der Briefroman als Möglichkeit der Artikulation subjektiven Gefühls eingeführt wurde; dagegen folgte die komisch-satirische Erzählkunst vor allem Fielding (*Tom Jones*, 1749) und Sterne (*Tristram Shandy* [1759–67] , *Sentimental Journey* [1768]).

Der Roman wird im 18. Jahrhundert zum Sprachrohr der bürgerlichen Gesellschaft, zur »bürgerlichen Epopöe« (Wezel). Gerade das ›Prosaische‹ der Gattung kommt dieser Orientierung entgegen; der nüchterne Realitätssinn des Bürgertums kann sich ebenso aussprechen wie dessen moralisches Selbstverständnis. Wie das aufklärerische Drama ist auch der Roman durch wirkungsästhetische Grundsätze gekennzeichnet, wobei die Differenzierung des Adressatenbezugs und des Wirklichkeitsverständnisses, die sich im Roman als Perspektivismus und Ironie manifestieren, eben diese eindeutige Wirkungsorientierung in eine Krise bringen, gegen die Neuorientierungen in der Romanpoetik und -praxis, aber auch Inszenierungen dieser Problematik aufgeboten werden. Der realistische Roman des 19. Jahrhunderts wird sich dabei weniger an dem unmittelbaren Wirkungskonzept der Aufklärung als an Autonomievorstellungen von Weimarer Klassik und Frühromantik orientieren, dabei aber das pragmatisch-psychologische Interesse der Aufklärungsepik aufnehmen und weiterentwickeln.

Johann Gottfried Schnabel (1692–1752?) hat mit seinem Roman *Wunderliche Fata einiger See-Fahrer, absonderlich Alberti Julii, eines gebohrnen Sachsens* (1731–43), später unter dem Titel *Die Insel Felsenburg* bekannt, eine originelle Form der Adaptation des *Robinson Crusoe* entwickelt. Der entscheidende Unterschied zur Vorlage Defoes liegt dabei darin, daß die einsame Insel bei Schnabel nicht als erzwungenes Exil erscheint, das bei der ersten sich bietenden Gelegenheit wieder verlassen wird, sondern als ein Asyl, in dem

Wunderliche

# FATA

einiger

# See-Fahrer,

absonderlich

## ALBERTI JULII,

eines gebohrnen Sachsens,

Welcher in seinem 18den Jahre zu Schiffe gegangen, durch Schiff-Bruch selb 4te an eine grausame Klippe geworffen worden, nach deren Übersteigung das schönste Land entdeckt, sich daselbst mit seiner Gefährtin verheyrathet, aus solcher Ehe eine Familie von mehr als 300. Seelen erzeuget, das Land vortrefflich angebauet, durch besondere Zufälle erstaunens-würdige Schätze gesammlet, seine in Teutschland ausgekundschafften Freunde glücklich gemacht, am Ende des 1728sten Jahres, als in seinem Hunderten Jahre, annoch frisch und gesund gelebt, und vermuthlich noch zu dato lebt,

entworffen

Von dessen Bruders-Sohnes-Sohnes-Sohne,

Monf. Eberhard Julio,

Curieusen Lesern aber zum vermuthlichen Gemüths-Vergnügen ausgefertiget, auch par Commission dem Drucke übergeben

Von

GISANDERN.

---

NORDHAUSEN,

Bey Johann Heinrich Groß, Buchhändlern.

Anno 1731.

Titelseite der ersten Ausgabe von Johann Gottfried Schnabels als *Die Insel Felsenburg* bekannt gewordenen Romans der ›Altvater‹ Albertus Julius eine Gemeinschaft begründet hat, die sich positiv von den Verhältnissen in Europa unterscheidet. So ist das Schema der Robinsonade hier mit dem der Utopie vermischt, indem uns die Ordnung der Insel Felsenburg als vorbildlich dargestellt wird. Der Dualismus zwischen der sittenlosen, vom Adel beherrschten Welt Europas und dem durch die Befolgung moralischer Gesetze bestimmten Leben auf der Insel Felsenburg beherrscht die Erzählstruktur des Romans. Während dieses durch Harmonie und Frieden gekennzeichnet ist, dominieren in jener Intrigen und Laster, Wollust und Mord. Die Erzählungen des Romans beziehen sich zunächst, durch einen zweifachen Rahmen vermittelt, auf die Errichtung der modellhaften Ordnung nach der erzwungenen Landung auf der zunächst kahl und öde erscheinenden, sich später als äußerst fruchtbar und gastlich erweisenden Insel, dann aber auf die in autobiographischen Berichten wiedergegebenen Erfahrungen der Inselbewohner, die wiederum der genannten Struktur entsprechen, indem sie von Unordnung und Leid in Europa sowie von Frieden und Harmonie auf der Insel erzählen. Voraussetzung dieser Erzählstruktur ist eine Art moralischer Konversion, die mit dem Betreten der Insel verbunden ist; das ›Böse‹ wird auf Figuren wie den finsteren Lemelie projiziert, der zu den Schiffbrüchigen der ersten Stunde gehört, nach einem Mord an einem der Mitreisenden aber ein ›verdientes‹ Ende findet, indem er in sein eigenes Messer läuft. Dieser ›Finsterling‹ ist ein französischer Katholik und vereinigt damit alle negativen Attribute auf sich, die sich die pietistisch inspirierte Bürgerlichkeit des Romans vorstellen kann. Denn um eine religiös inspirierte früh-empfindsame Utopie handelt es sich, in der gefühlvolle, häufig in Freuden- und andere Tränen ausbrechende, tugendhafte Menschen unter der patriarchalischen Leitung des ›Altvaters‹ ohne erkennbare Konflikte zusammenleben. Die Beherrschung der Leidenschaften (als der inneren) und der äußeren Natur ist in diesem Konzept vorausgesetzt; nicht die

Schönheit der Inselnatur und auch nicht der Respekt vor den dort befindlichen Lebewesen beherrscht das Bewußtsein der Siedler, sondern die Funktionalisierung der Natur für die moralisch einwandfreie Lebensgestaltung (wie unter anderem die groteske Disziplinierung der Affen als Haustiere und ›Arbeiter‹ zeigt). Der Unterschied zu barocken Ideologemen liegt in dem handfest-diesseitigen Charakter der Utopie; die Inselbewohner sind primär an einem ›guten Leben‹ auf ihrem Eiland interessiert, und die Bewältigung praktischer Probleme ist auch ein leitendes Interesse der Erzählung. Diese Verbindung von Tugendenthusiasmus und Pragmatik ist zukunftsweisend, wobei unterschwellig auch das voyeuristische Interesse des Lesers angesprochen wird, wenn es um die Schilderung von Wollust und anderen Exzessen in ›Europa‹ geht. Noch keine Darstellung von Individualität ist zu erkennen; die handelnden Figuren sind abstrakte Träger allgemeiner Tugenden und werden nicht durch charakteristische Eigenarten ausgezeichnet. Der Utopie kommt letztlich keine politische Bedeutung zu; der Roman akzentuiert die private Tugend, die auch die Leser der Moralischen Wochenschriften und der sich herausbildenden empfindsamen Romane primär interessiert. Aus heutiger Sicht fallen die repressiven Züge des dargestellten Modells ins Auge; dies verhinderte aber nicht den großen Erfolg des Romans, der wohl vor allem durch die Integration anschaulich erzählter Abenteuergeschichten und einer pietistisch-bürgerlichen Moral zu erklären ist.

Das Paradigma des eigentlichen empfindsamen Romans bietet zur Jahrhundertmitte Gellerts *Leben der schwedischen Gräfinn von G.* (1747/48). In Analogie zu der sich langsam herausbildenden Gattung des bürgerlichen Trauerspiels (aber ohne dessen ›schlimmes‹ Ende) präsentiert der Autor adelige Personen, die aber mit bürgerlichen, das heißt hier: allgemein menschlichen Maßstäben gemessen werden und sich durch einen hohen Grad an Emotionalität auszeichnen, wobei eine Übereinstimmung von Gefühl und altruistischer Moral vorausgesetzt ist. Im Brief, in der schriftlichen Darlegung der eigenen Emotionen, zeigt sich einerseits der Versuch, die eigene Subjektivität transparent zu machen, andererseits die Vermittlung und Disziplinierung der leidenschaftlichen Affekte, die der von Gellert anvisierten vernünftigen Liebe widersprechen. Die »schwedische Gräfin«, die ihren Mann in einem Krieg verloren glaubt und einen Freund ihres Gatten, der sie aufgenommen hat, ehelicht, kann, nachdem ihr erster Mann wieder auftaucht, letztlich problemlos die alte Ehe wieder aufnehmen und die Anwesenheit des Dritten weiterhin dulden, ja wünschen. Kontrastiv zu dieser ›vernünftigen Liebe‹ stehen die Erlebnisse von Carlson und Mariane, die aufgrund ihrer subjektiven Leidenschaftlichkeit zu keiner ›geordneten‹ Lebensführung kommen. Gellert orientiert sich stark an den Schemata des barocken Abenteuerromans, die er für seine Handlungsführung nutzt, instrumentalisiert sie aber im Sinne seiner Konzeption einer vernünftig-besonnenen Empfindsamkeit. Die ›Unnatürlichkeit‹ der sich ergebenden Lebensgemeinschaft erscheint nicht nur dem heutigen Leser evident; die empfindsame Emotionalität ist durch die Verdrängung der ›Natur im Menschen‹ geradezu konstituiert. Vor diesem Hintergrund erscheint die Rolle der Schriftlichkeit in einem besonderen Licht: Die Literalität wirkt in Gellerts Roman als Symptom einer Distanzierung der Protagonisten von der inneren und äußeren Natur und als Schutz vor einer beängstigenden Welt der Triebhaftigkeit, die durch die Figuren Dormund und Mariane repräsentiert wird (vgl. Bernd Witte, »Gellert. Leben der schwedischen Gräfinn von G***. Die Frau, die Schrift, der Tod«, in: *Interpretationen*, B 3: 1996, 112–146, hier 130).

Problematisch erscheint auch die sich aus der andauernden Selbstbespiegelung der ›zärtlichen‹ Figuren ergebende Handlungshemmung, welche die allseits beschworene Tugend eher zu einer Haltung als zu einer die Praxis leitenden tätigen Einstellung werden läßt. Von besonderer Bedeutung ist noch eine spezielle Form des Unsagbarkeitstopos: Die Protagonisten sind gerade dann, wenn sie von besonders intensiven Gefühlen bestimmt sind, unfähig diese zu artikulieren, so daß das Schweigen und die literarische Bezugnahme darauf zu einem besonderen Mittel der Kommunikation werden.

Trotz all dieser problematischen Aspekte steht Gellerts Roman im Zentrum einer wesentlichen Tendenz der Romanproduktion des 18. Jahrhunderts. In der Sprache der Empfindsamkeit und speziell im empfindsamen Roman findet sich ein großer Teil des Publikums, insbesondere dessen immer wichtiger werdender weiblicher Teil, wieder, wobei aus soziologischer Sicht die erwähnte Handlungshemmung in besonderer Weise der Problematik des Bürgertums in der Gesellschaft des aufgeklärten Absolutismus entspricht. Im übrigen ist es für Gellerts Roman kennzeichnend, daß er ganz der Aufklärungsperspektive folgend wirkungsästhetisch ausgerichtet und deshalb mit praktischen Ratschlägen für die verschiedensten Lebenslagen angereichert ist. Zwischen der fiktiven Welt des Romans und der ›wirklichen‹ Welt, in der Gellert als Professor in Leipzig lehrt, besteht keine Kluft; die Weisheit und Liebe zur Tugend der rationalistischen Emotionalität sind dieselben innerhalb und außerhalb der literarischen Fiktion.

Ein wichtiges Stadium in der weiteren Entwicklung des empfindsamen Romans ist mit Sophie von La Roches *Geschichte des Fräuleins von Sternheim* (1771) erreicht. Dabei ist zunächst die Tatsache von Bedeutung, daß hier eine Frau als Autorin auftritt. Hatte Gellert und hatte die Empfindsamkeit insgesamt im Modell der ›Zärtlichkeit‹ ein eher weibliches Verhaltensmodell propagiert (was von den männlichen ›Kraftgenies‹ des Sturm und Drang in ätzender Kritik moniert wurde), so trug es jetzt zu einem außerordentlichen Publikumserfolg bei, daß auch auf der Produktionsseite eine weibliche Handschrift zu erkennen war. Wieland, der als arrivierter Autor ein etwas gönnerhaftes

Vorwort zu dem Roman seiner ehemaligen Verlobten und lebenslangen Freundin verfaßt hatte, unterstützte das hier nicht zu verkennende Weiblichkeits-Klischee, indem er die »Natürlichkeit« der Sprache des Textes hervorhob und den Roman letztlich nicht nach literarischen Maßstäben beurteilt sehen wollte. Diese »Natürlichkeit« wurde aber tatsächlich im Unterschied etwa zu Gellerts Roman als eine besondere Qualität der *Sternheim* angesehen. Ähnlich wie in den autobiographischen Texten aus pietistischem Umfeld versuchte Sophie von La Roche in ihrem Roman eine Sprache zu entwickeln, die sich der gängigen rhetorischen Muster entzog und eine unmittelbare, dem Mündlichen angenäherte Diktion pflegte. Besonders in den Briefen, die neben erzählenden Passagen im Roman eine bedeutende Rolle spielen, gilt das Motto ›Schreib, wie du sprichst‹. Den Eindruck der Natürlichkeit befördern konnte auch eine bei Gellert noch nicht erreichte Individualisierung der Figuren. So ist die Protagonistin nicht nur durch Gefühl und Tugend, sondern auch durch die Liebe zu Spiel und Tanz, durch eine gewisse Eitelkeit und ähnliche Züge gekennzeichnet, die sie nicht moralisch auszeichnen, dafür aber die Identifikation der Leserinnen erleichtern. Wesentlich ist weiterhin die Konfrontation des ›bürgerlichen‹ moralischen Weltbildes mit der Sphäre des Hofes, wobei sich Anzeichen dafür zeigen, daß menschliches Verhalten durchaus auch als ambivalent angesehen werden kann, und insbesondere dafür, daß Tugend verbunden mit mangelnder Weltkenntnis schlimme Folgen zeitigen kann, eine Belohnung der Tugend also nicht in jedem Falle garantiert ist. Bezeichnend für den Roman ist es aber auch, daß in ihm die Beschäftigung mit dem eigenen Seelenleben die Protagonistin nicht – wie in Gellerts *Gräfin* - in eine Handlungshemmung verfallen läßt; vielmehr wird die Mitmenschlichkeit des empfindsamen Subjekts nicht nur postuliert oder mit dem egoistischen Ziel einer moralischen Selbstbestätigung inszeniert, sondern in der Gründung einer Gesindeschule praktisch gelebt.

Bereits drei Jahre nach Sophie von La Roches Erfolgsroman erscheint Goethes *Werther*, wobei dieser ›Welterfolg‹ des Sturm und Drang, der ganz in der Tradition des empfindsamen Romans in Briefform präsentiert wird, zugleich als Höhepunkt und als virtueller Endpunkt dieses Romantyps gelten kann. Als Höhepunkt: weil er den Anspruch des empfindsamen Subjekts mit unerreichter Intensität und Wirkkraft artikuliert und die Kritik des empfindsamen Bürgertums an der adeligen Standesgesellschaft geradezu herausschreit; als Endpunkt, weil er die Problematik des empfindsamen Subjekts mit seinem Narzißmus, seiner Unfähigkeit, anderes als das eigene Subjekt wahrzunehmen, bis zum tragischen Ende Werthers eindringlich akzentuiert. Natürlich – und deshalb erscheint der Ausdruck ›virtuell‹ angebracht – endete mit dem beispiellosen Erfolg des *Werther* nicht die Geschichte des empfindsamen Romans, aber ähnlich wie im Falle des bürgerlichen Trauerspiels ergab sich zum Ende des Jahrhunderts eine Trivialisierung, bei der nur noch die Erwartungen des Publikums bezüglich affirmativer Darstellung wohlfeiler Emotionen bedient wurden. Dies zeigt sich nachdrücklich an Johann Martin Millers (1750–1814) Roman *Siegwart. Eine Klostergeschichte* (1776), der kurz nach dem *Werther* einen bemerkenswerten Publikumserfolg erzielte, dabei aber lediglich die empfindsamen Klischees ausschlachtete.

Die Einseitigkeiten des empfindsamen Romans waren bereits – wie an anderer Stelle dieses Buches ausgeführt wird – in Wielands *Agathon* akzentuiert und ›überwunden‹ worden. In der Konzeption des Romans spielt der Gegensatz zwischen Empfindsamkeit und Sensualismus, zwischen Tugend und Erotik eine entscheidende Rolle. Der pragmatische anthropologische Roman (so können wir die vom *Agathon* ausgehende Normbildung charakterisieren und vermeiden damit die Festlegung auf ein teleologisches Modell, das von denen favorisiert wird, die den Terminus ›Entwicklungsroman‹ bevorzugen) wendet sich sowohl gegen die

Verdrängung der ›Natur‹ im empfindsamen Roman als auch gegen die einseitige amoralische Parteinahme für die Erotik, wie sie vor allem in der französischen Literatur anzutreffen war. Die »Schwärmerkur«, die eine Ebene von Agathons Lebensgeschichte ausmacht, bezieht sich auf eine kritische Auseinandersetzung mit der und auf die schließliche ›Aufhebung‹ der Empfindsamkeit, wobei diese umgekehrt für die seelische Verfeinerung der Erotik im Falle der edlen Hetäre Danae aufzukommen hat. Der entscheidende Unterschied zwischen dem *Agathon* und der Reihe der empfindsamen Romane liegt aber darin, daß Wieland eine besondere Ebene in seinen Roman einführt, auf der er ein Gespräch zwischen Erzähler/Autor und (fiktivem) Leser in Gang bringt und so von vornherein eine kritische Reflexion über das Erzählte befördert. Ironie und Humor sind in diesem Kontext probate Mittel gegen das Pathos der Empfindsamkeit und auch gegen ein problematisches Natürlichkeitsmodell, das im Rahmen der aufgeklärten Gesellschaft des 18. Jahrhunderts einem Naivitätsideal zu entsprechen suchte, das einer kritischen Überprüfung nicht standhalten kann. Das kritische Experiment, das durch die Erzählhaltung des Romans bedingt ist und mit dem herausgefunden werden soll, wie sich ein Charakter von der Art des Agathon in bestimmten Ebenen der ›Wirklichkeit‹ (Politik, Liebe usw.) bewährt, führt nicht zu eindeutigen Ergebnissen; es bedeutet eine Absage an einfache wirkungsästhetische Modelle, die eine unmittelbare Handlungsorientierung mit der Romanlektüre verbinden sollen. An deren Stelle tritt das Postulat einer umfassenden kritischen Reflexion und vorbehaltlosen Wahrheitssuche, wobei der »Roman für den denkenden Kopf« (Lessing) auf die Beruhigung Verzicht leistet, die von fertigen Resultaten und eindeutigen Handlungsanweisungen ausgeht.

Unter dem Eindruck einer eher affirmativen Lektüre des *Agathon*, die nicht von den offenen Fragen des Romans ausgeht und die Versöhnung von psychologischer Plausibilität und teleologischem Entwicklungsdenken voraussetzt, entwickelte Christian Friedrich von Blanckenburg (1744–1796), ein preußischer Offizier und literarischer Dilettant, seinen *Versuch über den Roman* (1774). Blanckenburg stellt den modernen Roman neben das antike Epos, fordert die Darstellung der »inneren Geschichte« eines Menschen, die psychologisch plausibel sein soll. Nicht auf die äußerliche Abenteuerlichkeit komme es an, sondern auf die stringente Darstellung der Entwicklung eines Charakters, die zu einem harmonischen Abschluß des Romans führen solle. Die Aufgabe des Romans besteht danach darin, die inneren und äußeren Faktoren minutiös und vollständig darzulegen, welche die Entwicklung eines Charakters verständlich machen. Der ungetrübte aufklärerische Optimismus Blanckenburgs zeigt sich darin, daß ihm keinerlei Zweifel an der möglichen erzählerischen Vermittlung des angestrebten ›guten Schlusses‹ kommen. Die Romantheorie fällt insbesondere deswegen hinter die erzählerische Praxis Wielands zurück, weil Blanckenburg die Rolle des Erzählers und die Funktion der distanzierenden Ironie ausblendet und so die Ambivalenz des Erzählprojekts *Agathon* verkennt. Bedeutsam erscheint Blanckenburgs Forderung nach einem deutschen Zeitroman, das heißt nach einer Verlegung der Handlung in die zeitgenössische Gegenwart. Daß Wieland seinen Roman in eine stilisierte (Spät-)Antike verlegt haben könnte, weil angesichts der wenig ersprießlichen Verhältnisse im deutschen 18. Jahrhundert die angemessene Entwicklung eines Individuums kaum plausibel zu machen wäre, kam Blanckenburg offensichtlich nicht in den Sinn.

In mancherlei Hinsicht kann Johann Karl Wezels (1747–1819) Roman *Hermann und Ulrike* (1780) als Erfüllung von Blanckenburgs Forderungen angesehen werden. Gesprächsweise bezeichnete niemand anders als Wieland das Werk als »den besten deutschen Roman« (Starnes, B 3: 1987, 1,691). Beschrieben wird der Aufstieg eines begabten Einzelnen aus bescheidenen Anfängen zu einer repräsentativen Stellung im Staat. Dabei ergeben sich für den versierten Erzähler Wezel, den Wieland auch als »unseren Fielding« bezeichnete (an Wezel 22. Juli 1776), zahlreiche Gelegenheiten, von seinem Talent als Satiriker Zeugnis abzulegen. So beispielsweise bei der Schilderung der deutschen Zustände, die der Protagonist durchlebt und -leidet. Der Untertitel des Buches, *Ein komischer Roman*, verweist auf die Diskrepanz zwischen dem Anspruch einer harmonischen Entwicklung und den empirischen Verhältnissen, die durch Rückständigkeit, Standesdünkel und Vorurteile gekennzeichnet sind. Ähnlich wie in Lessings Komödie *Minna von Barnhelm* kann die Übereinstimmung von Charakter und Verhältnissen, von innerer Disposition und äußerlicher Konstellation nur durch eine Art ›Märchenschluß‹ erreicht werden. Zwar nicht explizit wie bei Lessing, aber doch erkennbar ist es die fiktive Entsprechung des Preußenkönigs Friedrich II., durch den die Ernennung Hermanns zum Beamten und damit die faktische Aufhebung der Standesunterschiede ermöglicht werden. Nur durch diese Schlußkonstellation kann der bürgerliche Protagonist die Baronesse Ulrike ehelichen, und nur so ist die von Blanckenburg vorausgesetzte harmonische Entwicklung darstellbar.

Die Ambivalenz dieses Schlusses ist nicht zu übersehen; immerhin werden zumindest rhetorisch und auf der fiktionalen Ebene die desillusionierenden Tendenzen des Romans zurückgedrängt. Demgegenüber zeigt Karl Philipp Moritz (1756–93) in seinem »psychologischen Roman« *Anton Reiser* (1785–90), wie die Entwicklung eines vom ›Schicksal‹ nicht Begünstigten verläuft, der durch Herkommen und Verhältnisse an einer positiven Entwicklung gehindert wird. Moritz' Roman ist durch die psychologische Bemühung um eine »Erfahrungsseelenkunde« geprägt, und es geht dem Autor in diesem deutlich autobiographisch beeinflußten Text darum, die Mechanismen zu beschreiben, welche die Lebensgeschichte eines ›niederen‹ Menschen des späten 18. Jahrhunderts prägen. Im Kontrast zeigen sich die idealisierenden Voraussetzungen, die selbst Wielands *Agathon* noch charakterisieren, indem dort ein privilegierter Charakter mit äußeren und inneren Vorzügen in einer kultivierten Epoche vorgeführt wird. Demgegenüber beherrschen Armut, Lieblosigkeit, religiöser Fanatismus und Indifferenz den Lebensweg Anton Reisers, und es wird dargelegt, wie das Individuum immer wieder versucht, einen Weg aus diesem Teufelskreis zu finden, wie aber diese Aufschwünge immer wieder scheitern. Ein wichtiges Motiv des Romans ist die Theaterleidenschaft des Protagonisten, mit der auf die Faszination der Idee des Nationaltheaters und auf den vor allem von Lessing vorangetriebenen Versuch angespielt wird, auf der Bühne die Kultur des deutschen Volkes zu befördern. Anton sieht in der Option für die Schauspielerei ähnlich wie Goethes Wilhelm Meister (die erste Fassung des *Meister*-Romans thematisiert ebenfalls die aufklärerische Theaterleidenschaft) eine Möglichkeit, den Standesgrenzen zu entfliehen und durch Kultivierung ein wirklicher Mensch zu werden. Die unbestechliche und illusionslose Diagnose Moritz' zeigt aber, daß die Begeisterung für Kunst und Bühne lediglich kompensatorischen Charakter hat und daß sie nicht in der Lage ist, die brennenden realen Probleme des Protagonisten zu lösen. Vor diesem Hintergrund zeigt *Anton Reiser* das Illusionäre und Unkritisch-Affirmative in Blanckenburgs Konzeption; der Roman läßt sich als ein früher Einspruch gegen alle harmonisierenden Konzepte verstehen, die in der Retrospektive einen Gattungstyp ›Bildungsroman‹ konstruieren, der im *Agathon* seinen Ausgang und im *Wilhelm Meister* seinen Höhepunkt gefunden haben soll.

Die Romane Wezels und Moritz' zeigen die Bedeutung der Satire, der kritischen Auseinandersetzung mit der empirischen deutschen Wirklichkeit, für die Entwicklung des Romans in der zweiten Hälfte des 18. Jahrhunderts. Tatsächlich ist die Herausbildung des satirischen Romans eine besondere Errungenschaft dieser Epoche. Grundsätzlich ist der Versuch zu beobachten, die auf bestimmte Einzelphänomene bezogene, eher kurze Satire zu erweitern und auf diese Weise in der Totalität eines Romans ein umfassendes kritisches Bild der zeitgenössischen Wirklichkeit zu entwerfen. Vorreiter ist auch in diesem Fall wiederum Wieland, dessen *Geschichte der Abderiten* die Chancen und Probleme des Gattungstyps verdeutlicht. Der Terminus »Geschichte« unterstreicht wie im Falle des *Agathon* eine Distanzierung von den unglaubwürdigen Abenteuern der konventionellen Romane und bekräftigt den Anspruch, ›realistische‹ Aussagen über die Menschen und deren Erfahrungen zu vermitteln. Hinter der antiken Maskerade lassen sich problemlos deutsche Verhältnisse erkennen, die nicht zuletzt durch die biographischen Erfahrungen des Autors beglaubigt sind. Aberglaube, politische Intrigen und eitle Selbstbespiegelung in einem lächerlichen »Nationaltheater« kennzeichnen die abderitische Welt, und den Gegensatz zu diesem närrischen Universum bilden die als vernünftige Individuen konzipierten Normfiguren wie Demokrit, Hippokrates und Euripides. Allerdings ergibt sich eine Differenzierung gegenüber der frühaufklärerischen Satire, die zugleich Reiz und Problematik der Wielandschen ausmacht: Während nämlich die rationalistische Version der Satire das Normwidrige im Namen einer unbezweifelbaren Vernunft, im Namen einer materialen Wahrheit verlacht, steht bei den *Abderiten* das bornierte Beharren auf einer festen, fixierbaren Wahrheit gegen den aufklärerischen Geist einer unabschließbaren Wahrheitssuche, den die Normfiguren verkörpern. Dummheit besteht also nicht (mehr) darin, daß jemand die Wahrheit nicht erkennt, sondern daß er glaubt, im Besitz der Wahrheit zu sein. Durch diese Verschiebung verwandelt sich das Verhältnis des Satirikers zu dem Objekt der Satire und zu deren Rezipienten. Gegenüber den abderitischen Narren, die überzeugt sind, den Stein des Weisen zu besitzen, kann die Satire nicht aggressiv auftreten; sie gewinnt Verständnis für die sonst Verlachten und verwandelt sich potentiell in Ironie und Humor. Demokrit als Normfigur kann selbst keine unumstößlich gültigen Wahrheiten anbieten, sondern das Ethos der Wahrheitssuche propagieren; er muß seine eigene Position skeptisch relativieren, wodurch die Erzählhaltung ironisch wird. Dadurch wird aber die wirkungsästhetische Intention der Satire fragwürdig: Der Leser des *Abderiten*-Romans wird nicht gegen konkrete Mißstände eingenommen, sondern vor der Dummheit gewarnt, die darin besteht, sich im Besitz der Wahrheit zu glauben. Diese heikle und jedenfalls nicht unmittelbar umzusetzende ›Moral‹ des satirischen Romans legitimiert auch die exotische Verkleidung des Dargestellten; die hieraus gewonnene poetische Dignität des Textes und die Differenzierung des satirischen Impulses durch die ironischen und humoristischen Elemente machen den Rang von Wielands Text aus.

Daß die Entwicklung des satirischen Romans nicht unter derart versöhnlichen und moderaten Aspekten fortgesetzt werden konnte, zeigt Wezels *Belphegor* (1776), dessen Untertitel *Die wahrscheinlichste Geschichte unter der Sonne* auf den ersten Untertitel des *Abderiten*-Romans (*Eine sehr wahrscheinliche Geschichte*) anspielt. Wezels Roman, der auch als Kontrafaktur des *Agathon* zu lesen ist, zeigt im Geiste einer umfassenden und schonungslosen Desillusionierung die Erlebnisse seines Protagonisten, der von einem Unglück zu einem Verbrechen, von einem Verrat zur nächsten Treulosigkeit geführt wird und zu der Überzeugung gelangt, daß »Neid und Vorzugssucht« die »allgemeinsten Triebfedern der menschlichen Natur« sind. Weder die empfindsame noch eine zynisch-materialistische Position vermögen auf diesen Sachverhalt angemessen zu reagieren, und vor allem: Angesichts des pessimistischen anthropologischen Befunds (der in der Tradition von Voltaires Theodizee-Kritik in *Candide* steht) wird der Adressatenbezug und die mögliche Wirkung der Satire fraglich. Wie sollen Mißstände gesellschaftlicher Art beseitigt werden, wenn sie auf der Schlechtigkeit des Menschen beruhen und eine Verbesserung des Menschen nicht vorgestellt werden kann? So fragt sich der verstörte Wezel-Leser, und Arno Schmidt nannte Wezels Roman ein Exempel des extremen »Gott-, Welt- und Menschenhasses« (Schmidt, B 3: 1990, 200). Diese etwas simple Lesart des Romans wird freilich dadurch in Frage gestellt, daß die misanthropische Reaktion auf die Probleme der Welt dem Protagonisten Belphegor zugeordnet wird, der ganz in der Tradition des Wielandschen Erzählers als ein weltfremder Schwärmer dargestellt wird. Allerdings fehlen in Wezels Roman die bei Wieland noch vorkommenden Hinweise auf positive Erfahrungen des Menschen. Keine kultivierte Hetäre begegnet dem Belphegor, sondern eine liederliche, verkommene Hure; keine weisen Herrscher trifft er, sondern Despoten, Ausbeuter und Verführer. So gleicht die Erzählstruktur des satirischen Romans hier einem Circulus vitiosus, einem Teufelskreis: Verweist die satirische Intention einerseits auf die Misere der menschlichen Verhältnisse, so warnt sie andererseits vor einer schwärmerischen Abwendung von der Welt. Wendet sich der Leser aber der geschilderten Welt zu, so erfährt er in ihr genau das, was der schwärmerische Held beklagt. Wo die Satire ihre Eindeutigkeit verliert, wo nicht mehr klar ist, ob der ›Fehler‹ in der objektiven Einrichtung der Welt oder in deren subjektiver Wahrnehmung durch das jeweilige Individuum liegt, kann die Lektüreerfahrung des Rezipienten auch nur eine gebrochene sein: Der satirische Roman wird zum Desillusionsroman.

Vor diesem Hintergrund zeigen sich spezielle Formen des satirischen Erzählens im Roman der Spätaufklärung. Moritz August von Thümmel (1738–1817) tritt nach der frivolen Verserzählung *Die Inoculation der Liebe* (1771) und dem komischen Versepos *Wilhelmine* (erste Fassung 1762) mit dem Roman *Reise in die mittäglichen Provinzen Frankreichs* (1791–1805) hervor, bei dem sich ähnlich wie im *Bel-*

*phegor* eine vermittelte satirische Tendenz erkennen läßt: Zwar zeigen sich politische Kritik am Absolutismus und ›ideologische‹ Einwände gegen einen abstrakten Rationalismus; diese satirische Perspektive ist aber gebrochen durch das subjektive Medium eines hypochondrischen Schwärmers, dessen ›Heilung‹ im Sinne der Schwärmerkur ein Gegenstand des Erzählprojekts ist. Zur Regulierung der Affekte rekurriert Thümmels Roman nicht wie Rationalismus und Empfindsamkeit auf eine Unterdrückung oder Verdrängung der ›Natur‹ im Menschen, sondern propagiert ein »System des Genusses«, eine Raffinesse des Verzögerns und Versagens, deren erotische Komponente durchaus bewußt gemacht wird. Insgesamt zeigt sich keine satirische Abrechnung, sondern eine feine Ironie gegenüber den Gefühlswirren des Protagonisten; auch läßt sich kein eindeutiger Standpunkt des Romans ausmachen. Vielmehr erkennt man ganz in der Tradition Wielands eine Wendung gegen alles Doktrinäre und Dogmatische, vor allem im Bereich der Moral. Diese differenzierte Erzählhaltung wurde von den Romantikern geschätzt; die Brüder Schlegel, Tieck und Eichendorff lobten Thümmels Roman. Der Übergang von der Satire der Aufklärung zur romantischen Ironie mit dem Roman als der umfassenden poetischen Gattung läßt sich aus dieser Perspektive konstruieren. Verbunden mit dieser Entwicklung ist aber die Abwendung vom pragmatischen Charakter des Aufklärungsromans, die sich aus der Differenzierung des Publikums und der Krise der Wirkungsästhetik in der Spätaufklärung ergibt.

Daß der Roman des späten 18. Jahrhunderts aber nicht dem klassischen oder romantischen ›mainstream‹ folgen mußte, zeigen die Fälle, in denen Formen des aufklärerischen Romans in radikalisierender Zuspitzung fortgeführt werden. So bietet Theodor Gottlieb von Hippel (1741–96) in seinen *Lebensläufen nach aufsteigender Linie* (1778–81) eine Intensivierung des Subjektivismus durch eine exzessive, empfindsame und satirische Elemente verbindende

Selbstdarstellung des erzählenden Ichs. Mitempfindendes Verstehen, so die Position Hippels, ist die notwendige Ergänzung zur Kritik an denen, die doch im Tode mit ihren Kritikern gleich sind. Die objektive Welt mit ihren Gegenständen wird vollständig den Affekten des Subjekts unterworfen; Lachen und Weinen werden als wichtigste Verhaltensweisen in der Welterfahrung verallgemeinert.

Wilhelm Heinse radikalisiert in seinem Roman *Ardinghello und die glückseligen Inseln* (1787) den aufklärerischen Sensualismus; die Handlung dieses außerordentlich erfolgreichen Werkes spielt im Italien der Renaissance. Heinse entwickelt eine äußerst sinnliche Sprache, mit der er erotische Szenen, Naturerfahrungen und abenteuerliche Situationen zu schildern weiß, und der umfassende Anspruch seines Romans läßt sich darin erkennen, daß er sich bemüht, die herrschenden ›Diskurse‹ der Aufklärungsepoche seiner sensualistischen Position entsprechend umzufunktionieren. Die Sprache der Empfindsamkeit wird ebenso wie die Theorie der antiken (bildenden) Kunst aus ihrer idealistisch-abstrakten Allgemeinheit herausgeführt und auf sinnliche Erlebnisse zurückgeführt, wobei dies in Heinses Perspektive keine Reduktion bedeutet, weil in einer pantheistischen Ergriffenheit die sinnliche Erfahrung gleichzeitig eine Erfahrung des Göttlichen bedeutet (wodurch Heinse sogar die Poetik des Erhabenen sensualistisch umdeuten kann). Das sinnliche Pathos Heinses, der später eine konventionelle Beamtenexistenz in Mainz führte, beeinflußte Friedrich Hölderlin (1770–1843) in dessen Roman *Hyperion oder Der Eremit in Griechenland* (1797–99) und in seiner Lyrik.

So zeigt sich am Ende des 18. Jahrhunderts ein facettenreiches Bild der Romanproduktion, wobei auch andere Wege als die zur Epik der Weimarer Klassik und der Romantik möglich waren. Deutlich ist aber, daß die Differenzierung der aufklärerischen Erzählverfahren, der Perspektivismus, die Ironie und die Schaffung von vielschichtigen Erzählerfiguren sowie ein hochkomplexer Bezug zwischen

Erzähler und ›fiktivem Leser‹ die Voraussetzung für eine Überwindung der pragmatischen Romanform geschaffen haben. Die Fiktionalität und die künstlerische Eigenart des Romans wurden gerade durch die differenzierte Selbstreflexion der aufklärerischen Erkenntniskritik bewußt, und diese Erkenntnisse wußten die Erben der Aufklärung zu nutzen. Daß die Entwicklung engagierter und realistischer Romane durch diese Hinwendung zu einer künstlerisch differenzierten Position erschwert wurde, lag einerseits in einer möglichen Logik der Entwicklung; andererseits wurden die Anliegen der aufklärerischen Epik und Essayistik in der Zeit des Vormärz wieder aufgenommen; eine Kritik an den problematischen Aspekten der klassischen und romantischen Literatur ermöglichte ein (bisweilen unbewußtes) Anknüpfen an Positionen des aufklärerischen Romans.

# 8
# Lessing: Literarische Aufklärung als Wahrheitssuche

In Lessings Streitschrift *Eine Duplik* aus dem Jahre 1778, die ein Dokument seines publizistischen Kampfes gegen die dogmatische Orthodoxie ist, findet sich folgende Passage, die sowohl die Wahrheitskonzeption als auch das literarische Programm der Aufklärung in klassischer Weise beschreibt:

> Nicht die Wahrheit, in deren Besitz irgendein Mensch ist oder zu sein vermeinet, sondern die aufrichtige Mühe, die er angewandt hat, hinter die Wahrheit zu kommen, macht den Wert des Menschen. Denn nicht durch den Besitz, sondern durch die Nachforschung der Wahrheit erweitern sich seine Kräfte, worin allein seine immer wachsende Vollkommenheit bestehet. Der Besitz macht ruhig, träge, stolz. -
>
> Wenn Gott in seiner Rechten alle Wahrheit und in seiner Linken den einzigen immer regen Trieb nach Wahrheit, obschon mit dem Zusatze, mich immer und ewig zu irren, verschlossen hielte und spräche zu mir: ›Wähle!‹ ich fiele ihm mit Demut in seine Linke und sagte: ›Vater, gib! die reine Wahrheit ist ja doch nur für dich allein!‹ (GW 8,32 f.)

Diese Formel ergänzt die am Anfang dieses Buches zitierte Kantische und zeigt den Weg, den die Aufklärung von Gottsched bis zum reifen Lessing zurückgelegt hat: An die Stelle einer vermeintlich objektiven Rationalität, die sich im Besitz der Wahrheit glaubte und die ein Instrumentarium in der Hand zu haben schien, das die Erkenntnis der Welt und mit dieser die Inhalte und Formen der Literatur verfügbar machen sollte, an deren Stelle tritt die Suche nach der Wahrheit, die Aufklärung als unabschließbarer Prozeß, tritt ein Ethos des Forschens und der Dauerreflexion, das nicht auf Ergebnisse aus ist, sondern die Suche als den Selbstzweck menschlichen Seins und menschlicher Tätigkeit begreift.

Literatur als Wahrheitssuche, als Kritik und Analyse: mit diesem Programm steht die Gestalt Lessings für ein Verständnis des Schreibens, das dem Schriftsteller und nicht dem Dichter entspricht. Gerade in der auf ihn folgenden deutschen Tradition hat dies dazu geführt, daß das Fehlen von Inspiration, ›Tiefe‹ und ›Sehertum‹ als Zeichen prosaischer ›Unpoesie‹ aufgefaßt wurde. Lessing galt einem romantisch-irrationalistischen Dichtungsverständnis als ein Nicht-Dichter, der gar nicht in die ›klassische‹ Reihe der kanonbildenden deutschen Poeten aufgenommen zu werden verdiente. Gegen diese Sicht verteidigte ihn zwar bereits der junge Friedrich Schlegel, und mehr als hundert Jahre später würdigte Thomas Mann die ›unpoetische‹ Dichtungsweise Lessings und reklamierte ihn nachdrücklich als deutschen Klassiker, der gerade in der Zeit eines sich herausbildenden faschistischen Irrationalismus als wichtiger Vertreter auch einer *deutschen* Tradition hervorgehoben werden sollte.

Es wird zu zeigen sein, daß Lessings gewaltiger Drang zur Wahrheitssuche ihn nicht nur zu einem herausragenden Verfasser theoretischer, analytischer und polemischer Texte machte, sondern daß er vielmehr und insbesondere die überlieferten literarischen Gattungsnormen umformte und überwand, um sie der jeweiligen kritischen Intention dienstbar zu machen. Dabei zeigt sich jedoch auch, daß die so entstehenden Werke nicht auf eine einzige *These* reduziert werden können; die literarische Aufklärung als Wahrheitssuche zeigt die Vielschichtigkeit menschlichen Handelns und Wertens; sie demonstriert auch in den Fällen, in denen Lessing außerliterarischen Ideen lediglich eine literarische Form zu verleihen scheint, die Ambivalenz und Vieldeutigkeit aller ideologischen und dogmatischen Ansprüche.

Neben die Literaturkritik und die Polemik tritt vor allem Lessings dramatisches Werk, in dem sich das Dialogische als die adäquate Form der Darstellung erweist, durch welche die Wahrheitssuche in dramatische Handlung umgeformt wird.

Daß die aufklärerische Wahrheitssuche nicht von einer bornierten Selbstgerechtigkeit begleitet ist, daß vielmehr der Kampf um Toleranz und Menschenwürde im Leben Lessings durchweg tragische Züge annimmt, darf nicht verkannt werden. Die aufklärerischen Werte eben der Toleranz und der Achtung vor der anderen Meinung (in der aktuellen Terminologie: das Aushalten des Widerstreits) standen im 18. Jahrhundert im Kampf gegen die Macht, die sich auch in der Form des aufgeklärten Absolutismus nicht vorschreiben lassen wollte, wen oder was sie zu tolerieren hatte. Besonders in der religiösen Orthodoxie als der Verhinderung kritischen Denkens und öffentlichen Räsonnements zeigte sich die gegenaufklärerische Macht der bestehenden Verhältnisse, weshalb dem Streit Lessings mit dem Hamburger Hauptpastor Goeze exemplarische Bedeutung zukommt. Während dieser die Obrigkeit auffordert, die kritischen Überlegungen über die Heilige Schrift zu unterbinden, die infamerweise sogar in deutscher Sprache abgefaßt sind und insofern den lateinisch sprechenden und schreibenden Kreis der ›Experten‹ verlassen, Herrschaftswissen also einer potentiell demokratischen Öffentlichkeit zugänglich machen, geht es Lessing darum, auch in bezug auf den theologischen Gegenstand die Suche nach der Wahrheit so zu organisieren, daß das Publikum zur kritischen Überprüfung und also zum Selbstdenken angeregt wird.

Wie einsam und wie verzweifelt der kritische Denker angesichts der ihn umgebenden Verhältnisse war, zeigt ein von Sarkasmus und Selbstironie gezeichneter Brief an Johann Joachim Eschenburg vom 31. Dezember 1777, in dem Lessing sein persönlich erlittenes Unglück, den Verlust eines eben geborenen Sohnes, mit der für ihn so bedrückenden öffentlichen Situation in Verbindung bringt:

> Meine Freude war nur kurz: Und ich verlor ihn so ungern, diesen Sohn! denn er hatte so viel Verstand! so viel Verstand! – Glauben Sie nicht, daß die wenigen Stunden meiner Vaterschaft mich schon zu so einem Affen von Vater gemacht haben! Ich weiß, was ich sage. – War es nicht Verstand, daß man ihn mit eisern Zangen auf die Welt ziehen mußte? daß er sobald Unrat merkte? – War es nicht Verstand, daß er die erste Gelegenheit ergriff, sich wieder davon zu machen? – Freilich zerrt mir der kleine Ruschelkopf auch die Mutter mit fort! – Denn noch ist wenig Hoffnung, daß ich sie behalten werde. – Ich wollte es auch einmal so gut haben, wie andere Menschen. Aber es ist mir schlecht bekommen.
>
> (Lessing, *Gesammelte Werke*, Bd. 9, 765 f.)

Als Eva Lessing wenige Tage später starb, konnte Lessing nicht umhin, seine familiäre und seine publizistische Situation als analoge zu begreifen. Als Streiter, als Kämpfer, als »Charakter« (Friedrich Schlegel) setzte er aber sein Werk fort, und als ihm die theologischen Streitschriften verboten wurden, schrieb er seinen *Nathan* als Fortsetzung der Polemik auf der ihm gemäßen Kanzel. In literaturgeschichtlicher Perspektive sollte es darum gehen, die Wucht und die Tragik dieser exemplarischen Auseinandersetzung mit einem Zeitalter zu begreifen, das sich so gern schon mit seiner Aufgeklärtheit brüstete, das den größten Aufklärer, den es hatte, aber nicht nur in materieller Hinsicht äußerst herabsetzend behandelte.

Auch die Biographie Lessings zeugt von diesem Kampf um die Unabhängigkeit des kritischen Denkens, von dem Versuch, eine Existenz zu führen, welche die persönlichen Voraussetzungen bot, um die Wahrheitssuche ohne Beeinflussungen von außen zu betreiben: Lessing lebte den exemplarischen Anspruch, der erste freie Schriftsteller Deutschlands zu sein, mußte aber erkennen, daß hierfür selbst bei großer publizistischer Resonanz noch keine Grundlage vorhanden war. So scheiterte der Versuch, in Preußens Hauptstadt als Literaturkritiker und Journalist eine Existenz auszubauen, ebenso wie die Bemühungen, dem Experiment eines bürgerlich orientierten Nationaltheaters in Hamburg als geistiger Kopf beizustehen. Als Bibliothekar in den Diensten des Herzogs von Braunschweig mußte Lessing erkennen, daß dieser im Zweifelsfall die Partei der kirchlichen Orthodoxie ergriff und den bürgerlichen Kritiker nicht schützte. So erkennen wir eine große Diskrepanz zwischen den Verhältnissen, in denen Lessing und der ›Sänger des Messias‹ lebten: Während Klopstock gerade durch die Unterstützung des großzügigen dänischen Königs seine Unabhängigkeit bewahrte und nach dem Verlassen Kopenhagens in Hamburg eine repräsentative Existenz führen konnte, sehen wir Lessing gerade am Ende seines Lebens in Umständen, die er wegen seiner Isolation und wegen der mangelnden Anerkennung seines Schaffens nur als verzweifelt ansehen konnte.

Wie viele andere deutsche Dichter und Denker stammte Lessing aus einer Pastorenfamilie. Im sächsischen Kamenz 1729 als Sohn eines selbst publizistisch aktiven Vaters geboren, besuchte er die örtliche Lateinschule und später die Fürstenschule Sankt Afra in Meißen. Schon in der Schulzeit wagte er erste poetische Versuche, bei denen es sich dem Zeitgeschmack entsprechend um anakreontische Lieder und lehrhafte Gedichte handelte. Während des Studiums in Leipzig artikuliert sich jugendlicher Protest gegen die strenge Welt des Vaters und gegen die pedantische Gelehrsamkeit. Lessing bewegt sich in Schauspielerkreisen und interessiert sich für die Dinge des ›Lebens‹. In einem Brief an seine Mutter vom 20. Januar 1749 beschreibt er die Situation so:

Ich lernte einsehen, die Bücher würden mich wohl gelehrt, aber nimmermehr zu einen Menschen machen. Ich wagte mich von meiner Stube unter meines gleichen. Guter Gott! was vor eine Ungleichheit wurde ich zwischen mir und andern gewahr. Eine bäuersche Schichternheit, ein verwilderter und ungebauter Körper, eine gänzliche Unwissenheit in Sitten und Umgange, verhaßte Mienen, aus welchen jedermann seine Verachtung zu lesen glaubte, das waren die guten Eigenschaften, die mir bei meiner eignen Beurteilung übrig blieben. [. . .] Ich lernte tanzen, fechten, voltigieren. [. . .] Ich legte die ernsthaften Bücher eine zeitlang auf die Seite, um mich in denjenigen umzusehn, die weit angenehmer, und vielleicht ebenso nützlich sind. Die Komödien kamen mir zur erst in die Hand. Es mag unglaublich vorkommen, wem es will, mir haben sie sehr große Dienste getan.

(Lessing, *Gesammelte Werke*, Bd. 9, 10 f.)

Die Ablehnung des Pedantischen, die Hinwendung zum Komödiantischen zeigen, daß Lessings Verständnis von Aufklärung, das seine kritische Tätigkeit leitet, nicht Wissenschaft als Selbstzweck versteht, sondern eine Verbindung von Theorie und Praxis voraussetzt. Ein Hang zum Risiko, zum Leichtfertigen, eine Art Spielertum (das in der Figur des Marlinière in *Minna von Barnhelm* seine komische Verkörperung findet) kennzeichnet den Charakter Lessings; das Experiment, die Bereitschaft zum Bruch und zum radikalen Neuanfang sind die lebenspraktische Entsprechung der radikalen und unabschließbaren theoretischen Wahrheitssuche.

Nachdem sein erstes Stück *Der junge Gelehrte*, das die Weltfremdheit der pedantischen Akademiker verspottet, bereits einen beachtlichen Erfolg erzielt hat, geht Lessing 1748 nach Berlin, wo er als Journalist und freier Schriftsteller tätig wird. Er ist ständiger Mitarbeiter der *Berlinischen Privilegierten Zeitung*, wo er die Beilage »Das Neueste aus dem Reiche des Witzes« herausgibt. Aber auch das Theater beschäftigt den jungen Schriftsteller: Er schreibt eigene Stücke (unter anderem *Die Juden*, *Der Freigeist*) und veröffentlicht die *Beiträge zur Historie und Aufnahme des Theaters*. 1752 erwirbt er, dem Willen seines Vaters folgend, einen akademischen Abschluß, indem er die Magisterpromotion in Medizin in Wittenberg hinter sich bringt. 1754 lernt er Friedrich Nicolai (1733–1811) und Moses Mendelssohn (1729–86) kennen. Mit dem Berliner Buchhändler und dem jüdischen Schriftsteller und Philosophen verbindet ihn eine langjährige Freundschaft, deren Spuren noch das späte *Nathan*-Stück bestimmen werden. 1755 wird Lessings bürgerliches Trauerspiel *Miß Sara Sampson* mit großem Erfolg in Frankfurt an der Oder uraufgeführt. Lessing wendet sich nach Leipzig mit der Absicht, den 25jährigen Patriziersohn Johann Gottfried Winkler auf einer auf vier Jahre geplanten Bildungsreise zu begleiten. Die Zeitumstände wirken sich jedoch negativ auf Lessings Pläne aus; der Ausbruch des Siebenjährigen Krieges verhindert 1756 die geplante Reise nach England. Lessing verbleibt in Leipzig. Er führt einen bedeutenden Briefwechsel mit Mendelssohn und Nicolai über das Trauerspiel und schließt Freundschaft mit dem Dichter und preußischen Major Ewald von Kleist (1715–59) sowie mit Gleim. Neben der Arbeit an einem Faust-Drama entstehen die *Briefe, die neuste Literatur betreffend*.

Einen spektakulären Bruch in Lessings Biographie bringt das Jahr 1760. Der Schriftsteller und Kritiker verläßt fluchtartig Berlin, wo er seit 1758 erneut gelebt hat, ohne sich von seinen Freunden zu verabschieden, und geht nach Breslau als Sekretär des Grafen von Tauentziehn. Gewisse Spannungen mit den Berliner Gefährten, aber auch die Tatsache, daß Friedrich II. Lessing jegliche Aufmerksamkeit verweigerte, letztlich also der Eindruck, trotz aller Publikationen und aller Resonanz ohne wirklichen Einfluß geblieben zu sein, dürften Lessings Entschluß mitbestimmt haben. In Breslau hat er relativ wenig literarische Kontakte; abends findet man ihn oft beim Spiel mit den Offizieren des preußischen Heeres. 1765 kehrt er nach Berlin zurück. Nachdem 1766 der erste Teil des *Laokoon* erschienen ist, wird 1767 in Leipzig die Komödie *Minna von Barnhelm* uraufgeführt, die Lessings literarische Auseinandersetzung mit den Ereignissen des Siebenjährigen Krieges enthält. Einer der Zuschauer bei dieser Premiere ist der junge Goethe, der in seinen späten autobiographischen Aufzeichnungen darauf verweisen wird, daß Lessing hier den ersten Stoff von nationaler Bedeutung behandelt habe.

1767 sehen wir Lessing in Hamburg, wo er mit dem Projekt der Gründung eines Nationaltheaters verbunden ist. Die Hamburger Theatervereinigung, die aus zwölf Kaufleuten und Bürgern bestand, hatte 1766 unter dem Vorsitz Abel Seylers (1730–1800) ein deutsches Nationaltheater gegründet und die Ackermannsche Truppe als ›stehendes‹ Ensemble verpflichtet. Lessing begleitete mit seiner *Hamburgischen Dramaturgie* dieses Unternehmen. Er hatte die Absicht, die von dem Theater aufgeführten Stücke unter allen denkbaren Aspekten zu besprechen. Spannungen mit den Schauspielern und anderen Beteiligten führten jedoch dazu, daß sich Lessing immer mehr konkreter Kritiken enthielt und allgemeinere Betrachtungen über das Repertoire und die Grundzüge eines zeitgemäßen Theaters einfügte. So ist die *Hamburgische Dramaturgie* einerseits eine gewaltige Sammlung von Gelegenheitsarbeiten, andererseits eine fragmentarische Theorie des aufgeklärt-bürgerlichen Theaters. Auch hier erkennt man ein Scheitern des Kritikers in seinem Anspruch, zur Ausbildung eines Nationaltheaters beizutragen und damit an der Erziehung und Kultivierung des Publikums mitzuwirken: »Über den gutherzigen Einfall, den Deutschen ein Nationaltheater zu verschaffen, da wir Deutschen noch keine Nation sind! Ich rede nicht von der Politischen Verfassung, sondern bloß von dem sittlichen Charakter. Fast sollte man sagen, dieser sei: keinen eigenen haben zu wollen« (GW 4,698). Die Tendenz, unkritisch ausländische Muster nachzuahmen – Lessing kritisiert insbesondere die unreflektierte Imitierung des französischen Klassizismus (worin aber kein antifranzösischer Nationalismus zu sehen ist, wie dies chauvinistische deutsche Literaturgeschichten glauben machen wollten) –, zeugt von der mangelnden Eigenständigkeit eines deutschen Selbstverständnisses, das mit der Schwäche des Bürgertums verbunden ist.

Nach dem Scheitern des ambitionierten Nationaltheaterprojekts war Lessing wieder – wie jedesmal zu den Zeiten, die einen Ortswechsel erzwangen – in großen finanziellen Schwierigkeiten, weshalb er sich darauf einließ, die Existenz eines freien Schriftstellers aufzugeben und die Stelle eines Bibliothekars an der Wolfenbütteler Herzoglichen Bibliothek zu übernehmen (1770). 1772 wird in Braunschweig Lessings bürgerliches Trauerspiel *Emilia Galotti* uraufgeführt. 1774 beginnt er mit der Veröffentlichung theologiekritischer Fragmente von Hermann Samuel Reimarus (1694–1768), einem Hamburger Bekannten, die ihm dessen Kinder mit der Erlaubnis zur anonymen Herausgabe übergeben hatten. Die Veröffentlichung erfolgt in der von Lessing herausgegebenen Reihe *Zur Geschichte und Litteratur, aus den Schätzen der Herzoglichen Bibliothek zu Wolfenbüttel*, womit der Eindruck erweckt wird, das Manuskript mit dem Gesamttitel *Apologie oder Schutzschrift für die vernünftigen Verehrer Gottes* stamme aus den Beständen der von Lessing geleiteten Bibliothek. 1775 begibt sich Lessing mit dem Prinzen Maximilian von Braunschweig auf eine Italienreise, die bei ihm aber keine bleibenden Eindrücke hinterläßt. 1776 hat sich Lessings finanzielle Lage so weit gebessert, daß er Eva König heiraten kann. Anfang 1778 stirbt Lessings Frau jedoch im Wochenbett; inzwischen haben die Polemiken wegen der Reimarus-Fragmente begonnen. Im Frühjahr 1778 erscheinen heftige Angriffe des Hamburger Hauptpastors Johann Melchior Goeze (1717–1786) gegen Lessing. Der Herzog hebt daraufhin die Les-

Innenansicht der Herzog August-Bibliothek
in Wolfenbüttel (Lesesaal)

Gemälde von L. Tacke

sing 1772 gewährte Zensurfreiheit auf und fordert seinen Bibliothekar auf, alle die Religion betreffenden Schriften der Zensur vorzulegen. Lessing veröffentlicht die Freimaurergespräche *Ernst und Falk* und nimmt die 1776 als Entwurf abgebrochene Arbeit am *Nathan* wieder auf. Sein psychischer und physischer Zustand ist sehr schlecht; trotzdem gelingt ihm die Abfassung des Stückes, das 1779 zur Ostermesse erscheint. 1780 erscheint die vollständige Fassung der *Erziehung des Menschengeschlechts*. Im gleichen Jahr führt Lessing mit Friedrich Heinrich Jacobi philosophische Gespräche, in denen er sich nach dessen Bericht zum Pantheismus bekennt. 1781 stirbt Lessing in Braunschweig.

Ähnlich wie Wielands Biographie, aber mit ungleich größerer Schärfe zeigt Lessings Leben die Probleme, mit denen die Vertreter der Aufklärung in Deutschland zu kämpfen hatten. Die kritische Reflexion aller überlieferten Grundsätze und die vorurteilslose Suche nach der Wahrheit führten in einen Konflikt mit den ›realen‹ Mächten der absolutistisch-feudalen Gesellschaft, die sich zwar selbst durchaus auch als aufgeklärt verstanden, deren praktische Politik aber von den Interessen der Macht beherrscht wurden. Die Mißachtung der deutschsprachigen Literatur durch Friedrich II. war ebenso ein Zeichen für diese Distanz zwischen der bürgerlich-kritischen Literatur und den Trägern der Macht wie der Fragmentenstreit, bei dem die herrschaftsstabilisierende Funktion der orthodoxen Theologie und deren Bündnis mit der feudalen Macht deutlich wurden. So geht die Bedeutung des Fragmentenstreits weit über die eines theologischen Disputs hinaus; vielmehr stand hier der Anspruch der Aufklärung, über alle denkbaren Gegenstände einen öffentlichen Diskurs zu führen, gegen die gemeinsamen Herrschaftsinteressen von Kirche und feudalem Staat. Aber auch innerhalb des bürgerlichen ›Lagers‹ zeigten sich Konflikte, wie sich in dem mißglückten Projekt eines Nationaltheaters zeigt. Wie Wieland ist Lessing weit davon entfernt, ein unkritischer Lobredner bürgerlicher Ideologie zu sein. Wenn er sich auch insbesondere in seinen bürgerlichen Trauerspielen einer empfindsamen Apologie bürgerlicher Werte annähert, so wendet sich doch auch das Prinzip der kritischen Reflexion und der unabschließbaren Wahrheitssuche gegen die spezifisch bürgerlichen Normen und Werte, deren Begrenzung und Einseitigkeit die Dramen Lessings mit aller Schärfe analysieren. So ist die Einsamkeit und die Verzweiflung des alten Lessing nicht nur das Ergebnis tragischer individueller Lebensumstände, sondern auch die Konsequenz aus der pessimistischen Einsicht, daß die öffentlichen Verhältnisse und die individuellen Verhaltensmuster noch weit davon entfernt sind, einem Modell praktischer Vernunft zu entsprechen. Es ist kein Zufall, daß Lessings letzte Schrift *Die Erziehung des Menschengeschlechts* die Frage aufwirft, wie sich die Geschichte im Hinblick auf eine rationalere und gewaltfreie Ordnung des menschlichen Zusammenlebens entwickeln könnte. Im Gegensatz zu dem Klischeebild einer oberflächlich optimistischen Aufklärung war der Kämpfer und Polemiker Lessing eher skeptisch, wenn er die Aussichten einer Kultivierung und ›Besserung‹ der Menschen und ihrer Lebensformen beurteilen sollte.

Lessings literarisches Schaffen wird zunächst durch die Berührung mit der Welt des Theaters angeregt. Gegenüber der protestantischen Strenge des Elternhauses stellt diese Orientierung einen Bruch dar, der sich auch in dem 1747 entstandenen und 1748 von der Neuberschen Truppe uraufgeführten Komödie *Der junge Gelehrte* manifestiert. Darüber hinaus läßt sich ein Plädoyer für eine Hinwendung zur praktischen Erfahrungswelt und damit eine Option gegen einen abstrakten Rationalismus feststellen. Dabei bedient sich Lessing allerdings des Schemas der sächsischen Typenkomödie, indem er einen Charakter darstellt, der auf die Zuschauer abschreckend wirkt und deshalb von ihnen verlacht werden soll. Nur liegt das zu Verlachende hier nicht unmittelbar in einer lasterhaften Handlung, sondern in der weltfremden und auf komische Weise in sich ruhenden Haltung des jungen Gelehrten. Dabei überwiegt auf weiten Strecken die bloße Satire, die freilich in geschickter Weise mit einer Hochzeitsintrige verbunden ist (was wohl der Publikumswirksamkeit des Stückes zugute gekommen ist). Eine Differenzierung der dramatischen Konzeption und eine Verfeinerung des Komödienschemas ist bereits in den Stücken *Der Freigeist* und *Die Juden* (beide 1749) zu entdecken. In dem ersten Stück steht dem dogmatischen und bornierten Titelhelden Adrast der menschliche und verständnisvolle junge Geistliche Theophan gegenüber. Was in diesem Stück kritisiert wird, ist nicht eine bestimmte inhaltliche Position, weshalb hier auch keine Wendung gegen bestimmte ›progressive‹ Ideen der Aufklärung festzustellen ist, sondern gegen eine Verhärtung und Fixierung des Denkens, durch die sich der Freigeist im Besitz einer unumstößlichen Wahrheit glaubt. Hier zeigt sich bereits früh die Weite von Lessings Horizont, wenn der junge Komödiendichter die Gefahren schildert, die sich durch eine Dogmatisierung des aufklärerischen Denkens ergeben. Der Gegensatz zwischen Herz und Kopf und damit die Gedankenwelt der Empfindsamkeit ist hier präsent, und man erkennt, welchen Zugang Lessing zu dieser gewinnen konnte: Wenn das Gefühl zu undogmatischer Menschlichkeit führt, ist es auch in der Gestalt des Geistlichen dem herzlosen Schematismus einer abstrakten ›Aufklärung‹ überlegen. Der Freigeist Adrast läßt sich aber auch nicht nur auf die Ideen reduzieren, die er vertritt, sondern ist als eine ›komplette‹ Figur konzipiert, die im Stück eine Entwicklung durchmachen und sympathische Züge annehmen kann. Damit ist das Schema der Typenkomödie aber tendenziell durchbrochen; im Sinne einer psychologischen und empirischen Plausibilität werden Figuren auf die Bühne gestellt, mit denen sich der Zuschauer identifizieren kann – eine Position, die auf Lessings spätere Dramentheorie hindeutet. Auch das Stück *Die Juden* transzendiert die Verwechslungskomödie, von der es doch einige Züge enthält. Das Vorurteil gegen die pauschal als Volk verdächtigten und diskriminierten Juden wird in der Komödie dadurch bekämpft, daß der Reisende, der den Baron rettet, sich eben als Jude erweist, wodurch sich zeigt, daß die allgemeinen Urteile durch die Überprüfung des konkreten Einzelfalls in Frage zu stellen sind. Auf den Einwand eines Rezensenten, der Reisende sei allzu positiv dargestellt, als daß man sein Judentum für wahrscheinlich halten könne, entgegnet Lessing:

> Besteht man aber darauf, daß Reichtum, bessere Erfahrung und ein aufgeklärterer Verstand nur bei einem Juden keine Wirkung haben könnten: so muß ich sagen, daß eben dies das Vorurteil ist, welches ich durch mein Lustspiel zu schwächen gesucht habe; ein Vorurteil, das nur aus Stolz und Haß fließen kann, und die Juden nicht bloß zu rohen Menschen macht, sondern sie in der Tat weit unter die Menschheit setzt. (GW 1,417)

Das Plädoyer gegen das judenfeindliche Vorurteil verbindet sich mit einer realistischen Einschätzung der realen gesellschaftlichen Zustände, wenn der Baron am Schluß des Stückes seine Tochter trotz deren Wunsch dem Retter nicht zur Frau gibt, weil er (»grausamer Zufall«) um die faktische Unmöglichkeit einer gesellschaftlichen Anerkennung dieser Verbindung weiß. Das frühe Stück verweist auf die spätere Gestaltung der Figur des weisen Juden im *Nathan*; es verzichtet aber auf die illusionäre Aufhebung aller Konflikte, die in der Interpretation des orientalischen Stückes gewisse Probleme bereitet.

Bedeutsamer für die Entwicklung des Dramas, wenn auch für den heutigen Zuschauer nicht mehr leicht zugänglich ist das bürgerliche Trauerspiel *Miß Sara Sampson* (1755). Signifikant erscheint zunächst im Gefolge der englischen Tradition (Lillo, *The London Merchant*, 1731), daß sich das neue Trauerspiel gegen die Ständeklausel wendet, nach der nur hochgestellte, das heißt adelige Personen in der

Tragödie auftreten dürfen. Es wäre jedoch ein Fehlschluß, wenn man die neue Gattungsbezeichnung so verstehen würde, als ginge es um die Darstellung bürgerlicher Charaktere im ständischen Sinne. Vielmehr liegt die Idee zugrunde, daß sich in den im Drama dargestellten Konflikten allgemein menschliche Verhaltensweisen und Probleme manifestieren, die jede ständische Orientierung überschreiten. *Moralisches* Bewußtsein und *moralisches* Selbstverständnis kennzeichnen die handelnden Personen, und dieser moralische Anspruch wendet sich als unpolitischer polemisch gegen die Politik, die als unmoralisch und unmenschlich verstanden wird. Das Bürgertum entzieht die Innerlichkeit des Subjekts dem politischen Raum und kritisiert die Sphäre des Politischen von außen aus moralischem Anspruch heraus – in dieser nicht unproblematischen epochalen Konstellation gedeiht die tränenreiche Begeisterung über den Fall der tugendhaften Sara Sampson, die sich in den Frauenhelden Mellefont verliebt hat und so *aus Liebe* das moralische Gesetz übertreten hat. Ihr Vater sucht sie in dem Dorfgasthof, in dem sie sich mit dem Geliebten versteckt hält; er hat ihr, die seine Strafe ebenso wie seine Güte fürchtet (weil letztere ihn in die Selbstverachtung treiben könnte), längst verziehen, und das Ganze könnte ein harmonisches Ende nehmen, wenn nicht Mellefonts ehemalige Geliebte Marwood auftauchte, die sich und ihr Kind Arabella bei deren Vater in Erinnerung zu rufen sucht. Diese Femme fatale avant la lettre vergiftet aus Verzweiflung über die Zurückweisung durch Mellefont die tugendhafte Sara, worauf sich der verzweifelte Liebhaber schließlich ersticht. Saras Vater verzeiht nicht nur der Tochter, sondern auch dem Liebhaber und adoptiert die unschuldige Arabella – eine Schlußkonstellation, die für das bürgerliche Trauerspiel typisch ist, weil sie auf die Möglichkeit einer frei gewählten Fortführung der familiären Struktur (und auf die Verhältnisse im *Nathan*) verweist.

Lessings frühes bürgerliches Trauerspiel entspricht auf einer ersten Ebene den Schemata der bürgerlichen Empfindsamkeit. Sara ist die Verkörperung des moralischen Gefühls, der spontan gelebten Tugend; Mellefont ist zunächst der bedenkenlose Verführer, der einer Liebenden die Unschuld raubt und Sara auch im Laufe der weiteren Handlung die Heirat verweigert. Die Wirkung auf die Zuschauer liegt in der sympathetischen Darstellung des Gefühls, die durch den Tod der Hauptpersonen verstärkt wird. Die Adoption in der Schlußszene ermöglicht die Hoffnung darauf, daß die bürgerliche Familie als Keimzelle von Moral und Gefühl fortbestehen wird.

Einem genaueren Blick entgeht freilich nicht, daß der analytische Kopf Lessing nicht bei einer einfachen Apologie des Gefühls stehengeblieben ist. So zeigt sich im Gespräch Saras mit der Marwood ein langsamer Übergang von abstraktem, veräußerlichtem Bekenntnis zu gelebter Moralität. Es zeigt sich weiterhin, daß die Figur der Marwood ambivalente Züge aufweist: Einerseits wird sie dämonisiert, indem sie für den Tod Saras verantwortlich ist, andererseits träumt Sara von der Marwood als einer ihr »ähnlichen Person«, wodurch darauf verwiesen wird, daß sowohl Sara als auch die Marwood Dimensionen des Menschlichen repräsentieren, die in der konkreten Erfahrung nicht vermittelt werden können. Der Antagonismus zwischen der unmoralischen ›Welt‹ und der in dieser herrschenden Sinnlichkeit auf der einen und der privat gelebten Moralität, bei der im empfindsamen Gefühl das sinnliche Begehren verleugnet wird, dieser Antagonismus ist unlösbar (und er wird in *Emilia Galotti* noch deutlicher). Auch die Einheit von Gefühl und Moral, die das empfindsame Schema voraussetzt, wird fraglich, zeigt sich doch ein heftiger Konflikt zwischen einer rigiden Moral und dem verzeihenden Gefühl der Liebe. Sogar die Figur des großmütig vergebenden Vaters ist ambivalent: Einerseits verkörpert Sir William den Primat der Liebe über die repressiven Momente der bürgerlichen

Moral, andererseits zeigt sich eine Schwächung der Vaterrolle, die damit zu tun hat, daß die gesellschaftlichen Normen, auf die sich die ältere Generation und der Vater als der Vertreter des ›Realitätsprinzips‹ stützen können, brüchig geworden sind – eine Konstellation, die in der Dramatik des Sturm und Drang und insbesondere beim jungen Schiller von entscheidender Bedeutung sein wird.

Die zeitgenössische Rezeption der *Sara* konnte von diesen Ambivalenzen absehen und den Durchbruch des empfindsamen Gefühls auf der Bühne feiern. Unsere Perspektive erkennt insbesondere in der vergleichenden Sicht auf spätere Darstellungen individuellen Gefühls, daß die Personen ihre Emotionen diskutieren, ausbreiten und repräsentieren, sie aber letztlich nicht durch ihre Individualität glaubhaft machen können. Sprechen über Gefühle steht hier noch für die unmittelbare Inszenierung von Gefühlen – ein Befund, der einen neuen Umgang mit dem Stück auf der heutigen Bühne anregen könnte.

Im Hinblick auf die von uns skizzierten Tendenzen der deutschen Aufklärung manifestiert sich in Lessings Stück der epochale Gegensatz zwischen der empfindsamen und der sensualistischen Reaktion auf den abstrakten Rationalismus. Während einerseits die empfindsame Moral die Würde des Individuums durch die Verdrängung des sinnlichen Begehrens zu bewahren sucht, kann die sensualistische Apologie der Sinnlichkeit ihre Vermittlung mit dem moralischen Diskurs nicht verdeutlichen. Daß es sich bei diesem Antagonismus aber nicht nur um eine geistesgeschichtliche Opposition handelt, sondern daß die Literatur ideologische Spannungen reproduziert und zuspitzt, die auch die gesellschaftlichen Konflikte der Epoche bestimmen, ist von entscheidender Bedeutung. Der besondere Reiz der Texte Lessings liegt nun darin, daß in diesen eine literarische Form gefunden wurde, diese Konflikte nicht zu verdecken und zu verdrängen, sondern zu inszenieren und somit der aufklärerischen Wahrheitssuche eine ›Bühne‹ zu gewähren.

Die Verbindung von Natürlichkeit, Emotionalität und kritischer Reflexion bestimmt die dramentheoretischen Überlegungen, die Lessing in der Folgezeit beschäftigen. Im *Briefwechsel mit Mendelssohn und Nicolai* über das Trauerspiel (1756/57, Veröffentlichung erst nach Lessings Tod) vertrat Nicolai eine an Jean-Baptiste Dubos (1670–1724) orientierte sensualistische Position, nach der die Funktion des Trauerspiels allein die Erregung der Leidenschaften sei. Demgegenüber votierte Lessing für eine theoretische Bestimmung, die sich aus empfindsamen und moralisierenden Impulsen ergab. Nicht Schrecken und Bewunderung, die Distanz gegenüber dem Geschehen auf der Bühne voraussetzen, sondern das Mitleid sollte der gesuchte Affekt sein, der zur moralischen Besserung des Zuschauers führte:

> *Der mitleidigste Mensch ist der beste Mensch*, zu allen gesellschaftlichen Tugenden, zu allen Arten der Großmut der aufgelegteste. Wer uns also mitleidig macht, macht uns besser und tugendhafter, und das Trauerspiel, das jenes tut, tut auch dieses, oder – es tut jenes, um dieses tun zu können. (GW 4,163)

Unklar bleibt bei dieser Bestimmung, wie das bloße Mitleiden zu einer Veränderung des Zuschauers führen, wie es eine kritische Reflexion des Dargestellten ermöglichen kann. Lessing mußte – schon um der Komplexität seiner eigenen Dramenproduktion gerecht zu werden – eine Konzeption entwickeln, welche die Wirkung des Trauerspiels nicht durch eine Suggestion in bezug auf den Zuschauer erklärte, sondern das Mitleiden als einen Affekt darstellte, der selbst eine Veränderung zu bewirken vermochte. In diesem Zusammenhang ist Moses Mendelssohns Beitrag zur Dramentheorie zu würdigen. Indem dieser nämlich das Mitleid als eine ›gemischte Empfindung‹ auffaßte, die sowohl Lust als auch Unlust vermittelt (ein Bezug zur Theorie des Erhabenen ist deutlich), ließ sich erklären, wie die affektive Wirkung des Theaters Erkenntnis und Reflexion nicht ausschließt, sondern sogar fördert.

In der *Hamburgischen Dramaturgie* bemühte sich Lessing um eine Systematisierung dieser Theorie des Trauerspiels, die über eine Vermittlung der Poetik des Aristoteles geleistet wurde. Die zentralen Termini *eleos* und *phobos* (allgemein übersetzt mit ›Furcht‹ und ›Schrecken‹) interpretiert Lessing im 75. Stück so:

> Man hat ihn falsch verstanden, falsch übersetzt. Er spricht von Mitleid und Furcht, nicht von Mitleid und Schrecken; und seine Furcht ist durchaus nicht die Furcht, welche uns das bevorstehende Übel eines andern, für diesen andern, erweckt, sondern es ist die Furcht, welche aus unserer Ähnlichkeit mit der leidenden Person für uns selbst entspringt [. . .]. Mit einem Worte: diese Furcht ist das auf uns selbst bezogene Mitleid. (GW 4,578 f.)

Damit der Zuschauer aber mit-leiden, damit er sich in einem ersten Schritt mit dem Geschehen identifizieren kann, muß es sich bei den Figuren des Trauerspiels um *gemischte Charaktere* handeln, die »mit uns aus gleichem Schrot und Korn« (GW IV, 580 f.) sind. Es dürfen also weder moralisch fehlerlose (wie im Märtyrerdrama) noch absolut böse Figuren (Lessing behandelt als Beispiel Weißes *Richard III.*) als Protagonisten auftreten. In einer Auseinandersetzung mit Corneille geht Lessing aber jetzt einen entscheidenden Schritt weiter: Furcht und Mitleid sind keine Affekte, die nur das Ziel haben, den Zuschauer für die Handlung einzunehmen; die Reinigung durch Furcht und Mitleid, welche die eigentliche Katharsis darstellt, ist der entscheidende Vorgang, der die Wirkung des Trauerspiels erklärt. In einem nicht-rationalen Akt, in einer Verwandlung der Empfindungen soll sich das vollziehen, was Lessing die »Verwandlung der Leidenschaften in tugendhafte Fertigkeiten« (GW 4,595) nennt. Aus einer rational nicht steuerbaren Emotion und durch einen nicht rational steuerbaren Akt soll die »tugendhafte Fertigkeit« einer andauernden Solidarisierung mit dem Mitmenschen entstehen. Vor diesem Hintergrund ist verständlich, daß Lessing zwar »Natürlichkeit« und damit die Abkehr von einer höfisch-prätentiösen Sprache fordert, daß sein Theater aber auf der anderen Seite keinen naturalistischen Abklatsch der ›Wirklichkeit‹ darstellt. Indem die Katharsis den Menschen zum tugendhaften Handeln anleitet, kann das Bühnengeschehen als eine Art moralisch begründeter Theodizee (Rechtfertigung Gottes angesichts der Übel der Welt) verstanden werden, wie Lessings Formulierung nahelegt, wenn es heißt, das Drama sei »ein Schattenriß von dem Ganzen des ewigen Schöpfers« (GW 4,598).

Daß Lessings eigene Dramen seiner hier skizzierten Theorie entsprächen, kann freilich nicht behauptet werden. Allerdings trat die *Hamburgische Dramaturgie* auch nicht mit einem systematischen und dogmatischen Anspruch auf, sondern entwickelte die verschiedensten Theorien und Vorstellungen am konkreten Material der in Hamburg zur Diskussion stehenden Stücke. Im Gegensatz zu der Konzeption Gottscheds war Lessing auch nicht der Meinung, die Beurteilung der Kunstwerke obliege einem philosophisch gebildeten »Kritikus«; vielmehr hielt Lessing den »gesunden Verstand« (GW 4,232) für die Voraussetzung eines kompetenten Urteils über Bühnenstücke.

Betrachtet man Lessings spätes bürgerliches Trauerspiel *Emilia Galotti* aus der Perspektive der Bestimmungen seiner Dramentheorie, so kann man feststellen, daß sich zwar einige Übereinstimmungen finden, daß insgesamt der Befund in bezug auf die *Dramenpraxis* wesentlich komplexer ausfällt, als es die theoretische Darlegung erwarten läßt. Vor allem die etwas eindimensional explizierte moralische Wirkung des Stückes ist zwar auf der einen Seite zu erkennen, sie wird jedoch auf der anderen Seite durch eine wesentlich differenziertere kritische Reflexion ergänzt (oder überwunden?). Auf einer ersten Ebene werden die Oppositionen re-

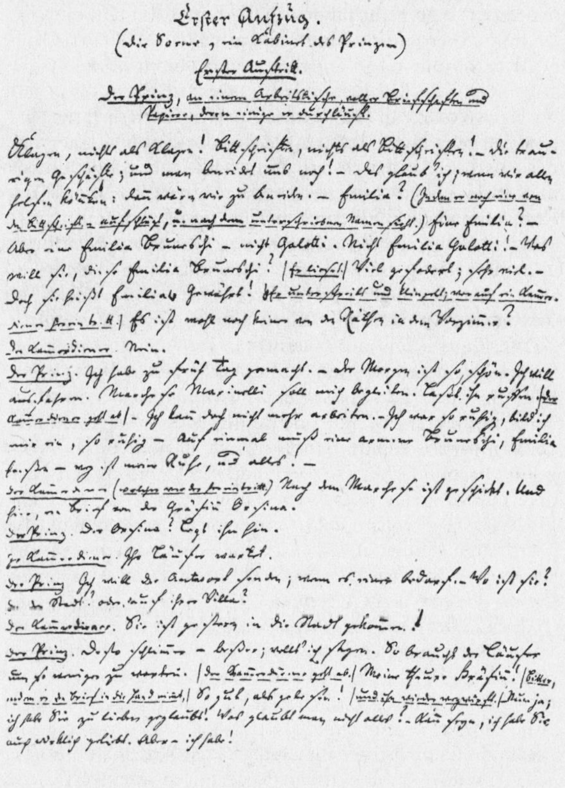

Erster Aufzug.

(Die Scene, ein Kabinet des Prinzen)

Erster Auftritt.

Der Prinz, an einem Arbeitstische, voller Briefschaften und Papiere, deren einige er durchläuft.

Klagen, nichts als Klagen! Bittschriften, nichts als Bittschriften! – Die traurigen Geschäfte; und man beneidet uns noch! – Das glaub' ich; wenn wir allen helfen könnten: dann wären wir zu beneiden. – Emilia? (Indem er noch eine von den Bittschriften aufschlägt, und nach dem unterschriebenen Namen sieht.) Eine Emilia? – Aber eine Emilia Bruneschi – nicht Galotti. Nicht Emilia Galotti! – Was will sie, diese Emilia Bruneschi? (Er liest.) Viel gefodert; sehr viel. – Doch sie heißt Emilia. Gewährt! (Er unterschreibt und klingelt, worauf ein Kammerdiener hereintritt.) Es ist wohl noch keiner von den Räthen in dem Vorzimmer?

Der Kammerdiener. Nein.

Der Prinz. Ich habe zu früh Tag gemacht. – Der Morgen ist so schön. Ich will ausfahren. Marchese Marinelli soll mich begleiten. Laßt ihn rufen. (Der Kammerdiener geht ab.) – Ich kann doch nicht mehr arbeiten. – Ich war so ruhig, bild' ich mir ein, so ruhig – Auf einmal muß eine arme Bruneschi, Emilia heißen: – weg ist meine Ruhe, und alles! –

Der Kammerdiener (welcher wieder hereintritt). Nach dem Marchese ist geschickt. Und hier, ein Brief von der Gräfin Orsina.

Der Prinz. Der Orsina? Legt ihn hin.

Der Kammerdiener. Ihr Läufer wartet.

Der Prinz. Ich will die Antwort senden; wenn es einer bedarf. – Wo ist sie? In der Stadt? oder auf ihrer Villa?

Der Kammerdiener. Sie ist gestern in die Stadt gekommen.

Der Prinz. Desto schlimmer – besser; wollt' ich sagen. So braucht der Läufer um so weniger zu warten. (Der Kammerdiener geht ab.) Meine theure Gräfin! (Bitter, indem er den Brief in die Hand nimmt.) So gut, als gelesen! (Und ihn wieder wegwirft.) Nun ja; ich habe Sie zu lieben geglaubt! Was glaubt man nicht alles! – Kann seyn, ich habe Sie auch wirklich geliebt. Aber – ich habe!

Anfang von *Emilia Galotti*
in Lessings Handschrift (1772)

produziert und radikalisiert, die bereits die Handlung des *Sara Sampson*-Stückes bestimmt hatten. Auch wenn Lessing erklärt, er wolle eine »von allem Staatsinteresse befreite Virginia« (an Karl Lessing 1.3.1772) präsentieren, so zeigt sich doch eindeutig die bürgerlich-empfindsame Opposition zwischen der tugendhaften Jungfrau und ihrem Vater auf der einen sowie dem lasterhaften politischen Rationalismus und Immoralismus auf der anderen Seite, die durch den Prinzen und den widerlichen Höfling Marinelli vertreten werden. Wenn der Prinz nur seinen sinnlichen Neigungen folgt und hastig ein Todesurteil bestätigt, um schneller zu seinen Vergnügungen zu kommen, wenn Marinelli den Tod des Grafen Appiani billigend in Kauf nimmt, um Emilia in die Verfügungsgewalt des verliebten Prinzen zu bringen, so ist die Macht diskreditiert, die sich aller Mittel bedient, um die persönlichen Interessen des Potentaten durchzusetzen. Auch in diesem Fall kann also gesagt werden, daß die bürgerlich-moralisierende Kritik an den Praktiken des Adels indirekte politische Wirkung entfaltete, indem das Unmenschliche der dargestellten Zustände betont wird. Das Mitleiden des Zuschauers gilt in dieser Perspektive der tugendhaften Emilia, die sich von ihrem Vater töten läßt, weil sie Angst davor hat, den Avancen des Prinzen nicht unbegrenzt widerstehen zu können.

Gerade der problematische Schluß des Stückes, der sich freilich sehr folgerichtig aus dem Verlauf des Ganzen ergibt – Friedrich Schlegel sprach mit Bezug auf das Stück von einem Exempel dramatischer Algebra –, führt aber zu einem Bruch in der so einsinnig scheinenden Wirkungsweise des gesamten Dramas. Wenn nämlich das Mitleiden des Zuschauers auf der Möglichkeit basiert, sich uneingeschränkt mit der Protagonistin zu identifizieren, so haben wir es hier mit einer Verhaltensweise zu tun, die – zumindest zeigt dies die Erfahrung neuerer Inszenierungen – eher befremdet und dadurch eine Distanz zwischen Zuschauer und ›Heldin‹ entstehen läßt. Ist die Tötung auf Verlangen, ist der indirekte Freitod Emilias eine Handlungsweise, die Menschen aus »gleichem Schrot und Korn« wie wir befolgen würden? Diese Zweifel am Schluß des Stückes sind produktiv; sie zeigen, daß Lessings Drama komplexer ist, als es seine eigene Dramentheorie erwarten läßt. Wenn Emilia ihrem Vater erklärt: »Ach, meine Sinne; so warmes Blut. Ich stehe für nichts« (GW 2,202), wenn sie also die Macht ihres eigenen Begehrens anerkennt und sich für *verführbar* erklärt, so stellt das Stück die Gültigkeit des empfindsam-moralisierenden Schemas in Frage. Die Verdrängung der Sinnlichkeit durch die empfindsame Moral erweist sich als problematisch; die Widersprüchlichkeit bürgerlicher Denk- und Verhaltensmuster wird offenbar. Es radikalisiert sich die Erkenntnis einer kritischen Lektüre von *Miß Sara Sampson*: Moralisches Bewußtsein und Emanzipation der Sinne lassen sich in der Gesellschaft des 18. Jahrhunderts nicht *zugleich* verwirklichen; nur abgespalten voneinander erscheinen ein einseitiger moralischer Rigorismus (Odoardo, Emilias Vater) und ein moralisch nicht begründeter Sensualismus und Hedonismus (Prinz) möglich. Die Kritik an der Macht des Adels bewahrt zwar ihre relative Berechtigung, weil die Bedürfnisse der Sinnlichkeit nur mit Gewalt befriedigt werden können; die moralische Kritik an der höfischen ›Unmoral‹ ist aber diskreditiert, weil sie auf einem ebenso einseitigen Menschenbild beruht wie die von der Gegenseite eingenommene Position. Die ›unnatürliche‹ Verhaltensweise der Emilia am Dramenschluß offenbart die Aporien des bürgerlichen Bewußtseins, das seine moralische Überlegenheit gegenüber dem Adel nur durch eine repressive Moral und eine Verdrängung der Sinnlichkeit rechtfertigen kann. Lessing gelang hier – wahrscheinlich gegen seine bewußte Intention – ein Modell literarischer Aufklärung, weil sein Stück jede ideologische und moralische Position überschreitet und sich ganz einer vorbehaltlosen Wahrheitssuche verschreibt. Wo die Dramentheorie Elemente einer bürgerlich-empfindsamen Moral in den Dienst einer moralisierenden Umdeutung der aristotelischen Tragödientheorie nimmt, zeigt das Drama die Widersprüche der bürgerlichen wie der aristokratischen Denk- und Verhaltensmuster und demonstriert damit, daß sowohl im gedanklichen wie im empirisch-gesellschaftlichen Bereich Antagonismen und Widersprüche zu erkennen sind, die nicht durch eine einfache moralische Setzung aufgehoben werden können. Dieses Offenhalten der Widersprüche, dieses Aushalten des ›Widerstreits‹ ist aber gerade im Verzicht auf eine vordergründige Versöhnung ein überzeugender Ausdruck kritischen aufklärerischen Denkens. Das Verhältnis von ›Mitleiden‹ und kritischer Reflexion läßt sich hier in bezug auf die Dramenpraxis problemlos explizieren: Indem der Zuschauer gerade in dem Versuch der Einfühlung in Emilias Verhalten sich der Fragwürdigkeit von deren Entscheidung bewußt wird (hier läßt sich an die Lehre von den ›gemischten Empfindungen‹ denken), wird ihm eine distanzierte Reflexion über die dem indirekten Freitod zugrunde liegenden ideologischen Denkmuster möglich. Die ›Reinigung des Mitleidens‹ führt insofern nicht zu einer schematisch verstandenen »tugendhaften Gesinnung«, sondern zu der vorurteilslosen Reflexion über die Grundlagen und Bedingungen menschlichen Handelns im Konfliktfeld zwischen bürgerlichem Denken und aristokratisch-erotischem Sensualismus (oder allgemeiner: zwischen Ethik und Sinnlichkeit und deren gesellschaftlichen Erscheinungsweisen). Eine solche kritische Deutung von Lessings Theaterpraxis nähert diese aus heutiger Sicht derjenigen seines vermeintlichen Antipoden Brecht an; sie bricht allerdings mit Lessings eigener Vorstellung, nach der das Drama die Ordnung der Welt reproduziere. In diesem Punkt geht die Konsequenz der aufklärerischen Reflexion über die konventionellen Ordnungsvorstellungen der historischen Aufklärung hinweg.

Einen ganz spezifischen Charakter weist auch die Komödie des reifen Lessing auf. *Minna von Barnhelm* gewinnt durch die nationale Bedeutung des Stoffes an Gehalt; es handelt sich um eine ›ernste‹ Komödie. Die Auseinandersetzung zwischen der rauhen Ehrvorstellung des preußischen Offiziers und der Liebenswürdigkeit des sächsischen Fräuleins zeigt die Distanz Lessings gegenüber dem preußischen Militär, das auf der anderen Seite in den sympathischen Zügen Tellheims in einem versöhnlichen Licht erscheint. Eine erste Annäherung an das Stück kann noch immer nach dem Schema der Typenkomödie argumentie-

Kupferstiche zu Lessings *Minna von Barnhelm*
von Daniel Chodowiecki (1770)

ren: Die übertriebenen Ehrvorstellungen Tellheims würden demnach durch Minnas Intrige überwunden, so daß wir die ›Heilung‹ eines Menschenfeindes miterleben würden. Gegen diese Deutung spricht freilich, daß Tellheim am Schluß des Stücks aus den gleichen menschlichen Motiven handelt, die ihn am Anfang auszeichneten, als er darauf verzichtete, sich von der Witwe eines Kameraden geliehenes Geld zurückzahlen zu lassen. Tellheims Misanthropie, sein »schreckliches Lachen des Menschenhasses« (GW 1,678), ist aber nicht oder nicht primär auf eine charakterliche Schwäche, sondern auf die schlechte Behandlung der preußischen Soldaten nach dem Ende des Krieges zurückzuführen. Minnas Intrige, die nach dem Schema der Typenkomödie die Besserung des Abweichenden bewirken soll, droht die Vereinigung der Geliebten zu verhindern, weil Tellheim glaubt, daß Minna ihn habe verlassen wollen. Diese sagt daraufhin zu ihrer Vertrauten Franziska: »Ich habe den Scherz zu weit getrieben.« (GW 1,700) Die Intrige hat nicht die ›Besserung‹ des Partners bewirkt, sondern die Einsicht in die Vorbildlichkeit von dessen Charakter ermöglicht: »Nein, ich kann es nicht bereuen, mir den Anblick ihres ganzen Herzens verschafft zu haben! Ah, was sind Sie für ein Mann!« (GW 1,709 f.) Tellheim ist nur in den Szenen lächerlich, in denen er sich in übertriebener Weise von den Grundprinzipien seines Charakters bestimmen läßt; dieses Lachen über ihn kann aber nicht die Wertschätzung beeinträchtigen, die Minna und mit ihr die Rezipienten des Stücks ihm gegenüber empfinden. Der Schluß der Komödie ist insofern ebenso ambivalent wie das gesamte Stück: Der Gnadenerweis des Königs, der Tellheims materiellen Reichtum und auch seine ›Ehre‹ wiederherstellt, stiftet in geradezu märchenhafter Weise eine Analogie zwischen der äußeren Situation und den inneren Empfindungen Tellheims; die soldatische Existenz ist aber in ihrer Bindung an die ›Großen‹ so fragwürdig geworden, daß Tellheims Freude über die Rückgewinnung seiner Ehre stark relativiert worden ist. Das eigentliche »Soldatenglück« scheint darin zu bestehen, kein Soldat mehr und damit nicht mehr von der Willkür anmaßender Herrscher abhängig zu sein. Im Vergleich zu der sächsischen Typenkomödie kommen neue Dimensionen ins Spiel, die von dem überlieferten Schema nicht mehr gedeckt sind (vgl. Barner, B 3: 1987, 267). Es geht letzten Endes nicht mehr um die Korrektur eines extremen Charakters oder um die Integration eines abweichenden Verhaltens, sondern um die Präsentation eines höchst ernsthaften zwischenmenschlichen Konflikts *vor dem konkreten Hintergrund eines zeitgeschichtlichen militärischen Konflikts.* Nicht der problematische Charakter des Protagonisten bildet das Fundament der dramatischen Auseinandersetzung, sondern die gesellschaftlichen Verhältnisse bedingen die Möglichkeit oder Unmöglichkeit einer menschlichen Lebensführung. Vor diesem Hintergrund ist der ›Märchenschluß‹ nur als provisorisch, vielleicht sogar als ironisch zu verstehen. Damit ist aber das Vorurteil widerlegt, der Aufklärer Lessing betone den Charakter zu stark und vernachlässige die Konstellation und die (gesellschaftliche) Einbindung der Figuren. Tellheims Konflikt jedenfalls gründet nicht mehr in seinem Charakter, sondern in Umständen, die sich seinem direkten Einfluß entziehen und die nicht durch die dezisionistische Änderung seines Charakters beeinflußt werden können (vgl. Steinmetz, B 3: 1978, 74 f.). Wie bei *Emilia Galotti* verweist damit aber der Konflikt Tellheims auf eine Problematik der historischen Ordnung des 18. Jahrhunderts; der Theodizee-Glaube erweist sich als gestört, die Hoffnung auf eine Auflösung der dem dramatischen Konflikt zugrunde liegenden Konflikte (hier: der bedrohten Würde des Individuums in der Gesellschaft des aufgeklärten Absolutismus) erweist sich als Schimäre. So ist Lessings ›ernste Komödie‹ nicht nur ein Zeitstück in einem herausgehobenen und (in positivem Sinne) ›nationalen‹ Verständnis, sondern auch ein Stück, das noch heute auf den Bühnen zu fundierten Betrachtungen über das Verhältnis von Individuum und Gesellschaft anregen kann.

Lessings Spätwerk ist durch die Spannungen bestimmt, die sich aus dem Fragmentenstreit und der Auseinandersetzung mit der vom Hamburger Hauptpastor Goeze vertretenen Orthodoxie ergaben. Für Differenzierungen hatte diese keinen Sinn, und sie identifizierte Lessing pauschal

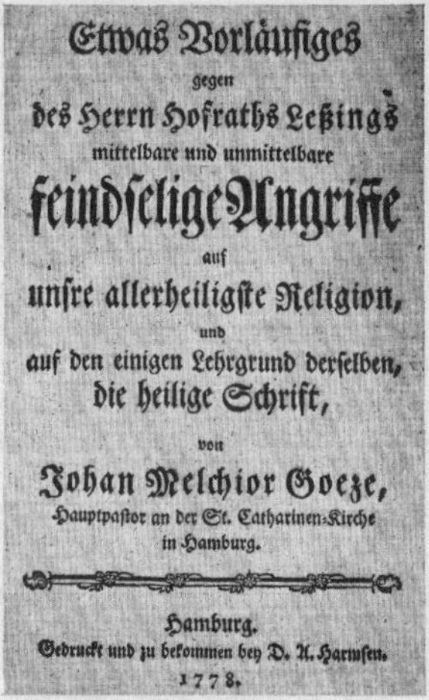

Etwas Vorläufiges
gegen
des Herrn Hofraths Leßings
mittelbare und unmittelbare
feindselige Angriffe
auf
unsre allerheiligste Religion,
und
auf den einigen Lehrgrund derselben,
die heilige Schrift,
von
Johan Melchior Goeze,
Hauptpastor an der St. Catharinen-Kirche
in Hamburg.

Hamburg.
Gedruckt und zu bekommen bey D. A. Harmsen.
1778.

Gotth. Ephr. Lessings
nöthige Antwort
auf eine
sehr unnöthige Frage
des Herrn Hauptpastor Goeze, in Hamburg.

Wolfenbüttel 1778.

Titelseite einer Schrift Johann Melchior Goezes gegen Lessing und dessen Erwiderung

mit der Position Reimarus', die eine radikale rationalistische Kritik an der christlichen Offenbarung formulierte. Daß Lessings Aufklärungsverständnis eine unvoreingenommene Prüfung aller Gegenstände und eben auch der heiligen Schriften des Christentums erlaubte und forderte, mußte in einen unversöhnlichen Gegensatz zu der dogmatischen Voraussetzung der orthodoxen Haltung führen, die jede kritische Beschäftigung mit der Bibel als einen Angriff auf die Religion interpretierte. Lessing lehnte es seinerseits ab, auf die inquisitorischen Fragen nach seinem persönlichen religiösen Bekenntnis zu antworten. Der experimentelle und in einem ganz offenen Sinne forschende Charakter seiner Überlegungen und Untersuchungen hat auch zu ausgedehnten Kontroversen innerhalb der Forschung geführt, als diese die ›wirkliche‹ Überzeugung des Aufklärers zu fixieren suchte. Dabei ist, ganz abgesehen von dem zensurähnlichen Klima, das die Auseinandersetzung bestimmte, auf die Tatsache zu verweisen, daß Lessing niemals dazu tendierte, ein philosophisches oder theologisches System zu entwerfen (in dem die Wahrheit wie ein ›Besitz‹ fixiert und katalogisiert wäre), sondern daß es ihm vielmehr darum ging, die Freiheit des menschlichem Denkens auch in Fragen der Religion zu befördern.

Daß es bei dem Fragmentenstreit um eine exemplarische Auseinandersetzung ging, bei der die Grundanliegen der Aufklärung auf dem Spiel standen, zeigt sich gerade in manchen der Äußerungen Goezes. Ein entscheidender Gesichtspunkt der Auseinandersetzung lag darin, daß Lessing darum kämpfte, im Hinblick auf die religiös-theologische Problematik eine Öffentlichkeit herzustellen und diese als Instanz zu konstituieren, vor welcher der Kampf der divergierenden Meinungen ausgetragen werden konnte. Wenn vernünftige Reflexion auch die Diskussion der – alle Subjekte und nicht nur theologische Experten betreffende – Glaubensfragen bestimmen sollte, so mußte diese aus dem Halbdunkel einer ›Insider-Debatte‹ an das Licht der räsonierenden Öffentlichkeit gezogen werden. Genau gegen diesen Tabubruch wehrte sich aber Goeze in einer seiner Polemiken gegen Lessing:

> Dabei kann es verständigen und gesetzten Männern vergönnt bleiben, bescheidne Einwürfe gegen die christliche Religion, und selbst gegen die Bibel zu machen. Es wird solches nötig sein, um die Lehrer in Othem zu halten. [. . .] Nur müßte solches nicht, ohne besonders wichtige Ursachen, in einer andren Sprache, als in der Sprache der Gelehrten geschehen, und der angreifende Teil müßte die Freiheit nicht haben, die heiligen Männer Gottes, von welchen die ganze Chri-

> stenheit glaubt, daß die geredet und geschrieben haben, getrieben von dem heiligen Geiste, als Dummköpfe, als Bösewichter, als Leichenräuber zu lästern [. . .]. (Zit. nach: GW 8,116)

Eben nicht in der lateinischen Sprache, die den Gegenstand als exklusiven Besitz des Gelehrtenstandes bewahrt, sondern auf deutsch und in aller Öffentlichkeit hatte Lessing die Überlegungen seines verstorbenen Freundes dem Publikum präsentiert. Gegen eine solche offene Diskussion ruft Goeze nach der Allianz von staatlicher Obrigkeit und evangelischer Orthodoxie:

> Von mir hat er [Lessing] kein Inquisitions-Verhör zu besorgen, ob solches aber nicht von denen erfolgen möchte, deren Amt es mit sich bringt, *die Reichsgesetze wider die Publikation gotteslästerlicher Schriften*, aufrecht zu erhalten, das ist eine andere Frage.
> (Zit. nach: GW 8,322)

Der eifernde Hauptpastor wird mit dieser und mit anderen Bemerkungen zum Kronzeugen für die These, daß dem theologischen Streit eine grundlegende Bedeutung für den Gesamtprozeß der Aufklärung zukommt. Was sich bei Lessing nur ganz versteckt – etwa in den anonym veröffentlichten Freimaurergesprächen *Ernst und Falk* (1777/78) – andeutet: die politischen Konsequenzen einer vorurteilsfreien Wahrheitssuche und einer freien Diskussion über alle Gegenstände, wird von Goeze deutlich angesprochen, wenn dieser zu bedenken gibt, ob nicht die Infragestellung der religiös-theologischen Autoritäten nur der Vorbote einer revolutionären Wendung gegen die weltliche Obrigkeit sei:

> Werden sie aber Christen bleiben? wird nicht mit der Ehrerbietung gegen die heil. Schrift und Religion, auch zugleich die Bereitwilligkeit ihren Oberherren den schuldigen Gehorsam zu leisten, und der Abscheu gegen Rebellion, in ihren Herzen ausgelöschet werden,

> wenn es jedem Witzlinge und Narren frei stehet, mit der christlichen Religion und mit der Bibel vor den Augen des ganzen christlichen Publici das dollkühnste Gespötte zu treiben? Ich habe die Hoffnung zu Gott, daß die Zeit nahe sei, welche diesem unsinnigen Unfuge ein Ende machen wird [...].
>
> (Zit. nach: GW 8,115 f.)

Die Befürworter der freien Diskussion – so stellt sich Goeze im übrigen vor – müßten den Grundsatz haben: »*Sobald ein Volk sich einig wird, Republik sein zu wollen, so darf es*« (zit. nach: GW 8,102) – wobei diese Passage einerseits mit aller wünschenswerten Deutlichkeit darauf verweist, daß die aufklärerische Wahrheitssuche und das aus ihr resultierende Prinzip der freien öffentlichen Diskussion unmittelbare Grundlagen einer *demokratischen* politischen Kultur darstellen, andererseits aber die unselige Verbundenheit zwischen dem orthodoxen Luthertum und den staatlichen Obrigkeiten vor Augen führt.

Ein weiterer wichtiger Aspekt der Auseinandersetzung ist darin zu erkennen, daß Goeze immer auch als *wissenschaftlicher* Theologe argumentiert und seine Leser davon überzeugen will, Lessings Einlassungen seien nicht nur gegen die Lehrsätze von Religion und Kirche gerichtet, sondern verstießen auch gegen die Sätze der allgemein anerkannten formalen und angewandten Logik. In dem dogmatischen Verständnis wird Rationalität somit als eine Methode verstanden, mit deren Hilfe Wahrheiten deduziert und vorausgesetzte Lehrmeinungen legitimiert werden können. Lessings Vorgehen, das sich nicht um die Bestätigung vermeintlich unbezweifelbarer Wahrheiten, sondern um die vorurteilsfreie Prüfung vermeintlicher Gewißheiten bemüht, erscheint dem theologischen Lehrmeister als eine Anmaßung, durch welche sich ein Literat und Liebhaber der Schauspielkunst, also ein im Kreise der Wissenschaft als unseriös geltender Künstler in ›ernsthafte‹ Fragen einmischt, die ihn eigentlich nichts angehen und bei denen er nur Schaden anrichten kann:

> Diese [die redlichsten und gelehrtesten Theologen] haben eine gesunde Logik und Hermeneutik gebraucht, dagegen hat Herr Lessing hier seine Theater-Logik zu Hilfe genommen, und mit dieser ist vieles möglich zu machen, was der gesunden und richtigen Logik unmöglich bleibt. (Zit. nach: GW 8,325 f.)

Diese bezeichnende Passage zeigt, wie der theologische Diskurs bei Goeze Ausschlußmechanismen produziert, die zu einer Diskriminierung der Gegner als ›ungesund‹ (fast könnte man aus heutiger Sicht sagen: ›entartet‹) führen. *Ex negativo* zeigt sich das Subversive einer *literarischen* Aufklärung gerade darin, daß die »Theater-Logik« von Goeze als die wirksamste Methode angesehen wird, den Dogmatismus und die Borniertheit der autoritären Diskurse zu durchbrechen. Die alte Abneigung der Philosophen gegen die ›Dichter‹ reproduziert sich hier in dem Ressentiment des seine ›Wissenschaftlichkeit‹ hervorhebenden dogmatischen Theologen gegen den Literaten, der sich vermeintlich ›unbefugterweise‹ in theologische Streitfragen einmischt.

So ist es nur folgerichtig, daß Lessing, als ihm die Fortsetzung des Disputs mit Goeze verboten wird – als sich also zeigt, daß die Orthodoxie nicht nur der gewaltlosen Gewalt des vermeintlich besseren Arguments, nicht nur der vermeintlich besseren Logik vertraut, sondern sich auch bedenkenlos der staatlichen Gewalt gegen den Kritiker bedient –, um eine Fortsetzung der Auseinandersetzung an dem Ort bemüht, an dem die »Theater-Logik« zu Hause ist: »Ich muß versuchen, ob man mich auf meiner alten Kanzel, auf dem Theater wenigstens, noch ungestört will predigen lassen« (zit. nach: GW 2,719), schreibt Lessing am 6. September 1778 an Elise Reimarus, die Tochter des verstorbenen Autors der Fragmente, denen Lessing den Weg in die Öffentlichkeit geebnet hatte, als er auf sein Drama *Nathan der*

*Weise* Bezug nimmt. Um religiöse Toleranz und um ein praktisches Handeln, das im Namen der verschiedenen Religionen menschlich genannt werden kann, geht es in diesem Stück, das als das Vermächtnis des Dramatikers Lessing angesehen werden darf – aber nicht in einem harmlosen und erbaulichen Sinne, wie es viele Inszenierungen und Deutungen glauben machen wollen. Genauso wie Lessing das an manchen Stellen *auch* heiter wirkende Stück nach einer Phase des bittersten Kampfes gegen Intoleranz und Geistfeindlichkeit, gegen Unmenschlichkeit und Despotismus geschrieben hat, genauso hat sich die Humanität Nathans in einer geradezu unglaublichen und unwahrscheinlichen Reaktion auf ein christliches Pogrom herausgebildet, bei dem seine gesamte Familie ermordet wurde:

> Ihr wißt wohl aber nicht, daß wenige Tage
> Zuvor, in Gath die Christen alle Juden
> Mit Weib und Kind ermordet hatten; wißt
> Wohl nicht, daß unter diesen meine Frau
> Mit sieben hoffnungsvollen Söhnen sich
> Befunden, die in meines Bruders Hause,
> Zu dem ich sie geflüchtet, insgesamt
> Verbrennen müssen.
>
> (GW 2,316)

Seine Reaktion auf dieses traumatische Erlebnis charakterisiert Nathan im Rückblick so:

> [. . .] hatt' ich drei Tag' und Nächt' in Asch'
> Und Staub vor Gott gelegen, und geweint. -
> Geweint? Beiher mit Gott auch wohl gerechtet,
> Gezürnt, getobt, mich und die Welt verwünscht;
> Der Christenheit den unversöhnlichsten
> Haß zugeschworen – [. . .].
>
> (GW 2,316)

Erst nachdem Nathan seinen Schmerz betäubt hatte, der wie bei Hiob sein Vertrauen in Gott und die Vorsehung in fürchterlicher Weise in Frage stellte, konnte er das Christenmädchen an Kindes statt aufnehmen und großziehen, Recha, die in Jerusalem allgemein als seine (jüdische) Tochter gilt. Humanität wird also nicht in abstrakter Weise als eine Grundeigenschaft des Protagonisten eingeführt; vielmehr wird verdeutlicht, daß sich Toleranz und Menschenfreundlichkeit nur vor dem Hintergrund eines geschichtlichen Prozesses und einer durch inhumane Machtstrukturen gekennzeichneten gesellschaftlichen Ordnung entwickeln können – und daß sie immer in der Gefahr stehen, im Kampf mit der ›realen‹ Macht zu unterliegen.

Diese ›reale‹ Macht wird in all ihrer menschenfeindlichen Repression in Jerusalem, also an dem Ort, an dem alle drei Weltreligionen vertreten sind, bezeichnenderweise von dem christlichen Patriarchen repräsentiert. Die Inquisitions-Phantasien des Hauptpastors Goeze werden in der »Theater-Logik« seines Gegners Lessing zu den Tötungsgelüsten des barbarischen Christen-Funktionärs, der Nathan eben wegen der Rettung und Erziehung Rechas töten (lassen) will:

> Tut nichts!
> Der Jude wird verbrannt ... Ja, wär' allein
> Schon dieserwegen wert, dreimal verbrannt
> Zu werden! – Was? ein Kind ohn' allen Glauben
> Erwachsen lassen? – Wie? die große Pflicht
> Zu glauben, ganz und gar ein Kind nicht lehren?
> Das ist zu arg!
>
> (GW 2,299)

Der christliche Dogmatismus wird nicht nur zum mörderischen Antisemitismus, der den theologischen Vorwand für die latente Pogromstimmung liefert, vor der sich erst das humane Gegenmodell entfalten kann; er zeigt auch in genauer Analogie zu den Verlautbarungen des Hauptpastors Goeze den Zusammenhang zwischen religiöser und politischer Repression (die in diesem Fall auch vor einer angestrebten Kumpanei mit dem islamischen Machthaber nicht zurückschreckt):

> Auch mach' ich ihm [Saladin] gar leicht begreiflich, wie
> Gefährlich selber für den Staat es ist,
> Nichts glauben! Alle bürgerlichen Bande
> Sind aufgelöset, sind zerrissen, wenn
> Der Mensch nichts glauben darf. – Hinweg! hinweg
> Mit solchem Frevel!
>
> (GW 2,299 f.)

Gegen diese Welt der unmenschlichen, institutionell abgesicherten Konzentration von Macht setzt das Stück zwei geradezu anarchistische, den Einrichtungen der Gesellschaft skeptisch gegenüberstehende Außenseiter: den Klosterbruder, dessen Einfältigkeit immer betont wird, der aber in seiner Schlichtheit ein waches Gefühl für Menschlichkeit bewahrt hat und dem es gelingt, einen perfiden Auftrag des Patriarchen (bei dem er wohnt) zugleich auszuführen und zu vereiteln, und Al Hafi, den Derwisch, der in seiner bescheidenen Anspruchslosigkeit gerade deshalb ein spontaner Gegner jeglicher etablierten Macht ist, weil er sich nicht korrumpieren läßt. Nachdem er entgegen seinen Neigungen eine Zeitlang die Finanzen des Sultans organisiert hat, beschließt er, Jerusalem und damit die ›zivilisierte‹ menschliche Gesellschaft zu verlassen und sich dorthin zu begeben, wo die Zwänge des Staates und der gesellschaftlichen Macht keine Geltung haben:

> Ich, der ich nie für mich gebettelt habe,
> Soll nun für andre borgen. Borgen ist
> Viel besser nicht als betteln: so wie leihen,
> Auf Wucher leihen, nicht viel besser ist,
> Als stehlen. Unter meinen Ghebern, an
> Dem Ganges, brauch ich beides nicht, und brauche
> Das Werkzeug beider nicht zu sein. Am Ganges,
> Am Ganges nur gibts Menschen.
>
> (GW 2,260)

Die Interpretation dieser Passage und der Figur des Derwischs greift zu kurz, wenn man lediglich von einer sympathisch-komischen Figur und einem rousseauistischen Impuls spricht. Vielmehr verweist die Flucht Al Hafis aus der Stadt darauf, daß in Jerusalem – und damit: in der Gesellschaft, wie Lessing sie kennt und vorfindet – ein sehr geringer Spielraum für diejenigen besteht, die versuchen, Menschlichkeit und Toleranz zu leben; daß vielmehr Macht und Herrschaft sich allzu häufig mit Intoleranz und Unterdrückung verbinden und auf diese Weise *Aufklärung* behindern oder gänzlich unterbinden.

Diesen düsteren Hintergrund des Stückes gilt es zu beachten, wenn die Passagen zu untersuchen sind, die sich mit den Perspektiven einer Humanisierung und Kultivierung des menschlichen Handelns beschäftigen. Wenn der Komödienschluß des Stückes mit der Suggestion verbunden ist, daß alle Widersprüche aufgehoben sind (vgl. die Regieanweisung: »*Unter stummer Wiederholung allerseitiger Umarmungen fällt der Vorhang.*« [GW 2,347]), wenn also in der anrührenden Vereinigung der Familie (zu der Saladin, der Tempelherr, Recha und Sittah gehören, nicht aber Nathan; während die intrigante Daja und erst recht der Patriarch keinen Zugang haben) die Vereinigung der Religionen in einem utopischen Bild imaginiert wird, so zeigt das gesamte Stück in seiner Komplexität, daß dieser Märchenschluß nicht ›realistisch‹ ist. Der Zuschauer kann vielmehr die Chance einer humanen Veränderung der Machtpolitik ebenso skeptisch einschätzen wie der Derwisch, der sich längst an den Ganges zurückgezogen hat (und dem Lessing übrigens nach dem *Nathan* ein Stück widmen wollte, von dem aber nichts bekannt geworden ist). Auch zeigt die glückende Vater-Tochter-Beziehung den utopischen Aspekt des Stückes, indem es dem *Adoptivvater* Nathan gelingt, seine Tochter tugendhaft und realitätstüchtig zu machen (wodurch die Aporien des bürgerlichen Trauerspiels im Utopischen überwunden erscheinen). Der Gegensatz zu dem Schluß der *Juden* kann nicht darüber hinwegtäuschen, daß Lessing die Chancen für eine Durchsetzung der religiösen Toleranz und einer gesellschaftlichen Anerkennung der Juden (die auch nach Lessing noch zum Prüfstein der Aufklärung werden sollte, wie man im Werk Heines erkennen kann) äußerst skeptisch beurteilte.

Die unter furchtbaren Opfern erworbene Weisheit Nathans zeigt sich nicht nur in dessen praktischem Verhalten, sondern auch – wie allgemein bekannt – in der berühmten Ringparabel, mit der Nathan auf die Frage des Sultans nach der wahren Religion (die den jüdischen Kaufmann durchaus in Verlegenheit bringen sollte) antwortet. Dieses Element eines ›epischen Theaters‹ zeigt zweifelsfrei den lehrhaften Aspekt, den Lessings Drama *auch* aufweist und der neben vielem anderen die gattungsmäßige Zuordnung des Stücks erschwert. Die Geschichte vom Vater, der seinen drei Söhnen drei völlig gleich aussehende Ringe hinterläßt, bekommt bei Lessing die entscheidende Wendung dadurch, daß dem echten Ring die Eigenschaft zugeschrieben wird, seinen Träger »beliebt zu machen,/Vor Gott und Menschen angenehm« (GW 2,279), was bedeutet, daß der Wettstreit um die Frage, wer denn den echten Ring besitze, zu dem Bemühen führt, besonders gut zu handeln. In bezug auf die drei konkurrierenden Religionen heißt das: Deren Vertreter sollen nicht dogmatisch und intolerant einen abstrakten Wahrheitsanspruch verteidigen, sondern durch ihre Praxis die ›Güte‹ ihres jeweiligen Glaubens demonstrieren. In Nathans ›Märchen‹ erklärt der »weise Richter« den drei wetteifernden Söhnen:

> Es strebe von euch jeder um die Wette,
> Die Kraft des Rings in seinem Ring' an Tag
> Zu legen! komme dieser Kraft mit Sanftmut,
> Mit herzlicher Verträglichkeit, mit Wohltun,
> Mit innigster Ergebenheit in Gott,
> Zu Hülf!
>
> (GW 2,280)

Der Gläubige einer Religion soll demnach so handeln, als ob seine Religion die einzig wahre wäre. Wenn sich der Eifer um die Wahrheit der jeweiligen Religion in den Wettstreit um die Frage verwandelt, wer sich so verhält, als wäre seine Religion die wahre (was sich an den guten Handlungen zeigen soll), dann ist praktische Toleranz gesichert, und dem religiösen Fanatismus und Dogmatismus wäre jede Grundlage entzogen. Lessings Grundprinzip, wonach die Wahrheitssuche dem Besitz der Wahrheit vorzuziehen sei, ist hier erneut wirksam, wobei sich eine bedeutende Nuance zeigt, ist die Wahrheitssuche doch jetzt über die Praxis vermittelt, deren Bedeutung jeden theoretisch-dogmatischen Disput übertrifft. In dieser Hinsicht ist Nathan ein vorbildlicher Repräsentant des Judentums – wobei im Drama der praktischen Toleranz insofern eine Gleichwertigkeit der Religionen postuliert wird, als das individuelle Streben nach Wahrheit und moralischer Güte und nicht die jeweilige Religionszugehörigkeit den Wert eines Menschen und seiner Handlungen bestimmt. Als der Klosterbruder Nathan für die Überwindung seines Hasses gegen die Christen mit folgenden Worten lobt:

> Nathan! Nathan!
> Ihr seid ein Christ! – Bei Gott, ihr seid ein Christ!
> Ein beßrer Christ war nie!,

lautet dessen Antwort bezeichnenderweise:

> Wohl uns! Denn was
> Mich euch zum Christen macht, das macht Euch mir
> Zum Juden! – Aber laßt uns länger nicht
> Einander nur erweichen. Hier brauchts Tat!
> (GW 2,317)

– wobei die letzte Wendung genau der Konzeption des Stücks entspricht, die gegenüber dem Streit um die theoretische Wahrheit die Bedeutung der Praxis hervorhebt.

Lessings *Nathan* wirkte mit seiner Herausarbeitung eines praktischen Humanitätsideals, aber auch mit der Stilisierung seiner Sprache und dem Gebrauch des Blankverses vor allem auf die Weimarer Klassik; das Stück gehört bis heute zum Repertoire der deutschsprachigen Bühnen. Nach dem Zweiten Weltkrieg, nach dem Einschnitt des Holocausts war es das erste Drama, das in den zerstörten deutschen Städten wieder zur Aufführung kam. Natürlich hatten die Nationalsozialisten das Stück verboten, nachdem sie den untauglichen Versuch unternommen hatten, den ›männlichen‹ und ›deutschen‹ Lessing zu einem chauvinistischen Nationaldichter und Franzosenhasser umzuformen. Wenn etwas gegen die *Nathan*-Rezeption der Nachkriegszeit einzuwenden ist, so ist dies mit dem aufscheinenden plakativen Idealismus zu verbinden, der unter Berufung auf Lessing dem mörderischen Antisemitismus des Nationalsozialismus einen abstrakten Philosemitismus entgegensetzte. Bei dieser Aktualisierung wurden Fragen der Macht und der politischen Praxis ausgeblendet, und gerade diese spielen – wie gezeigt – in Lessings Drama eine überragende Rolle. Nicht losgelöst von politischen und materiellen Umständen konnte Nathan seine Toleranz entwickeln; keine Figur wird so abschreckend dargestellt wie der christliche Patriarch, dessen unmenschlicher Haß gegen die Andersgläubigen eine Gewissenserforschung auch der Christen hätte in Gang setzen können und müssen, die während der Jahre der Diktatur zu wenig für ihre jüdischen Mitbürger getan hatten. Lessings literarische Aufklärung kulminiert nicht in einem allgemeinen und abstrakten Appell an Menschlichkeit und christliche Nächstenliebe, sondern in einer scharfen und unerbittlichen Reflexion über die Mechanismen der Macht, die sich jeglicher Menschlichkeit und Toleranz entgegenstellen – über Mechanismen, mit denen Lessing selbst schmerzliche Bekanntschaft hatte machen müssen. Vergleicht man im übrigen das Humanitätsdrama Lessings mit Goethes *Iphigenie*, seinem Pendant in Goethes Werk, so fällt gerade diese größere Einbindung in konkrete gesellschaftliche Strukturen auf. Ausgeschlossen aus dem Ideal der Toleranz und Menschlichkeit sind bei Lessing nicht die ›Anderen‹ wie Goethes guter, aber letzten Endes betrogener ›Barbar‹ Thoas, sondern die Vertreter der christlichen Religion, die im Namen der Religion der Liebe menschenverachtende Barbarei praktizieren.

In einem spannungsvollen Bezug zu dem Drama der religiösen Toleranz steht Lessings geschichts- und religionsphilosophisches Vermächtnis, die kurze Schrift *Die Erziehung des Menschengeschlechts.* Wie das Nathan-Stück aus dem Fragmentenstreit hervorgegangen, suchen die einhundert Paragraphen dieses Textes eine dritte Position zwischen der rationalistischen Bibelkritik Reimarus' und dem Dogmatismus Goezes, transzendieren dabei aber den theologischen Streit und werden zu einer großen Positionsbestimmung der Aufklärung zwischen Vernunft und Offenbarung, zwischen Normativem und Positivem, zwischen Ideal und Empirie. Der literarische Kritiker, der so verzweifelte und bestürzende Erfahrungen beim Kampf zwischen Wahrheitssuche und Macht, zwischen kritischer Reflexion und starrem Buchstabenglauben gemacht hatte, ließ sich hier noch einmal von der optimistischen Annahme leiten, die Vernunft werde sich im Gang der menschlichen Geschichte durchsetzen, ja die vermeintlich vernunftlose Positivität werde in einer endgültigen Rückschau ihre relative Vernünftigkeit manifestieren.

Was geschichts- und religionsphilosophische Spekulation in diesem vibrierenden und aufrührenden Text verbindet, ist die Frage nach dem Wert und der Bedeutung der positiven Religionen (von denen nur Juden- und Christentum thematisiert werden, wogegen der Islam ausgespart bleibt). Lessings leitende Hypothese liegt in einem Vergleich der Offenbarung mit der Erziehung: So wie der einzelne Mensch im Rahmen der Erziehung nicht gleich mit den unzweifelhaft wahren, aber komplexen Vernunftwahrheiten konfrontiert werde, so werde das »Menschengeschlecht« in den positiven Religionen zu den Vernunftwahrheiten in Bildern von anschaulicher, faßlicher Gestalt hingeführt. Das Alte und das Neue Testament seien »Elementarbücher« der Menschheit, die zu den Wahrheiten der Vernunft hinführten, den Menschen in verhüllter und leicht zugänglicher Form Wahrheiten vermittelten, die diese aber mit dem Erreichen des »Mannesalters« nicht mehr benötigten, da sie selber zu denken in der Lage seien. Zu erinnern ist daran, daß Lessing sich gegen zwei Seiten abgrenzt: Er distanziert sich einerseits von der Position Reimarus', der die biblischen Berichte aus rationalistischer Perspektive kritisiert, weil sie der Vernunft widersprächen, und erklärt die Erzählungen der Bibel für gewissermaßen didaktisch konzipierte Formen der Hinführung zur Wahrheit; er wendet sich andererseits gegen den Buchstabenglauben Goezes, der verlangt, die Worte der Bibel müßten buchstabengetreu für bare Münze genommen werden, und postuliert die Notwendigkeit, den ›Geist‹ der biblischen Texte eben als Ausdruck einer Hinführung zur Wahrheit zu verstehen.

Den Fortschritt vom Alten über das Neue Testament zu der möglicherweise heranbrechenden »Zeit eines neuen ewigen Evangeliums« erkennt Lessing darin, daß die Menschen im Alten Testament durch »unmittelbare sinnliche Strafen und Belohnungen« zu guten Handlungen motiviert worden seien, daß mit Christus die Lehre von der Unsterblichkeit der Seele und damit die Vorstellung einer Belohnung im ›Jenseits‹ aufgetreten sei und daß mit der »Zeit der Vollendung« der Mensch »das Gute tun wird, weil es das Gute ist«. Was Lessing also darlegt, ist der Nutzen der jüdischen und der christlichen Religion, welche die Menschen viele Wahrheiten gelehrt und sie vor allem zum guten Handeln angeleitet haben. Die Schrift mündet in eine Art weltlicher Eschatologie, indem Lessing den Anbruch eines Zustandes postuliert, bei dem *aus der (menschlichen) Vernunft heraus* ein positiver Endzustand erreicht werden wird und die Widersprüche der menschlichen Existenz aufgehoben sein werden:

> Nein; sie wird kommen, sie wird gewiß kommen, die Zeit der Vollendung, da der Mensch, je überzeugter sein Verstand einer immer bessern Zukunft sich fühlet, von dieser Zukunft gleichwohl Bewegungsgründe zu seinen Handlungen zu erborgen, nicht nötig haben wird; da er das Gute tun wird, weil es das Gute ist, nicht weil willkürliche Belohnungen darauf gesetzt sind, die seinen flatterhaften Blick ehedem bloß heften und stärken sollen, die innern bessern Belohnungen desselben zu erkennen. (GW 8,508)

Uneindeutig bleibt Lessings Text, wenn die Frage gestellt wird, welche Instanz die hier angedeutete positive Entwicklung, die in hymnischen Worten gefeierte Kultivierung und Humanisierung, eben die »Erziehung des Menschengeschlechts« verbürgt, in Bewegung gesetzt hat und zu einem guten Ende führen wird. Steckt letzten Endes der christliche Gott hinter diesem teleologischen (zielgerichteten) Plan, den Lessing in einer für ihn ungewohnten spekulativen Emphase zu erkennen glaubt? Oder haben wir es mit einer pantheistisch zu verstehenden Weltvernunft zu tun, mit einem spinozistischen »Deus sive Natura«, an die der Pfarrerssohn Lessing nach Jakobis Behauptung geglaubt haben soll? Oder steckt hinter dieser Frage Lessings Geheimnis, das er vor sich selbst nicht lüften wollte? Was die kontroversen Deutungen der Forschung anregt, liegt in der doppelten Ausrichtung von Lessings Kritik begründet, wenn er einerseits den Wert der »Elementarbücher« und damit der jüdisch-christlichen Offenbarung betont, andererseits aber den Eindruck erweckt, der in hymnisch-religiösen Worten beschworene eschatologische Endzustand sei eine Transzendierung des Christentums, das nur die Leiter gewesen sei, die den endlichen Menschen zu einer Vollendung führen sollte, die ein mystisches Eins mit dem Logos darstellt, der keiner Offenbarung mehr bedarf. Spricht Lessing mit sich selbst, wenn er den Musterschüler des Menschengeschlechts dazu auffordert, nicht *vor der Zeit* auf die Autorität der Schrift zu verzichten?

> Hüte dich, du fähigeres Individuum, der du an dem letzten Blatte dieses Elementarbuches stampfest und glühest, hüte dich, es deine schwächeren Mitschüler merken zu lassen, was du witterst, oder schon zu sehen beginnst. (GW 8,504)

Einflußreich bleibt jedenfalls Lessings Postulat, die Wahrheit der Religion im philosophischen Denken diskursiv zu entfalten (»die Ausbildung [= Umformung] geoffenbarter Wahrheiten in Vernunftwahrheiten ist schlechterdings notwendig, wenn dem menschlichen Geschlechte damit geholfen sein soll«); in seinem zwischen Theismus, Pantheismus und latentem Atheimus schwankenden geschichtsphilosophischem Denken scheint sich schon die Entwicklung der Religionsphilosophie von Hegel bis Feuerbach abzuzeichnen.

Aber Lessing wäre nicht der kritische Wahrheitssucher, als den wir ihn kennengelernt haben, wenn er nicht den spekulativen Schwung seiner Darlegungen mit einer skeptischen Relativierung versehen würde. Wenn nur hypothetisch die Entwicklung zu einer glückenden Erziehung des Menschengeschlechts angenommen werden kann, so muß auch die Möglichkeit eines Scheiterns dieses eben nur angenommenen Projekts bedacht werden, wie Lessing gegen Ende der Schrift selbst bemerkt:

> Geh deinen unmerklichen Schritt, ewige Vorsehung! Nur laß mich dieser Unmerklichkeit wegen an dir nicht verzweifeln. – Laß mich an dir nicht verzweifeln, wenn selbst deine Schritte mir scheinen sollten, zurück zu gehen! – Es ist nicht wahr, daß die kürzeste Linie immer die gerade ist. (GW 8,509)

Auch diese Passage gehört zu denen, die einer ›systematisierenden‹ Interpretation große Schwierigkeiten machen, weil Lessing in der Anrede an die (nicht unmittelbar personalisierte) Instanz der Vorsehung, der Leiterin des hypothetisch angenommenen Erziehungsprozesses, empirische Beobachtungen indirekt zur Diskussion stellt, welche die Existenz einer solchen leitenden Instanz fraglich machen. Hier ruft die kritische Wahrheitssuche sich selbst im Moment ihres größten spekulativen Schwungs gewissermaßen selbst zur Ordnung; die Lehre vom dritten Testament, die Elemente der ›Schwärmer‹-Tradition seit dem Mittelalter aufnimmt, soll – so kann man schließen – nicht als dogmatische Doktrin aufgefaßt werden, sondern als eine utopische Perspektive der Menschheitsentwicklung, die dann ›realistisch‹ werden könnte, wenn es gelingen sollte, die Macht der Hauptpastoren und Patriarchen, der Dogmatiker und Buchstabengläubigen zu durchbrechen. Die skeptische Wahrheitssuche Lessings erlaubte sich eine solche geschichtsphilosophisch inspirierte Zuversicht nur selten; sein Kampf gegen die anmaßenden Hüter vermeintlich fester Wahrheiten bleibt ein Vermächtnis der deutschen Aufklärung.

# 9
# Wieland: Literarische Aufklärung als komische Perspektivierung abstrakter Normen

Christoph Martin Wieland (1733–1813) steht mit seinem Schaffen für die Umsetzung eines selbstkritischen und selbstreflexiven Aufklärungsverständnisses in epische Dichtungsformen. Obwohl er eigentlich noch gar nicht den Anspruch erhob, als ein »Originalgenie« im Sinne des Sturm und Drang innovativ zu wirken, sondern vielmehr auf dem Formen- und Motivvorrat der europäischen Literatur aufbaute, wurde er zum Begründer des modernen deutschen Romans. Es gelang ihm, mit der Einführung eines kommentierenden Erzählers, der im Dialog mit dem (fiktiven) Leser Reflexionen über das dargestellte Geschehen anstellte, den Roman zu einem kritischen Instrument der Aufklärung zu machen. Dabei folgte er insofern den pragmatischen Interessen der Aufklärung, als er – häufig im verfremdenden Bezug auf eine imaginierte, aber nicht idealisierte Antike – Grundprobleme der zeitgenössischen Anthropologie bearbeitete. Gegen die einsinnige Wirkungsästhetik der Frühaufklärung, die von der Literatur eine unmittelbare moralische Wirkung auf den Leser erwartete, setzte Wieland eine komplexe dialogische Reflexion über die Grundantriebe und »Triebfedern« des menschlichen Verhaltens. Seine Texte sind von der Einsicht geprägt, daß die *eine*, unumstößliche Wahrheit über den Menschen nicht zu haben ist und daß deshalb die methodische Vermittlung widerstreitender Perspektiven zum Grundanliegen einer aufgeklärten Epik werden muß. Deutlicher als im Roman tritt dabei in der Versepik, die sich fast immer parodierend oder zumindest variierend auf überlieferte Muster bezieht, die Bedeutung des Komischen und einer komischen Reflexion hervor. Der entscheidende Gesichtspunkt der komischen Epik liegt dabei in der Tatsache, daß in ihr das Normwidrige nicht im Sinne einer allzu selbstgewissen Rationalität ›verlacht‹, sondern dergestalt ›belacht‹ wird, daß durch die Verletzung der jeweiligen Norm auch deren Relativität verständlich gemacht wird. Auf einer Bewußtseinsstufe, die keine dogmatische Wahrheit mehr kennt, wird die komische Epik zu einem komplexen Verweisungsspiel, in dessen Verlauf konkurrierende Wahrheits- und Normansprüche in einen spielerisch ausgetragenen Konflikt geraten, in dem es aber letztlich nicht darum geht, diesen Konflikt zugunsten einer Partei zu entscheiden oder auch nur zu einer Synthese oder Versöhnung zu kommen, sondern vielmehr die dargelegte Spannung auszuhalten (den ›Widerstreit‹ zu inszenieren und zu akzeptieren) und im Bewußtsein dieser unauflösbaren Spannung eine heitere und gelassene Haltung zu entwickeln. (Analogien zum spielerischen Gestus einer ›ehrenwerten Postmoderne‹ sind aus heutiger Sicht nicht zu verkennen.) Indem eine solche Position gerade durch die Vermittlung der literarischen Form plausibel gemacht werden kann, zeigt sich deren spezifische Leistung gerade im Vergleich zum philosophischen oder politischen Diskurs. So verbindet sich in Wielands Epik ein pragmatisches Interesse mit einer dezidierten Parteinahme für den Eigensinn des Poetischen und Ästhetischen. Die spielerische Offenheit, das Unbehagen gegenüber jedem ungestümen Beharren auf subjektiver Willkür wie gegenüber der ›Stillstellung‹ von Konflikten in einer starren Form bewirken die Distanz, die der reife Wieland gegenüber den zeitgenössischen Bewegungen von Sturm und Drang und Weimarer Klassik bewahrt. Mit Sympathie und konstruktiver Kritik verfolgt Wieland das Treiben der jugendlichen Genies; mit vorsichtiger Annäherung (*Oberon*), aber auch mit skeptischer Distanz beobachtet er die Selbststilisierung Goethes und Schillers zu den Ikonen eines neuen Klassizismus. Noch als Greis hält Wieland mit dem Roman *Aristipp und einige sei-*

*ner Zeitgenossen* (1802) unbeirrt an den Grundlagen seiner aufklärerischen Erzählkunst fest. Skepsis, Ironie, Erotik, Schwärmerkritik, pragmatisches Interesse an gesellschaftlichen und politischen Fragen, keine radikale Trennung zwischen Literatur und geschichtlicher Erfahrung – mit all diesen Eigenarten befremdet Wielands späte Epik etwa den Dichter des *Wallenstein*; aber erst aus heutiger Sicht läßt sich die ›Logik‹ dieser Ungleichzeitigkeit begreifen. Wir sind aus dem Bann einer Betrachtung getreten, welche die deutsche Literaturgeschichte des 18. Jahrhunderts lediglich als einen manchmal dornigen und steinigen Weg hin zur Weimarer Klassik begreift. Dadurch ist es möglich geworden, die Berechtigung eines aufklärerischen Programms zu würdigen, das einem pragmatischen Bezug treu bleibt und mit spezifischen literarischen Mitteln das Modell einer literarischen Aufklärung vertritt. Dabei kommt im Falle Wielands hinzu, daß eine wichtige Rezeptionsproblematik mittlerweile wohl keine Rolle mehr spielt: Lange Zeit wurde der Autor als ›undeutsch‹, als französisch frivol angesehen und ihm deshalb ein Platz in der Geschichte der vermeintlich so ›tiefen‹ und tiefsinnigen deutschen Literatur verweigert. Gegenüber einer solchen nationalistischen Betrachtungsweise kann umgekehrt darauf verwiesen werden, daß gerade angesichts der Erfahrungen unseres Jahrhunderts die Bedeutung von Wielands literarischem Werk darin gesehen werden kann, daß dieses dem deutschen Publikum den ästhetischen und weltanschaulichen Wert einer ironisch-komischen Oberflächlichkeit und Leichtigkeit zu vermitteln vermag. Denn an dieser und nicht an pseudo-tiefgründigem Ernst mangelte es nicht zuletzt denen, die im Namen Deutschlands die Welt mit Mord und Gewalt überzogen haben.

Die erwähnte Leichtigkeit und Freude am Spielerischen war Wieland, der als Sohn eines pietistisch beeinflußten Pfarrers in der Nähe von Biberach geboren wurde, freilich nicht in die Wiege gelegt. Seine hier kurz zu skizzierende Biographie ist ein Bild der widersprüchlichen Tendenzen der deutschen Aufklärung, die in ihm (ganz im Sinne der Theorie des Widerstreits) eine intensive Auseinandersetzung geführt haben, die letztlich nur durch voluntaristische Entscheidungen zu einem Ergebnis geführt wurde. Nach einer pietistisch orientierten Erziehung in der Internatsschule

Christoph Martin Wieland im Kreis seiner Familie
Gemälde von G. M. Kraus (1775)

Klosterbergen (wo er freilich auch Bekanntschaft mit der materialistischen französischen Philosophie macht), geht Wieland im Jahre 1750 nach Tübingen, wo er mit wenig Engagement ein Jurastudium aufnimmt. In dasselbe Jahr fällt die ganz im Zeichen der Empfindsamkeit stehende Verlobung mit seiner ›Cousine‹ Sophie Gutermann, die sich bezeichnenderweise anbahnt, als Wieland nach einer Predigt seines Vaters über die Liebe der Angebeteten aus dem Stegreif (?) ein eigenes ›Lehrgedicht‹ über dasselbe Thema vorträgt. Der junge Student dichtet im Geschmack einer empfindsam inspirierten Aufklärung und erprobt das Formenarsenal der Epoche: das Lehrgedicht, Verserzählungen, *Moralische Briefe* (ebenfalls in Versen), ein *Hermann*-Epos und ein beschreibendes Gedicht *Der Fryling*. Aber nicht nur die Empfindsamkeit und die pathetische Dichtung Klopstocks, der 1748 die ersten drei Gesänge seines *Messias* publiziert hatte, beeindrucken den jungen Wieland, sondern auch die scherzhaft-frivolen Dichtungen Hagedorns. So scheint der Versuch einer Synthese zwischen empfindsamen und sensualistischen Tendenzen in einer ›Überbietung‹ des insgesamt allzu bieder erscheinenden Gellert vorgezeichnet. Doch der junge Student, der ohne berufliche Perspektive ist und unbedingt Dichter werden möchte, nimmt eine Einladung Bodmers an und wohnt einige Zeit im Hause des sittenstrengen ›Kunstrichters‹ und Hauptes der Anti-Gottsched-Partei. Nun sind die Verdienste Bodmers um die Überwindung einer allzu bornierten rationalistischen Poetik unumstritten; auf den jungen Wieland übte er aber zweifellos einen problematischen Einfluß aus. Der Geist einer bisweilen bigott erscheinenden religiösen Dichtung und ein eiferndes Engagement gegen vermeintlich unmoralische Lebensführung und Poesie herrschen in Zürich, und der junge Adept befolgt zunächst (aus Opportunismus, aus Überzeugung?) die Ratschläge des Meisters. Das Ergebnis ist Wielands ›seraphische‹ Phase, die Periode einer in eine religiöse Transzendenz gewendeten Empfindsamkeit, die Elemente eines Klopstock-Epigonentums mit einer bei dem Vorbild gar nicht zu erkennenden Engstirnigkeit verbindet. Es ist ein Zeichen für die provinziellen und lähmenden deutschen Verhältnisse, daß ein vielversprechender junger Dichter eine solche Erfahrung machen mußte, weil sich ihm keine andere Aussicht bot, in angemessener Weise seinen Lebensunterhalt zu verdienen und gleichzeitig literarisch tätig zu sein. Wenn man nach dem ›Positiven‹ in dieser Entwicklung sucht, so können immerhin zwei Punkte angeführt werden: Einerseits bewahrte Wieland zeit seines Lebens einen tiefen Respekt vor den positiven Aspekten der Empfindsamkeit, vor aufrichtigem Enthusiasmus für Tugend und Menschlichkeit; andererseits war er wie kein anderer in der Lage, die Weltfremdheit und innere Widersprüchlichkeit einer übersteigerten Empfindsamkeit zu analysieren und zu kritisieren. Wenn der junge Mann, der immerhin schon bald die unmittelbare Nähe Bodmers mied, einen ›Serail‹ empfindsamer Freundinnen um sich versammelte, so war – wie wir indirekt auch aus den späteren Dichtungen entnehmen können – eine verkrampfte Atmosphäre verdrängter Sinnlichkeit zu bemerken, die im unerfreulichen Kontrast stand zu dem seinerzeit gültigen Ideal der Natürlichkeit und Naivität. Im Jahre 1760 konnte Wieland nach Biberach zurückgehen. Er arbeitete als politischer Beamter in seiner Heimatstadt und hatte intensiven Kontakt mit dem von der französischen Aufklärung geprägten Kreis um den Grafen Stadion, der im Schloß Warthausen residierte und zu dessen Umgebung auch die mittlerweile verheiratete Sophie, nun: La Roche, gehörte. Wenn der junge ›Schwärmer‹ jetzt Weltkenntnis erwarb, so führte diese zu einer krassen Desillusionierung und auch zu einem differenzierten Einblick in die politischen und gesellschaftlichen Verhältnisse der Zeit. In Biberach konnte Wieland die innere Problematik einer bürgerlichen Regierung erkennen, denn aufgrund von Konfessionsstreitigkeiten, die auch seine Stellung und nicht zuletzt seine Einkünfte gefährdeten, herrschte in der von Katholiken und Protestanten ›gemeinsam‹ regierten Stadt ein handfestes Chaos. So mußten zunächst die aufgeklärt-weltmännischen Verhältnisse in Warthausen mit ihrer rokokohaft-frivolen Atmosphäre anregend auf den jungen Mann wirken, der die Borniertheit bürgerlichen Bewußtseins in seinen alltäglichen Geschäften erfuhr. Deutlich wurde ihm aber auch, daß der Graf unbeschadet seiner aufklärerischen Überzeugung gegenüber der Stadt unbeirrt seine Standesinteressen verfolgte, so daß Wieland als städtischer Beamter gegen ihn Partei ergreifen mußte. Auch die ›empfindsame‹ und hochverehrte Sophie zeigte, daß sie in die Grenzen eines engstirnigen Standesdünkels eingeschlossen war, als sie half, Wielands Verbindung mit der kleinbürgerlichen Katholikin Bibi Hobel, mit der Wieland ein Kind hatte, durch erfolgreiche Intrigen zu hintertreiben. Erstaunlich ist vor dem Hintergrund dieser konfliktreichen Konstellation die Produktivität Wielands. Ungeachtet der Wirren und kleinlichen Auseinandersetzungen, die zur Grundlage des satirischen Romans *Geschichte der Abderiten* (1774–81) wurden, arbeitete Wieland erfolgreich an seiner, der ersten deutschen Shakespeare-Übersetzung (22 Bände!), schrieb den satirischen Roman *Don Silvio von Rosalva* (1764), gab in den zunächst skandalös erscheinenden *Comischen Erzählungen* (1765) eine erste Probe einer frivol-erotischen Versepik, schrieb die erste Fassung des *Agathon* (1766) und brillierte mit der kurzen Versdichtung *Musarion* (1768), in der das neue Ideal einer Verbindung von Sinnlichkeit und Sittlichkeit in anmutiger und gleichzeitig ironisch-distanzierter Form dargestellt wird. 1769 wird Wieland als Professor an die Universität Erfurt berufen, wo er gemeinsam mit ›progressiven‹ Kollegen wie Just Riedel (1742–85) und Carl Friedrich Bahrdt (1740–92) an einer aufklärerischen Reform dieser Hochschule mitwirken soll. Ähnlich wie einige Jahre später Lessing gerät Wieland in Konflikt mit der religiösen Orthodoxie (hier mit der katholischen Variante). Die konservativen Professoren bekämpfen den aufgeklärten Geist, der mit Wieland an die Universität gekommen ist, lenken gewissermaßen stellvertretend einen Atheismus-Verdacht auf einen von Wielands Studenten und verleiden Wieland die neue Tätigkeit, die er mit vielen Hoffnungen begonnen hatte. Literarisch gelingt Wieland mit dem *Neuen Amadis* (1771) ein Meisterwerk seiner komischen Epik; der Staatsroman *Der goldne Spiegel* (1772) beweist eine ungebrochene Affinität zu den Wertmaßstäben der Empfindsamkeit und löst die Frage nach dem besten Staat im Sinne einer aufklärerischen Multiperspektivität auf. 1772 holt die Herzogin Anna Amalia Wieland als Prinzenerzieher für ihren Sohn Carl August nach Weimar. Diese Position übt Wieland bis 1775 aus, woraufhin er von dem jungen Goethe abgelöst wird, mit einer lebenslangen Pension aber in Weimar bleibt. 1773 begründet er den *Teutschen Merkur*, eine der bedeutendsten publizistischen Unternehmungen der deutschen Aufklärung, die in den folgenden Jahren nicht nur zu literarischen, sondern zu allen wichtigen Themen der Zeit Stellung nimmt. Die Zeitschrift wendet sich ausdrücklich an ein möglichst breites Publikum; jeder elitäre Anspruch ist ihr fremd. Sie verschafft Wieland auch eine gewisse Unabhängigkeit vom Weimarer Hof, an dem er nach der Ankunft des jungen ›Kraftgenies‹ Goethe nur noch eine untergeordnete Rolle spielt. Während er in den 1770er Jahren noch Konzessionen an den höfischen Geschmack macht (so in dem empfindsam-pathetischen Singspiel *Alceste* von 1773) und sich mit *Oberon* (1780) dem sich ausbildenden klassizistischen Geschmack Weimars annähert, orientiert er sich dennoch im wesentlichen weiterhin an einem skeptisch-ironischen Aufklärungskonzept. Neben die satirische *Geschichte der Abderiten* treten weitere Verserzählungen, Übersetzungen (Horaz, Lukian von Samosata) und Romane (*Geheime Geschichte des Philosophen Peregrinus Proteus* [1791]; *Agathodämon* [1799]), politische Kommentare für die Zeitschrift (insbesondere auch zur Französischen Revolution, die er zunächst unparteiisch zu analysieren sucht, später aber vehement ablehnt) sowie Essays und poetologische Texte. Im epischen Spätwerk fällt auf, daß die Schwärmerkritik deutlich gemildert ist; Wieland zeigt sich versöhnlicher gegenüber dem religiösen Enthusiasmus, auch gegenüber dem Christentum, und hält an einem moderaten und gelassenen Perspektivismus fest. Fremd geworden ist er seinen jüngeren Zeitgenossen, die auch im *Aristipp*-Roman nur noch die vermeintlich mangelnde Bewältigung des Stoffes feststellen können, während erst die neuere Forschung unterstrichen hat, wie sehr Wieland dem Konzept und den geistigen Perspektiven aufklärerischer Epik treu bleibt.

Auf andere Weise als im Falle Klopstocks und Lessings ist Wielands Lebenslauf exemplarisch für die Entwicklung der deutschen Aufklärung. Wie Lessing steht Wieland in schweren Auseinandersetzungen; er weicht diesen zwar nicht aus, setzt aber vor allem literarisch an die Stelle der aggressiven Polemik die spöttisch-ironische Abrechnung mit Intoleranz und anmaßender Borniertheit. Diese Haltung, die mit einer deutlichen Mäßigung im öffentlichen Umgang verbunden ist, in der Sache aber dem verständigen Leser keine Zweifel an der geistigen Haltung des Autors läßt, wurde etwa von der Generation des Sturm und Drang, der im übrigen Ironie und selbstkritische Skepsis denkbar fremd war, als Schwäche und Opportunismus ausgelegt. Goethes wohl eigentlich nicht für die Veröffentlichung bestimmte derbe Satire *Götter, Helden und Wieland* (1773) verspottet insbesondere die lebenslang wirksamen empfindsamen Aspekte in Wielands Denken; sie zeigt, wie aggressiv die nachfolgenden Dichter Wielands Rang zu bestreiten suchten (was andererseits darauf verweist, daß der Ältere durchaus ein literarischer Konkurrent war). Ähnliches gilt für die ›Exekution‹ Wielands durch die Brüder Schlegel, die 1799 im *Athenäum* Wieland als Plagiator zu entlarven suchten, dabei aber dem spezifischen Umgang des Älteren mit dem tradierten Material in keiner Weise gerecht wurden.

Die Sonderstellung des *Agathon* und der *Abderiten* in der Entwicklung des deutschen Romans im 18. Jahrhundert wurde bereits im 7. Kapitel unterstrichen. Zu verdeutlichen bleibt, wie sich Wielands spezifisches Aufklärungskonzept gerade in der epischen Vermittlung in Roman und Verserzählung manifestiert. Während der empfindsame Roman –

wie gezeigt – seinen Hauptakzent darauf legte, dem Leser vorbildliche tugendhafte Figuren zu präsentieren, mit denen dieser sich identifizieren konnte, und die Wirkungsabsicht demnach in der unmittelbaren ›Anwendung‹, das heißt der Empfehlung eines solchen Verhaltens bestand, ergibt sich bei Wieland durch das der erzählerischen Darstellung vorgeschaltete dialogische ›Gespräch‹ zwischen Erzähler und fiktivem Leser eine ganz andere Konstellation. Nicht mehr um Identifikation mit dem Protagonisten oder einer der Nebenfiguren geht es, sondern um die kritische Überprüfung von dessen (und deren) Verhalten in gegebenen Situationen, für deren Plausibilität sich der Erzähler der pragmatischen Absicht des Romans gemäß verbürgt. Aufklärung besteht also auch hier nicht mehr in der unkritischen Befolgung eines als wahr erkannten Satzes oder eines als angemessen akzeptierten Verhaltens, sondern in der kritischen Reflexion über konkretes Verhalten in gegebenen Situationen. So schreibt Wieland im »Vorbericht« zum *Agathon*, es sei die Hauptabsicht des fiktiven Herausgebers, die Leser »mit einem Character, welcher gekannt zu werden würdig wäre, in einem manchfaltigen Licht, und von allen Seiten bekannt zu machen.« (Wieland, *Geschichte des Agathon*, 6) Die Multiperspektivität, die sich durch die Reflexion von Erzähler und fiktivem Leser ergibt, ist somit ein Ergebnis des spezifischen Erzählverfahrens und ein Paradebeispiel literarischer Aufklärung, *wobei das Ergebnis der Reflexion tatsächlich nicht von vornherein feststeht.* Gerade im Falle Agathons wirken die beruhigenden konventionellen Beteuerungen im Vorbericht, die als Konzession an den Publikumsgeschmack zu gelten haben, besonders problematisch, weil in der ersten Fassung des Romans eine Diskrepanz zwischen den Intentionen des Protagonisten und den konkreten Situationen, in denen er gelebt hat, unverändert bestehen bleibt. Charakter und Umwelt, Physisches und Moralisches, Faktizität und Telos stehen in keiner ›prästabilierten Harmonie‹, und die kritische Reflexion kann die

Conditio humana nur als eine ins Ungewisse ›geworfene‹ Existenzform begreifen, die sich mit der Kontingenz einer sinnfernen Welt auseinandersetzen muß. Allerdings folgt aus dieser Absage an metaphysische Gewißheiten und dogmatische Wahrheiten nicht notwendig eine Wendung gegen jede Moral und ein pessimistischer Fatalismus. Ein Verächter der Moral wie Hippias ist ein Gegen-Dogmatiker, der sozusagen als Metaphysiker des Bösen an eine allumfassende Schlechtigkeit der Menschen und der Welt glaubt. Wieland propagiert eine offene Untersuchung menschlicher Möglichkeiten und Perspektiven, die illusionslos, aber nicht misanthropisch erscheint. Die verbleibenden Prägungen durch das empfindsame Weltbild bewirken überdies, daß bei Wieland selbst die Hetären und die Hedonisten einen menschlichen Kern bewahren, der einen völlig pessimistischen Befund ausschließt.

Eine ähnliche Reflexion ergibt sich im Zusammenhang mit dem *Abderiten*-Roman. An die Stelle der ›einfachen‹ satirischen Kritik an problematischen Zuständen und Verhaltensweisen tritt vor allem mit der Normfigur Demokrit eine umfassende Skepsis gegenüber jeder vermeintlich festen Wahrheit und jedem apodiktischen Urteil in erkenntnistheoretischen, moralischen und ästhetischen Fragen. Auch hier ist die wirkungsästhetische Intention des Romans nur als eine vermittelte zu begreifen: Zwar besteht an der Dummheit der abderitischen Narren kein Zweifel; »Weisheit« definiert sich aber nicht einfach dadurch, daß der Weise etwas weiß, was die Dummen nicht wissen, sondern liegt gerade darin, daß er getreu der bekannten sokratischen Devise um die Problematik jedes Wissens weiß. Den Relativismus in bezug auf ästhetische Urteile zeigt Demokrits Umgang mit der Borniertheit der Abderiten, als es um die Schönheit Gullerus, einer »äthiopischen Venus«, geht. Auf die Frage, wie er dazu kommen könne, das äthiopische Schönheitskonzept mit dem griechischen gleichzusetzen, erklärt der lachende Philosoph:

»Sie scheinen vergessen zu haben [...], daß die Rede nicht von mir und dieser Schönen, sondern von Äthiopiern war. Ich behauptete nichts; ich erzählte nur, was ich gesehen hatte. Ich beschrieb Ihnen eine Schönheit nach äthiopischem Geschmack. Es ist nicht meine Schuld, wenn die griechische Häßlichkeit in Äthiopien Schönheit ist. Auch seh' ich nicht, was mich berechtigen könnte, zwischen den Griechen und den Äthiopiern zu unterscheiden. Ich vermute es könnte sein, daß beide recht hätten.«

(Wieland, *Geschichte der Abderiten*, 35)

»Ich behaupte nichts, ich erzähle nur« – diese Formel kann, in der richtigen Weise gebraucht, auch für Wielands Epik insgesamt verwendet werden. Der Einblick in einen grundsätzlichen Perspektivismus der Wahrheit erfordert, daß gerade *um der Wahrheit willen* in der Literatur keine dogmatischen Sätze aufgestellt und keine unmittelbaren Handlungsanweisungen gegeben werden. Narrheit besteht demgegenüber darin, von der eigenen partiellen Wahrheit felsenfest überzeugt zu sein und für diese in den Kampf zu ziehen – was natürlich insbesondere für den religiösen Fanatismus gilt. Aber auch das Aufklärungskonzept differenziert sich bei Wieland wie bei Lessing deutlich, wenn es nicht mehr um den Besitz einer eindeutigen Wahrheit, sondern um das Wissen geht, daß Wahrheit nur in der perspektivischen Annäherung an die Objekte des Wissens besteht.

In der Versepik versucht Wieland, diese Einsicht in die Relativität menschlicher Wahrheit und menschlicher Moralvorschriften durch den kritisch-komischen Umgang mit tradierten literarischen Mustern zu veranschaulichen. Die überlieferten Formen transportieren immer auch ein bestimmtes anthropologisches Konzept, eine vermeintliche Wahrheit oder eine Struktur, die zur Erlangung einer Wahrheit führen soll. Wenn es gelingt, die immanente Problematik solcher Konzepte und Strukturen vorzuführen, so ist auf eine spielerische Weise die Einsicht in die Begrenztheit menschlicher Wahrheitssuche gewonnen; ein gelassener Umgang mit der Pluralität möglicher Wahrheitsbilder kann eingeübt werden. Die Versdichtung *Musarion*, in der es inhaltlich um den für Wieland charakteristischen Konflikt zwischen Empfindsamkeit und Erotik, ›reiner‹ und sinnlicher Liebe geht, folgt diesem Muster, indem sie Elemente des Lehrgedichts, der Komödie und der Erzählung verbindet und die diesen literarischen Formen zugrunde liegenden Konzepte und Strukturen durch die Konfrontation relativiert. Nach dem Muster der Komödie geht es um die ›Heilung‹ des weltfremden Schwärmers Fanias durch die ›reizende‹ Hetäre Musarion. Ähnlich wie in Lessings *Minna von Barnhelm* zeigt sich aber die relative Berechtigung des Normwidrigen: Musarion nähert sich ihrerseits der empfindsamen Position, wodurch deren Legitimität unterstrichen wird. Derbe komödienhafte Elemente zeigen sich demgegenüber in der ›Entlarvung‹ der idealistischen Philosophen, die in der Konfrontation mit den Freuden des Weins und der erotischen Liebe eine praktische ›Widerlegung‹ ihrer abstrakten Philosopheme in Kauf nehmen müssen. So werden Elemente der Lehrdichtung in den Text eingeführt; die Lehrgehalte werden aber nicht theoretisch exponiert, sondern durch die Einsicht in die Diskrepanz zwischen Theorie und Praxis durch die Handlung der Versdichtung widerlegt. Wahrheiten, so zeigt sich, lassen sich nicht im Stile einer dogmatischen Philosophie und der von dieser abgeleiteten Lehrdichtung abstrakt dekretieren; sie sind situativ eingebunden und müssen sich in der Kontingenz konkreter Verhältnisse bewähren. Diese Einschränkung jedes Wahrheitsanspruchs muß auch für das von Musarion entworfene Grazienideal in Kauf genommen werden, für die »reitzende Filosofie«,

Die, was Natur und Schicksal uns gewährt,
Vergnügt genießt, und gern den Rest entbehrt;
Die Dinge dieser Welt gern von der schönen Seite
Betrachtet; dem Geschick sich unterwürfig macht,
[...] und auf die guten Leute
Der Unterwelt, so sehr sie Thoren sind,
Nie böse wird, nur lächerlich sie findt [...].

(WW 9,99)

Diese moderate und versöhnliche Haltung, die einer Absage an die aggressive und einsinnige Satire entspricht und in humorvoller Weise den Schwächen der Menschen gerecht zu werden sucht, findet innerhalb der fiktionalen *Musarion*-Welt aber keine gesellschaftliche Umgebung, in der sie gelebt werden kann. Die Krise der Gesellschaft, die Wieland bei seinem Versuch, dem Gemeinwohl als städtischer Beamter zu dienen, schmerzhaft erlebt hat, findet sich in literarischer Vermittlung in der Versdichtung wieder, indem die beiden Liebenden gezwungen sind, sich in eine menschenleere Naturidylle zurückzuziehen. Wenn inhaltlich der Versuch geschildert wird, die divergierenden Liebesvorstellungen empfindsam-bürgerlicher und erotisch-aristokratischer Provenienz zu einer Synthese zu vereinen, so zeigt sich, daß eine solche Vereinigung nur in der Loslösung von der Gesellschaft und damit in der Isolation möglich ist. Wenn auf der Ebene der Verserzählung ein Schema zitiert wird, nach dem eine sinnvolle Interaktion zwischen dem Individuum (Fanias) und der Gesellschaft (Athen) erreicht werden soll, so kann nur festgestellt werden, daß für eine solche Synthese in dem Text kein Raum ist. Ähnlich wie Agathon aus den ›realistisch‹ beschriebenen Orten der gesellschaftlichen Auseinandersetzung (Athen, Syrakus) in das idyllisch-utopische Tarent versetzt werden muß, um nicht am Schluß als Scheiternder dazustehen, zeigt das Grazienideal der *Musarion* seine eigene Gefährdung an, indem selbst im Rahmen der Dichtung eine Überwindung der Widersprüche nur in

# Musarion,

oder

## die Philosophie der Grazien.

Ein Gedicht,

in drey Büchern.

Leipzig,

bey Weidmanns Erben und Reich, 1768.

Titelseite der ersten Ausgabe
von Christoph Martin Wielands *Musarion*

der Entfernung von der menschlichen Vergesellschaftung möglich erscheint. Diese Wendung erscheint um so paradoxer, als Musarion ja gerade eine menschenfreundliche und ›reitzende‹ Philosophie der Geselligkeit und des kultivierten Umgangs mit dem Mitmenschen zu propagieren scheint. Frühere Interpretationen, die *Musarion* als eine harmonisierende und oberflächlich-leichtfertige Dichtung deuteten, unterschätzten den Problemgehalt dieses Textes, der hinter der anmutigen Fassade eine skeptische Analyse der (zeitgenössischen) menschlichen Gesellschaft versteckt. Was sich bei Wieland als anthropologisch-zeitlose Aussage präsentiert, kann vom Leser auch ohne eine übertriebene Neigung zum Biographismus leicht auf konkrete historische Tatbestände zurückgeführt werden, von denen der Autor selbst betroffen war.

Den Höhepunkt einer skeptisch-desillusionierten, mit komischer Reflexion aufklärerischer Normen angereicherten Epik bietet die Versdichtung *Der Neue Amadis* (1771). Es handelt sich hier um die Parodie eines Ritterepos, die den erhabenen Ton meidet und auf einer ersten Bedeutungsebene die Ideale mittelalterlicher Ritterlichkeit ironisch destruiert. Dieser Aspekt verbindet Wielands Text mit der Tradition des komischen Epos, das im Jahrhundert der Aufklärung wegen seiner kritischen Funktion in Blüte stand. Dabei wurde die Form des ›hohen‹ Epos für die parodistische Wendung gegen die mit der Gattung verbundenen Normen und Werte genutzt. Bürgerliches Bewußtsein konnte sich dabei entfalten, wenn die Ideale von Ehre und adeliger Liebe parodiert oder Gegenstände des bürgerlichen Lebens in parodistischer Bewahrung der Form des Epos (Verse, Metaphern, Wendungen des Erzählers usw.) behandelt wurden. In Anlehnung an Alexander Popes (1688–1744) *The Rape of the Lock* (1712/14) zeigten Justus Friedrich Wilhelm Zachariae (1726–77) mit *Der Renommist* (1744), Johann Peter Uz (1720–96) mit *Der Sieg des Liebesgottes* (1753), Moritz August Thümmel mit *Wilhelmine oder der vermählte Pedant* (1764) und später noch Karl Arnold Kortum (1745–1824) mit seiner *Jobsiade* (1784) sowie der Wiener Johann Aloys Blumauer (1755–98) mit seiner Travestie der *Aeneis* (1784–88) die Möglichkeiten diese Genres. Der derb-komische Effekt, der bei Wielands *Neuem Amadis* (ein loser Bezug zum *Amadis de Gaule* ist vorhanden) zugrunde liegt, ist die Wendung gegen das ritterliche Ideal der ›hohen Minne‹: Der Ritter Amadis zieht durch die Welt, um die ersehnte ›Herrin‹ zu finden, glaubt aber bei jeder ihm über den Weg laufenden Frau, am Ziel seiner Wünsche zu sein, und besiegelt diese vermeintlich glückliche Begegnung mit einer körperlichen Vereinigung:

> Den Helden besing, der lange Berg auf und Berg ab
> Die Welt durchstrich, um eine Schöne zu finden,
> Die fähig wäre, für ihn, was er für sie, zu empfinden,
> Und der, sie desto gewisser zu finden,
> Von einer zur andern sich unvermerkt Allen ergab!
> Bis endlich dem stillen Verstand der wenig scheinbarn *Olinden*
> Das Wunder gelang, sein Herz in ihren Armen zu binden.
>
> (Wieland, *Der neue Amadis*, 1,15)

Im Gegensatz zu dem Schema des komischen Epos geht es hier aber nicht um die affirmative Bestätigung eines (also hier: des bürgerlichen) Wertekanons durch die Destruktion eines anderen. Vielmehr werden alle denkbaren Formen, mit denen im 18. Jahrhundert versucht wurde, der Kontingenz einer sinnfernen Welt Sinn abzuringen, ironisch entwertet: die Empfindsamkeit, deren latente Lüsternheit decouvriert wird, ein amoralischer Sensualismus, ein bigotter Tugendrigorismus – all diese Phänomene zeitgenössischer Mentalität werden in diesem übermütigsten von Wielands epischen Texten verspottet und kritisiert – ja sogar das Grazienideal, das die Verbindung von sinnlicher und sittlicher Liebe intendiert, wird gerade wegen seiner abstrakten Differenz zum konkreten menschlichen Verhalten belacht. Belacht und nicht verlacht, weil letztlich eigentlich keine menschliche Haltung mehr übrig bleibt, die vor dem Gericht, das Erzähler und fiktiver Leser – der Text ist wie Wielands Romane voll von ironischen Wendungen an die Rezipienten – über die Figuren abhalten, freigesprochen werden kann. Daraus folgt aber, daß alle Versuche, die menschliche Erfahrung mit einem System von Normen und Werten zu organisieren und mit Sinn zu füllen, angesichts einer unüberschreitbaren Kontingenz zum Scheitern verurteilt sind. Keine Sittenlehre und keine Philosophie kann den Anspruch erheben, für alle Menschen gültige Maßstäbe zu setzen; alle müssen also bereit sein, die Verschiedenheit der Menschen und den Widerstreit als ein Grundphänomen der menschlichen Existenz zu akzeptieren, ja die Fülle des Divergierenden lustvoll zu erleben. Diese Lust an der Vielfalt und dem (freilich kunstvoll arrangierten) Durcheinander bezeugt auch die Form des Textes, die durch andauernde Abschweifungen, unübersichtliche Zwischenfälle in der Handlungsführung und witzige Einschaltungen des Erzählers gekennzeichnet ist. Auf diesen Sachverhalt weist der Text selbst hin, indem er sich ganz beiläufig von der Beachtung einer bornierten Regelpoetik dispensiert:

> Die Grazie tanzt nach unstudierten Gesetzen
> Mit ungelerntem Gesang enzückt Filomena die Flur;
> Bleib du der Empfindung getreu, und der ungeschminkten Natur,
> So kannst du, auf meine Gefahr, die andern Regeln verletzen.
>
> (Wieland, *Der neue Amadis*, 1,16)

Was hier noch dem empfindsamen Natürlichkeitsideal zu entsprechen scheint, das Sophie von La Roche ungefähr parallel bei der Arbeit am *Fräulein von Sternheim* leitet, zeigt sich an anderer Stelle mit einem sensualistischen Konzept verbunden, das auch vor derberen Effekten nicht zurückschreckt, wie die in der Tradition der Frauensatire stehende Beschreibung einer der Töchter Bambo, der ›Partnerinnen‹ des Amadis, nur allzu deutlich zeigt:

> Ein gutes Mädchen, zu Tisch und zu Bette,
> Fromm, wie ein Lamm, am Leib und Seele rund,
> Nur (flüstert der Neid, nicht ohne scheinbarn Grund)
> Ein wenig zu dumm, und ein wenig zu fette.
>
> (Wieland, *Der neue Amadis*, 1,25)

Beendet werden kann das bunte Treiben dieses Textes nur durch einen Zauber – und auf so einen muß dann auch zurückgegriffen werden: Die häßlichste der Schwestern Bambo, die zugleich die klügste ist, wird von Amadis wie alle anderen auch ›auserwählt‹, und sie verwandelt sich von der unansehnlichen Olinde in die schöne Bellastella, wodurch das ironisch gebrochene ›Happy-End‹ perfekt ist. Dieser Märchenschluß weist deutlicher noch als der Ausgang von *Musarion* darauf hin, daß hier kein Problem gelöst, keine Synthese erreicht ist, daß vielmehr die verschiedenen Handlungsorientierungen des Menschen unverbunden nebeneinander stehen und daß es darauf ankommt, dieses Nebeneinander in einem moderaten und toleranten Geiste zu bewältigen und vielleicht sogar zu genießen. Das komische Epyllion (so kann man die Gattung dieses Textes bestimmen, weil die ›große‹ Form des Epos doch unterboten wird) weist zwar satirische Elemente auf, untergräbt aber in seiner komischen Reflexion jeden festen Standpunkt und damit jegliche Norm, die zur Grundlage einer unbezweifelbaren Verurteilung anderer Menschen und ihres Verhaltens werden können. Nur negativ kann geurteilt werden: gegen Intoleranz, Misanthropie und Hochmut, Anmaßung und Heuchelei. Wer andere verurteilt, sollte vorher die Fragwürdigkeit seines eigenen Tuns in Rechnung stellen; wer über andere lacht, sollte dies nur tun, wenn er vorher das eigene Spiegelbild nicht ohne Lachen betrachtet hat.

Die radikale Haltung, die Wieland formal und inhaltlich in diesem Meisterstück komischer Reflexion einnahm, wurde wahrscheinlich gerade wegen ihres extremen Charakters nicht so populär wie die verbindlicheren Töne im *Agathon* und in anderen Texten. Auch die Forschung hat diesen Text lange Zeit nur mit Verlegenheit zur Kenntnis genommen und als ein Beispiel der extremen Verspieltheit des Rokoko angesehen. Erst in letzter Zeit mehren sich die Stimmen, die hier die konsequente Formulierung des Prinzips der komischen Reflexion sehen. Es ist besonders darauf zu verweisen, daß in der komischen Epik in der Relativierung jeglicher Norm eine konsequente Selbstreflexion der Aufklärung durch die Art und die Perspektive des Sprechens mitgegeben ist. Was sich bei Lessing als konsequenter und radikaler Geist der aufklärerischen Kritik zeigt, manifestiert sich bei Wieland in der Apotheose des komischen Erzählens, das in der Distanz zum eigenen Sprechen jede dogmatische Setzung der aufklärerischen Vernunft vermeidet.

Im weiteren Verlauf der siebziger Jahre nahm Wieland diese Radikalität zurück und griff auf Motive seiner empfindsamen Anfänge zurück. Im *Oberon* (1780) gelingt ihm eine Synthese der ihn beherrschenden Motive (sinnliche und empfindsam-›hohe‹ Liebe, Rationalität und Religion), die diesmal nicht zu einer ›Umwertung aller Werte‹ führt, sondern den Grundsätzen einer moralisch anspruchsvollen Humanität entspricht. Ähnlich wie Lessing in der *Erziehung des Menschengeschlechts* scheint Wieland das Bedürfnis zu empfinden, die ›negative‹ Analyse und Kritik durch eine ›positive‹ Gestaltung der Ziele des Menschen zu ersetzen. Im *Oberon*, wo Wieland sich auf die mittelalterliche Erzählung vom *Huon de Bordeaux* stützt, setzt sich das Prinzip der (mit christlichen Elementen gedeuteten) Liebe sowohl gegen den misogynen Tugendrigorismus des Elfenfürsten Oberon als auch gegen die reine Sinnenlust der Araber durch. Während sich in den Werken der komischen Reflexion die sinnliche und die empfindsam-›hohe‹ Liebe gegenseitig relativierten und begrenzten, trägt hier letztere eindeutig den Sieg davon. So kann Huons Liebe zu seiner Rezia-Amanda mit folgenden Versen beschrieben werden (denen im übrigen jede Ironie fehlt):

Tief schweiget die Begier!
Sie ist ein überirdisch Wesen
Das ihm zum Trost erscheint – er ist beglückt genug
Daß er sie lieben darf, und o! in jedem Zug,
In jedem keuschen Blick, daß er geliebt ist, lesen!
(WW 23, VIII,47)

Auch eine ›Standardszene‹ des Wielandschen Erzählens erscheint in diesem Text: die versuchte Verführung eines ›reinen‹ Jünglings‹ durch eine begehrenswerte Dame, hier die Sultanin Almansaris:

Sein Will' ist rein von sträflichem Entzücken;
Allein, wie lange will er ihrem süßen Flehn,
Den Küssen voller Gluth, dem zärtlich wilden Drücken
An ihren Busen, widerstehn?
(WW 23, XII,19)

Aber nicht zur ›Kapitulation‹ des Jünglings kommt es wie in *Agathon* und *Musarion*, sondern durch die ›zufällige‹ Entdeckung des Schäferstündchens zu einer Überwindung der Gefahr. Der dezisionistische Impuls, der Wieland hier dazu bewegt hat, die ›reine‹ Liebe siegen zu lassen (wobei die psychologische Plausibilität wohl doch auf der Strecke bleibt), wird dadurch erkennbar, daß der verdrängte Anteil der ›wilden‹, nicht kultivierteren Leidenschaften auf die ›Heiden‹ als die Anderen projiziert und diesen in einer moralisierenden Wendung vorgehalten wird – ein Verfahren, das eigentlich die Kritik des komischen Epikers Wieland hätte herausfordern müssen, der die Diffamierung einer Normwidrigkeit gerade als Ausdruck eines bornierten Bewußtseins entlarvt hatte. Hier aber läßt er die enttäuschte

Sultanin erklären, als Huon darauf verzichtet, von ihr aus dem Gefängnis befreit zu werden:

> So stirb denn, weil du willst! – ruft sie, des Athems schier
> Vor Wuth beraubt; ich selbst, ich will an deinem Leiden
> Mein gierig Aug' mit heißer Wollust weiden!
>
> (WW 23, XII,38)

Hier werden offenbar die verdrängten seelischen Gehalte auf die Anderen projiziert – ein Mechanismus, der sich verschärft, wenn die Bewohner von Tunis als »schwarzgelbes, lumpiges, halb nackendes Gesindel« (WW 23, XII,62) bezeichnet werden. Wielands Versuch, die komische Reflexion und den mit ihr verbundenen Geist der skeptischen Aufklärung zu überwinden und einen moralisch orientierten Humanismus neu zu begründen, scheitert gerade daran, daß er eine Position zugunsten einer anderen möglichen ins Recht setzt und so willkürlich Partei ergreift (vgl. Wilson, B 3: 1984) – womit er aber hinter die Prämissen und die Ergebnisse des umfassenden Perspektivismus der komischen Reflexion zurückfällt.

Diese Annäherung an einen essentialistischen Humanismus, die sich mit Tendenzen der entstehenden Weimarer Klassik (*Iphigenie*) berührt und deren Problematik teilt (weshalb andererseits Wieland im 19. Jahrhundert fast nur durch den *Oberon* beim bürgerlichen Lesepublikum präsent war) blieb nicht Wielands letztes Wort. Bei einem gleichbleibenden Respekt vor der empfindsamen ›Schwärmerei‹ (die er positiv als Enthusiasmus deutete) fand er zu der souveränen Haltung des toleranten und den Widerstreit divergierender Positionen inszenierenden Aufklärers zurück. Mit der Figur des Aristipp in seinem Altersroman konnte er eine Figur zu Ehren bringen, die er schon im *Agathon* beiläufig eingeführt hatte und die er zu seinem Sprachrohr machte. Die gelassene Haltung des späten Romans reflektiert dabei ihre eigene Begrenzung: Als die schöne Lais, die immer eine Distanz zu ihren Freunden und zu ihren eigenen Gefühlen bewahrte, von einer leidenschaftlichen Liebe erfaßt wird, verschwindet sie aus dem Gesichtskreis des Romans, wodurch die Grenze einer Welt bezeichnet wird. Wo die Tragik und die völlig unironische Leidenschaftlichkeit auftritt, hat die komische Reflexion der aufklärerischen Epik ihre Macht verloren. Wieland hat aber in seinem Konzept einer komischen Aufklärung eine Position erreicht, die aus heutiger Sicht, das heißt aus der Perspektive einer Postmoderne, die um die Bedeutung der Vielfalt und um die Unmöglichkeit eines dogmatischen Wahrheitsbegriffs weiß, aktueller ist als nach der Meinung vieler, denen Wieland schon damals altmodisch vorkam.

# 10
# Aspekte der Spätaufklärung

Den führenden Gestalten einer kritisch-skeptischen Aufklärung, Lessing und Wieland, ist es gelungen, die Absage an dogmatische und normative Positionen in Ethik, Erkenntnistheorie und Religionsphilosophie mit einer nüchternen Haltung zu verbinden, die auch angesichts des Verlusts verbindlicher Sicherheiten einen gewissen Glauben an die Möglichkeiten des Menschen und seiner Entwicklung bewahrte. Wo Lessing trotz der entmutigenden Konfrontationen mit der Intoleranz und der nackten Machtpolitik der kirchlichen Orthodoxie noch die Perspektiven einer *Erziehung des Menschengeschlechts* skizzierte, reflektierte Wieland im *Oberon* über die säkulare Macht der Liebe und entwarf in seinem Altersroman *Aristipp und einige seiner Zeitgenossen* das Bild eines heiteren, antiplatonischen Epikureismus, der sich vor einer unbedingten Leidenschaft in einer reflektierten Ethik des Maßhaltens verschließt. Der Spätaufklärung, wenn wir mit diesem Terminus Tendenzen der Literatur etwa ab 1770 bezeichnen dürfen (und einiges spricht dafür, eine ziemlich heterogene Gruppe von Autoren unter diesem Begriff zu subsumieren, wenn diese sich sowohl gegen die Geniebewegung des Sturm und Drang als auch gegen die Autonomieästhetik von Weimarer Klassik und Frühromantik sperrten), gelang es nicht mehr, eine solche Gelassenheit und eine solche allumfassende Position zu bewahren. Wir beobachten in dieser Zeit bei ganz verschiedenen Autoren ein Festhalten an einzelnen Aspekten der Aufklärung, bei einigen eine radikalisierende Zuspitzung gewisser Elemente des aufklärerischen Denkens und Schreibens, die verständlich macht, warum die jüngere Generation in den neuen Bewegungen neue Perspektiven suchte. Ein genauer Blick auf die Spätaufklärung zeigt aber auch, daß wir es hier mit Positionen zu tun haben, die nicht nur pflichtschuldig erwähnt werden müssen. Wenn einerseits die literarhistorische Betrachtung den Übergang der wirkungsästhetischen Konzepte der Aufklärung zur produktionsorientierten Genieästhetik des Sturm und Drang und zur Werkästhetik der »Kunstperiode« (Heine) plausibel zu machen vermag, so kann sie andererseits verdeutlichen, daß diejenigen, die bei dieser Entwicklung abseits standen, in ihrem Festhalten an aufklärerischen Grundpositionen ebenfalls plausible Argumente auf ihrer Seite hatten. Wezel, Moritz, Heinse, Lichtenberg und Forster standen wie viele andere zumindest mit wesentlichen Aspekten ihres Schaffens noch im Kontext einer Aufklärung im engeren Sinne, und es ist längst obsolet, mit Blick auf den »Geist der Goethezeit« (Korff) die Zeitgenossen der ›Olympier‹ mit Verachtung zu strafen.

Trotz diesem grundsätzlichen Vorbehalt ist an Überlegungen zu erinnern, die unsere Darstellungen zu Lessing und Wieland sowie zum satirischen Roman bestimmt haben. Die Entwicklung vom dogmatischen Vernunftbegriff und Wahrheitsverständnis des Rationalismus hin zu einem differenzierten Relativismus und Skeptizismus bedeutete eine Krise der aufklärerischen Wirkungsästhetik. Wenn diese im empfindsamen Roman und im bürgerlichen Trauerspiel Parteinahme für die Tugend und eine Verbesserung des Menschen durch das Mitleiden erwartete, so zeigte sich im Perspektivismus der avancierten literarischen Texte auch Verständnis für die vermeintlichen Gegner der Tugend; wenn im satirischen Roman eine Veränderung der »empörenden Verhältnisse« (Schiller) bewirkt werden sollte, so artikulierte sich angesichts des Fehlens eines absoluten Maßstabs, der die Richtung einer Veränderung angeben sollte, ein Zweifel an der Möglichkeit einer alle befriedigenden Einrichtung der Verhältnisse. Allgemein gesprochen: Der im Rationalismus vorausgesetzte Konsens aller vernünftigen Subjekte war in Frage gestellt, und dies bezog sich auch auf die Relation zwischen Autor/Erzähler und Leser. Wenn ein solcher Konsens aber nicht mehr hergestellt werden konnte, wenn die ›Lehre‹ der avancierten aufklärerischen Texte lediglich in einer allgemeinen Wendung gegen Dogmatismus und Intoleranz bestand, dann herrschte keinerlei Klarheit mehr über die Möglichkeit einer ›vernünftigen‹ Einrichtung der Welt. So ist es nicht verwunderlich, daß desillusionierte Positionen vertreten werden, in denen der kritische Impuls der Aufklärung zwar wirksam bleibt, aber jede konstruktive Perspektive verschwindet. Besonders virulent war dabei in der ›schwarzen Aufklärung‹ ein anthropologischer Pessimismus, der aus der auch schon bei Wieland erkennbaren moralkritischen ›Entlarvungspsychologie‹ den Schluß zog, daß der Mensch grundsätzlich nicht zu moralischem Verhalten fähig und ihm insofern jede Schlechtigkeit zuzutrauen sei. (Daß von dieser radikalisierten Aufklärung über die ›schwarze Romantik‹ ein direkter Weg zu der bei Nietzsche etwa in der *Genealogie der Moral* zu erkennenden Entlarvungspsychologie führt, sei nur am Rande vermerkt.) Der desillusionierte Blick auf die empirische Wirklichkeit und die skeptische Einsicht in den Pluralismus möglicher Perspektiven auf ›die Welt‹ konnte nun zu einer Abwendung von dem pragmatischen Geist der Aufklärung führen und eine Position plausibel machen, nach welcher die Kunst und die Literatur der problematischen Wirklichkeit eine autonome Welt entgegenzusetzen habe, um so wenigstens im Schein des Ästhetischen eine Befreiung von den Zwängen der empirischen Welt zu ermöglichen. Besondere Plausibilität schien dieser Gedanke zu gewinnen, als die deutschen ›Zuschauer‹ sich über den problematischen Verlauf der Französischen Revolution im klaren wurden. Diese schien zunächst eine Verbesserung der gesellschaftlichen Verhältnisse nach den Prinzipien der Aufklärung zu ermöglichen, führte aber nach dem Eindruck der deutschen Beobachter in einen Zustand schlimmer Anarchie und Unterdrückung, der die niederen Instinkte der Menschen zu befreien schien. Es ist aufschlußreich, daß in den Bemerkungen Schillers und Klopstocks zur Französischen Revolution ein ähnlicher Pessimismus erkennbar ist wie derjenige, der Wezels radikale Anti-Theodizee *Belphegor* charakterisiert. Während jedoch der Weimarer Ästhetiker aus diesem Befund gerade den Schluß zog, daß es notwendig sei, eine von den prosaischen Verhältnissen der ›Welt‹ abgewandte Kunst und Literatur zu befördern, blieben die Spätaufklärer bei ihrer Meinung, daß eine Fortsetzung der kritischen Analyse konkreter Verhältnisse und Verhaltensweisen unverzichtbar sei. So sind Weimarer Klassik und Spätaufklärung keine voneinander getrennten Erscheinungen, sondern beide Richtungen repräsentieren diametral verschiedene Reaktionen auf eine kritische Analyse zeitgenössischer Wirklichkeit.

Die radikale Verkörperung einer ›schwarzen Aufklärung‹ zeigt uns Wezels bereits mehrfach erwähnter Roman *Belphegor*. Anthropologischer Pessimismus und eine satirische Reserve gegenüber einer empfindsamen Reaktion auf die ›unmoralischen‹ Verhaltensweisen der Menschen verbinden sich zu einer rundum pessimistischen Diagnose der Zeit und der menschlichen Verhältnisse. Zu betonen ist, daß die Figurengestaltung Wezels unmittelbar den Postulaten der psychologischen Wahrscheinlichkeit und Plausibilität entspricht, die Wieland in seiner Vorrede des *Agathon* dargelegt hatte und denen Blanckenburg in seinem *Versuch über den Roman* eine theoretische Formulierung gegeben hatte. Der den Geist einer optimistischen Aufklärung kennzeichnende Versuch, Empirisch-Faktisches und Normatives zu verbinden, die Plausibilität der Analyse mit dem Gedanken einer zielgerichteten Entwicklung zu versöhnen, mißlingt in Wezels *wahrscheinlichster Geschichte unter der Sonne*, und dies ist nicht das Scheitern von Autor oder Erzähler, sondern das Ergebnis einer vorurteilslosen Sicht auf die Welt. (Daß Wezel auch über andere erzählerische Verfahren angesichts einer sinnfernen Kontingenz der Welt verfügte, zeigt der von uns bereits erörterte ›Märchenschluß‹ von *Hermann und Ulrike*.)

Gegenüber einem solchen illusionslosen Blick auf die problematische Konstellation der Spätaufklärung konnte das Beharren auf einmal besetzten Positionen nur als Erstarrung verstanden werden. Friedrich Nicolai, der 1756/57 mit Lessing und Mendelssohn den innovativen *Briefwechsel über das Trauerspiel* geführt hatte, war im Jahre 1773 mit seinem satirischen Roman *Das Leben und die Meinungen des Sebaldus Nothanker* nicht nur ein Publikumserfolg gelungen; seine satirische Wendung gegen Schwärmerei und religiösen Dogmatismus trug ihm auch die Anerkennung anspruchsvoller Kritiker ein. Auch die Organisation der *Allgemeinen Deutschen Bibliothek* (1765–92, Fortsetzung als *Neue Allgemeine Deutsche Bibliothek* 1793–1805), eines Rezensionsorgans, das fast alle in Deutschland erschienenen Bücher berücksichtigte, konnte als Beitrag zur Schaffung einer diskutierenden Öffentlichkeit nur positiv bewertet werden. Mit den Jahren wurde Nicolais Position und mit ihm die Berliner Spätaufklärung selbst dogmatisch und starr. Der Einsatz für Toleranz und Meinungsfreiheit in Wissenschaft und Religion, der auch die von Nicolai besuchte »Mittwochsgesellschaft« kennzeichnete (mit der Zeitschrift *Berlinische Monatsschrift*, 1783–96), vollzog sich immer noch im Geist der Aufklärung; die Wendung gegen neuere Entwicklungen wie den Subjektivismus in Goethes *Werther* und die kritische Transzendentalphilosophie Kants reduzierte das Denken der Aufklärung auf einen platten Zweckrationalismus und auf eine phantasielose Verteidigung des gesunden Menschenverstandes. Gegen *diese* Form der Aufklärung, die sich in ihrer Erstarrung selbst überlebt hatte, konnten die Jüngeren in der Weimarer Klassik und Frühromantik mit Recht polemisieren.

Von besonderem Interesse für das differenzierte Bild der Spätaufklärung in ihrem Verhältnis zur sich ausbildenden

Weimarer Klassik ist die Gestalt des Karl Philipp Moritz (1756–93). Dieser hat mit seiner Konzeption der »Erfahrungsseelenkunde« ein genuin aufklärerisches Anliegen verfochten, indem er sich darum bemühte, psychische Verhaltensweisen durch empirische Untersuchungen verständlich zu machen. Dieses Programm setzte er mit dem autobiographisch geprägten Roman *Anton Reiser* in literarische Praxis um, und er zeigte damit, wie weit die Selbstkritik einer radikalen Aufklärung gehen konnte: Zwei Jahre nach Kants Rede vom »Ausgang des Menschen aus seiner selbstverschuldeten Unmündigkeit« akzentuierte Moritz die soziale Bindung des Menschen und präsentierte einen Fall, in dem die Überwindung der Unmündigkeit an den erdrückenden Verhältnissen scheitert. Der »psychologische Roman« betont also die soziale Einbindung des empirischen Subjekts und deren Einfluß auf die gelingende oder scheiternde Emanzipation des Menschen.

Es ist aber derselbe Karl Philipp Moritz, der auf seiner Italienreise (1786–88) mit Goethe zusammentrifft und 1788 mit der Schrift *Über die bildende Nachahmung des Schönen* eine erste theoretische Bestimmung der Kunstautonomie gab, die für die sich ausbildende Weimarer Klassik charakteristisch wurde. Das Schöne der Kunst erscheint dabei als das der geschichtlichen, von Zerstörung gezeichneten Welt abgerungene, nur sich selbst verpflichtete Gebilde voll innerer Vollkommenheit; das autonome Kunstschöne figuriert als die Befreiung aus den Aporien der aufklärerischen Reflexion. In ihm fänden die destruktiven und die konstruktiven Kräfte des Menschen ein Gleichgewicht, das sie in der auf Egoismus hin orientierten Welt der Zwecke und des Nutzens nicht erzielen können. Die Wirkungsästhetik, die von der Rezeption des Kunstwerks eine Veränderung des empirischen Menschen und seiner Verhältnisse erwartete und die eine entscheidende Grundlage der aufklärerischen Literatur bildete, kann in diesem Kontext keinen Bestand mehr haben; sie wird durch eine Werkästhetik ersetzt, in welcher der Vollkommenheit des ästhetischen Gebildes utopische Qualitäten zukommen.

Interessant ist freilich die Frage nach dem Verhältnis von Erfahrungsseelenkunde und desillusionierter pragmatischer Romanpsychologie einerseits und der Theorie der autonomen Kunst andererseits. Die traditionelle Interpretation, Moritz habe die aufklärerische Position durch die Begegnung mit Goethes Genie ›überwunden‹, kann nicht befriedigen und wird auch von der neueren Forschung verworfen. Dagegen spricht bereits die Tatsache, daß Moritz die Fortsetzung des *Anton Reiser* nach der Italienreise und nach der Autonomie-Schrift publiziert hat. Auszugehen ist eher von einem dialektischen Verhältnis zwischen aufklärerischer Analytik und ›klassischer‹ Autonomieästhetik: Moritz konstatiert illusionslos, daß die empirische Welt von prosaischen Gesetzen regiert wird, deren Gültigkeit auch die ›Aufklärung‹ der Menschen nicht verändern kann; er sieht zwar in der konkreten psychologischen Analyse von Kunstrezeption in Lektüre und Theater deren kompensatorischen Charakter, erkennt aber in der Form des autonomen Kunstwerks ein Bild der inneren Harmonie und Geschlossenheit, das für den Menschen einen Modellcharakter gewinnen kann – nicht indem es auf das empirische Leben wirkt, sondern indem es in der ästhetischen Erfahrung, in der Welt des Scheins eine Versöhnung darstellt, um deren fiktiven Charakter der kritische Psychologe zwar weiß, deren Wert aber selbst durch diese Einschränkung nicht in Frage gestellt wird. So können Moritz und sein Werk die Gleichzeitigkeit und gegenseitige Begrenzung von Spätaufklärung und »Kunstperiode« plausibel machen; es zeigt sich, daß ein und derselbe Autor *gleichzeitig* die kritische Analyse empirischer Verhältnisse und die Kontemplation in sich ruhender vollkommener Formen propagieren und vollziehen kann. Wie sich die Autonomieästhetik aus der Krise einer allzu eindimensional verstandenen aufklärerischen Wirkungsästhetik ergibt, die auf die Besserung des Menschen durch die aufklärerische Literatur und Publizistik hofft, erscheint in diesem Kontext völlig plausibel.

Deutlich wird aus diesen Überlegungen aber auch, daß die pragmatische Literatur der Spätaufklärung durch die Existenz einer den Gesetzen der Autonomieästhetik folgenden Literatur nichts von ihrer prinzipiellen Berechtigung verloren hat. Aus heutiger Perspektive jedenfalls erscheint etwa das Votum Schillers, wonach in seiner Zeitschrift *Die Horen* (1795/96) politische und gesellschaftliche Themen keine Erwähnung finden sollten, nicht als die einzig mögliche Antwort auf die fortbestehende Unzufriedenheit mit den konkreten Verhältnissen der Zeit. Im Gegenteil zeigte sich in der Literatur der Spätaufklärung eine Richtung, die sich unmittelbar aus den Tendenzen der aufklärerischen Literatur ergibt und die mittelbar auch schon im *Anton Reiser* wirksam war: nämlich eine Neigung zum autobiographischen Schreiben. Dieses hatte sich durch den Einfluß der pietistischen Lebensbeichten verstärkt, unter deren Einfluß noch deutlich die *Lebensgeschichte* des Johann Heinrich Jung-Stilling (1740–1817) steht, deren erster Teil *Heinrich Stillings Jugend* (1777) von Goethe redigiert und gewöhnlich im Kontext des Sturm und Drang rezipiert wurde. Grundlage der pietistisch beeinflußten Autobiographie ist ein Erweckungserlebnis, das als Wendepunkt des eigenen Lebens angesehen wird, und ein Vorsehungsglaube, der auch die Zufälle des eigenen Lebenslaufes als Resultate eines überlegenen göttlichen Willens interpretiert.

Charakteristisch für den Geist der Spätaufklärung sind demgegenüber autobiographische Texte, die in Analogie zu Moritz' *psychologischem Roman* die Abhängigkeit des einzelnen von den sozialen und ökonomischen Bedingungen der (feudalen) Gesellschaft akzentuieren und dabei den Gedanken einer individuellen Entwicklung des Ich, die an eine immanente Teleologie gebunden ist, als illusionäre Anmaßung rationalistischer oder theologischer Ideologie entlarvt. In diesem Zusammenhang ist die Gestalt des Schweizers

Ulrich Bräker (1735–98) von besonderem Interesse. Als »literarischer Außenseiter aus dem literarischen Untergrund« (Walter Hinderer) stellt der Tagelöhner, Söldner, Deserteur und Baumwollgarnhändler in seiner Autobiographie *Lebensgeschichte und Natürliche Ebentheuer des Armen Mannes im Tockenburg* (1789) tatsächlich so etwas wie ›Geschichte von unten‹ dar. Illusionslos und nüchtern, dabei voller satirischer Aggressivität berichtet Bräker von seinen Erfahrungen, die belegen, wie weit die soziale Wirklichkeit der zweiten Hälfte des 18. Jahrhunderts von den Idealen der Aufklärung entfernt war. Das Ich der Autobiographie erweist sich hier als Spiegel der Zeit und nicht als Subjekt einer anspruchsvoll-individuellen Lebensgeschichte, die den Anspruch erheben würde, unwiederholbar-einzigartig zu sein. Eine im Kontext des rousseauistischen Natürlichkeitsideals zu verstehende, aber jeder Idealisierung des naturhaften Lebens fernstehende Unmittelbarkeit und Frische des Ausdrucks bedingt den Verzicht auf eine literarisch konventionelle Formung des Textes zugunsten des Anspruchs auf Authentizität des dargestellten Geschehens. War der Siebenjährige Krieg für Gleim der Anlaß gewesen, die Tändeleien der Anakreontik zugunsten einer preußisch-patriotisch gestimmten Kriegslyrik aufzugeben, so zeigt Bräkers Schilderung der Schlacht bei Lowositz (1756) exemplarisch die Charakteristika einer ›Geschichte von unten‹, die auf jede Heroisierung und Überhöhung des Geschehens verzichtet und den Schrecken des Krieges in eindrucksvoller Manier bloßstellt:

> Um 6. Uhr gieng schon das Donnern der Artillerie sowohl aus unserm Vordertreffen als aus den *Kaiserlichen* Batterien so gewaltig an, daß die Kanonenkugeln bis zu unserm Regiment (das im mittlern Treffen stuhnd) durchschnurrten. Bisher hatt' ich immer noch Hofnung, vor einer Bataille zu entwischen; jetzt sah' ich keine Ausflucht mehr weder vor noch hinter mir,

> weder zur Rechten noch zur Linken. Wir rückten inzwischen immer vorwärts. Da fiel mir vollends aller Muth in die Hosen; in den Bauch der Erde hätt' ich mich verkriechen mögen, und eine ähnliche Angst, ja Todesblässe, las' man bald auf allen Gesichtern, selbst deren, die sonst noch so viel' Herzhaftigkeit gleichsneten. [. . .]
>
> Und nun gieng in der Ebene das Gefecht von neuem an. Aber wer wird das beschreiben wollen, wo jetzt Rauch und Dampf von *Lowositz* ausgieng, wo es krachte und donnerte, als ob Himmel und Erde hätten zergehen wollen; wo das unaufhörliche Rumpeln vieler hundert Trommeln, das herzzerschneidende und herzerbebende Ertönen aller Art Felsmusick, das Rufen so vieler Commandeurs und das Brüllen ihrer Adjutanten, das Zetter- und Mordiogeheul so vieler tausend elenden, zerquetschten, halbtodten Opfer dieses Tages alle Sinne betäubte!
>
> (Zit. nach: *Die deutsche Literatur vom Mittelalter bis zum 20. Jahrhundert*, Bd. 4, 1106, 1108)

Diese Textpassagen belegen den ›realistischen‹ Charakter der spätaufklärerischen Texte; sie zeigen, daß gerade zu der Zeit, als der ›Höhenkamm‹ der sich entwickelnden Literatur der Weimarer Klassik die Tendenz der Idealisierung und Stilisierung bevorzugte (vgl. Goethes *Iphigenie*), eine durchaus sprachmächtige Schreibweise vorhanden war, die sich der *praktischen, realen Misere* widmete und jede ästhetische Idealisierung abwehrte.

Ähnliches gilt für den ›Magister‹ Friedrich Christian Laukhard (1758–1822), einen scharfen Kritiker von Schillers Konzept einer ästhetischen Erziehung, der seine abenteuerliche, durchaus auch von Disziplin- und Haltlosigkeit gezeichnete Lebensgeschichte zu einem Spiegel der Zeitgeschichte machte. Die sehr umfangreichen Texte von *Leben und Schicksale* (5 Teile, 1792–1802), die schon im Titel die

Absage an die Illusion der Bedeutsamkeit einer individuellen Existenz unterstreichen, dokumentieren bereits durch ihre Form die Abhängigkeit ihres Autors von sozialen Problemen und ökonomischen Mechanismen: Laukhard macht keinen Hehl daraus, daß er allein schon aus finanziellen Gründen, das heißt um eines höheren Honorars willen, auch einmal einen Bogen mehr vollschreibt. Von Rousseaus *Confessions* insofern beeinflußt, als er vor einer Offenlegung möglicherweise peinlicher Details der eigenen Empfindungen und Verhaltensweisen nicht zurückschreckt, geht es Laukhard ebenso wenig wie Bräker primär um die Selbstdarstellung, um die narzißtische Beschäftigung mit dem eigenen Ich; vielmehr sollen die Widersprüche der Epoche in der offenbaren Zerrissenheit dieser Schilderung zum unverfälschten Ausdruck kommen. Das rüde Leben und Treiben der Studenten an den deutschen Universitäten, die dort herrschende geistige Enge, die Grausamkeit unzurechnungsfähiger Winkeldespoten in der Pfalz, das Elend der bäuerlichen Bevölkerung in Hessen-Kassel und der Verkauf der männlichen Jugend als Militär nach Amerika – dies alles sind Facetten der Lebensdarstellung Laukhards, die zu einem kritischen und ungeschminkten Bild der zeitgenössischen Wirklichkeit beitragen. Typisch für die Literatur der Spätaufklärung erscheint dabei zweierlei: Einerseits bleibt der aufklärerische Impuls wirksam, der den »Ausgang des Menschen aus seiner selbstverschuldeten Unmündigkeit« in der schonungslosen Darstellung von Repression und Unfreiheit implizit als praktische Notwendigkeit einfordert, andererseits verweigert sich Laukhard jeder Synthetisierung von Widersprüchen und jeder optimistischen Hoffnung auf eine Überwindung der eindringlich beschriebenen Mißstände. Dieser skeptisch-illusionslose Zug wendet sich auch gegen das schreibende Ich selbst, dessen Opportunismus und fehlende Zivilcourage keineswegs verschwiegen wird, was sich zum Beispiel daran zeigt, daß sich Laukhard zunächst am militärischen Einsatz für die Französische Revolution beteiligt, dann aber in die Armee der Emigranten eintritt.

Ähnlich wie Bräker bemüht sich Laukhard um eine ›realistische‹ Darstellung der Kriegsgreuel. Von besonderem Interesse ist die zeitgeschichtliche Darstellung der Revolutionszeit, die Laukhard zu einem großen Teil als unmittelbarer Zeuge miterlebt hat. In den *Briefen eines preußischen Augenzeugen* beschreibt er das Feldlazarett zu Longwy:

> Ich trat also in eine Stube, fand sie übermäßig hitzig und einen recht mephitischen Gestank darin. Da lagen an die *zwanzig* Kranke, meist alle an der Disenterie. Wer noch gehen konnte, entleerte sich vor der Thür; den übrigen entgieng alles, wie es kam, in den Strohsack. Hieraus erwuchsen Maden, und die armen Leute wurden hie und da ihr Raub. Die Krankenwärter waren Theils zu wenig, theils zu weich, um alles rein zu halten. Ganz faule Strohsäcke wurden jedoch fortgeschmissen, und durch neue ersetzt, wenn der Kranke noch lebte; wenn er aber starb, wie dieß meist geschah, so wurde der Sack mit dem Verstorbenen weggeschleppt, bis letzterer, so wie er weg war, zur Grube gebracht wurde. Sogar ein Hauptmann lag zu Longwy im Stalle mitten im Schweinekoth, bis sich ein Freund seiner annahm und ihn begraben ließ.
>
> (Zit. nach: Weiß, B 3: 1992, 3,68)

Laukhards desillusionierte und skeptische Grundhaltung, die als ein typischer Grundzug der Spätaufklärung anzusehen ist, bringt ihn auch in eine skeptische Distanz zu den gewaltsamen Ausbrüchen, die den Verlauf der Französischen Revolution kennzeichnen. Trotz seiner Sympathie für die Opfer der feudalistischen Politik wird er letztlich nicht zum aktiven Jakobiner, sondern bemüht sich um die unparteiische Objektivität eines Augenzeugen, der lediglich Partei ergreift für die Leidenden, sich aber jeglicher Legitimierung von Gewaltherrschaft verweigert. Um so interessanter ist seine Beurteilung der Jakobinerherrschaft, die sich im 1797 erschienenen vierten Teil von *Leben und Schicksale* findet:

> Daß der Jakobinismus an schrecklichen Auftritten Schuld war, ist außer allem Zweifel: ich selbst habe Scenen gesehen, und von andern, die ich nicht gesehen habe, Folgen wahrgenommen, bey deren Andenken mir die Haut noch schaudert. Also war der Jakobinismus allerdings ein Uebel, ein schreckliches Uebel: aber war er ein nothwendiges Uebel?
>
> (Zit. nach: Weiß, B 3: 1992, 3,98)

Diese ›Gretchenfrage‹ des ausgehenden Jahrhunderts wirft ein Grundproblem auf, das sich auf das Verhältnis von Aufklärung und Französischer Revolution bezieht: Die gewaltsame Umwälzung des politischen Systems in Frankreich stand in der Tradition der Aufklärung; die Ideen von Freiheit, Gleichheit und Brüderlichkeit, von Demokratie und Menschenrechten ließen sich aus den Schriften der Aufklärer ableiten. Wie das Beispiel von Klopstocks Revolutionspoesie zeigte, befürworteten zahlreiche deutsche Intellektuelle die Anfänge des revolutionären Prozesses. In der Tradition der Aufklärung stand aber auch ein evolutionäres Denken, das auf eine langsame, gewaltlose Entwicklung, auf Erziehung und schrittweise Aufklärung von Herrschern und Volk setzte und aus diesem Grunde die gewalttätigen Exzesse der Französischen Revolution (fast immer seit der Enthauptung des Königs) vehement ablehnte. Es gab zwar deutsche Jakobiner – aber sie waren insbesondere im Bereich der ›Dichter und Denker‹ eine Minderheit, während die Mehrzahl der Beobachter nach anfänglichen Sympathien deutliche Distanz gegenüber dem bewahrten, was sie wie Schiller in den Briefen *Über die ästhetische Erziehung des Menschen* als die Zügellosigkeit des Pöbels ansahen. Vor diesem Hintergrund ist Laukhards Versuch, die Ereignisse »mit Unpartheilichkeit« zu beurteilen, die bemerkenswerte Bemühung eines Außenseiters, die abstrakte Position einer ohne Bezug auf die konkreten Verhältnisse urteilenden Vernunft zugunsten einer differenzierten Bewertung der politischen Verhältnisse und Konstellationen zu überwinden:

> Wäre freilich durch Gesetze und in rechtlicher Form das zu erhalten gewesen, was man durch Strenge und Schrecken zu erzwingen suchen mußte, so wäre der Jakobinismus, oder wie man ihn seit 1794 auch heißt, der *Terrorismus*, eben so abscheulich, als die *Bartholomäusnacht*. Aber bey der schrecklichen Alternative, *entweder* wieder ins alte Joch des Despotismus, der Pfafferey und der Tyranney des Adels noch sklavischer als zuvor zurückgeworfen zu werden, *oder* frey zu werden und zu bleiben, findet der Menschenfreund tausend Gründe, das Schreckenssystem zu rechtfertigen und zu entschuldigen, ohne jedoch die fürchterlichen Excesse gutzuheißen, welche so häufig vorgefallen sind, ob er sich gleich auch hiebey erinnert, daß wenn man eine Saite zu sehr spannt, man sich eben nicht wundern darf, wen sie zerspringt, und dem unvorsichtigen Spanner ins Auge schlägt.
>
> (Zit. nach: Weiß, B 3: 1992, 3,101)

Bedeutsam ist die Tatsache, daß Laukhard sich zumindest darum bemüht, nicht nach abstrakten Prinzipien zu urteilen, sondern daß es ihm darum geht, als »Menschenfreund« die konkreten politischen und sozialen Verhältnisse zu untersuchen und dann die Frage zu stellen, ob sich die Gewaltausbrüche als Folge der Unterdrückung von Freiheit im feudalistischen System verstehen lassen. In *dieser* Hinsicht stimmt mit Laukhard sogar der politisch eher konservative Aufklärer Wieland überein, der sich in seinen zahlreichen Schriften zur Französischen Revolution trotz seiner zumindest ab 1792 persönlichen negativen Haltung darum bemüht, eine vorurteilslose und sachorientierte Reflexion über die Ereignisse anzuregen. In einem Text aus dem Jahre 1792 schreibt Wieland:

Die Französische Staatsrevolution ist – *eine geschehene Sache.* Die Frage, ob die Nation dazu *berechtigt* gewesen sei? Scheint mir, da geschehene Dinge nicht zu ändern sind, eben so *überflüssig* zu sein, als sie, wegen des Mißbrauchs, der von *Bejahung* oder *Verneinung* desselben gemacht werden kann, *gefährlich* ist. Genug sowohl für uns, als für die, welche *Gewalt über uns haben,* – daß Staatsrevolutionen überhaupt *nichts sehr ungewöhnliches* sind; – daß sie (wie alle andere Weltbegebenheiten) Wirkungen natürlicher Ursachen sind, und in den meisten Fällen nach einem *so notwendigen Naturgesetz* erfolgen, daß ein Kenner und scharfer Beobachter der menschlichen Dinge beinahe mit Gewißheit vorher sagen könnte, wo und *wann* sich dergleichen ereignen müßten.

(Zit. nach: Hermand, *Von deutscher Republik 1775–1795,* 1,165 f.)

Der skeptische Grundzug, den wir in Wielands dichterischem Werk hervorgehoben haben, und die Neigung, die Geschichte eines Individuums in die psychologischen und sozialen Konstellationen einzufügen, die es charakterisieren, wird ganz im aufklärerischen Geiste auf die Beurteilung politischer Ereignisse übertragen, bei der es Wieland nicht um eine abstrakte moralische oder politische Bewertung geht, sondern darum, die Gesetzmäßigkeiten nachzuvollziehen, die zu den in Frage stehenden Ereignissen geführt haben. Aus dieser Perspektive besteht eine tiefe Kluft zwischen der skeptischen Reflexion des Aufklärers, die in der *Theorie* verbleibt, und der *Praxis* der politischen Akteure, die häufig gerade nicht von der Einsicht in die Gesetze bestimmt ist, die das historische Geschehen beherrschen. Daß aber aufklärerische Reflexion und politische Praxis sich nicht ausschließen, daß sich die nüchterne Einsicht in die Widersprüche der politischen Prozesse auch mit einer sehr realistischen und illusionslosen Option für eine politische Praxis verbinden kann, zeigt die Figur Georg Forsters (1754–94), dessen literarische und politische Position exemplarisch die Perspektiven und Aporien der Spätaufklärung aufzeigen kann.

In einer Passage seiner *Ansichten vom Niederrhein* bestimmt Forster selbst die komplexe Fassung seines eigenen Aufklärungsverständnisses, das an die Stelle abstrakter Begriffe den Primat der Erfahrung, an die Stelle dogmatischer Fixierungen die skeptische Reflexion und an die Stelle selbstgenügsamer Kontemplation eine Option für das praktische Handeln setzt, die gleichwohl die Grenzen und Aporien des ›Engagements‹ nicht verleugnet:

> Alle absoluten Bestimmungen sind Werke der Spekulation, und nicht von dieser Welt; hier hängt alles von Verhältnissen und Umständen ab; das Wahre und Gute entlehnt, wie Recht und Gerechtigkeit, seine Farbe von der Zeit und den Dingen. Die Beistimmung der Welt zu unseren *Grundsätzen* können wir daher nicht erzwingen; allein die Schuld ist an uns, wenn sie unserm *Charakter* keine Hochachtung zollt. Besser ist es, die Waffen für eine gute Sache nicht ergreifen, als wenn man sie einmal ergriffen hat, nicht lieber mit den Waffen in der Hand zu siegen oder zu sterben.
>
> (Forster, W 2,625)

Mit diesen Worten charakterisiert Forster in brillanter Weise sein eigenes Schaffen und in geradezu prophetischer Haltung seinen weiteren Lebenslauf. Berühmt wurde der in der Nähe von Danzig geborene Georg Forster dadurch, daß er zwischen 1772 und 1775 als junger Mann in Begleitung seines Vaters an der Weltumsegelung James Cooks teilnahm. Seine erste Schrift *Reise um die Welt* (zuerst englisch 1777, deutsch 1778–80) gibt nicht nur eine lebhafte Schilderung dieses für die Zeitgenossen geradezu unglaublichen Erlebnisses; sie zeigt bereits, daß der junge Autor einen wachen Forschergeist im Bereich der Naturkunde mit einem allumfassenden Interesse an allen Aspekten des Menschseins verbindet und daß er durch seine Erfahrungen und seine Lektüren auf der Höhe einer europäischen Debatte steht, die etwa in den Schriften des Seefahrers und Tahiti-

Johann Reinhold Forster und sein Sohn
Georg Adam Forster
Stich (1782)

Reisenden Bougainville, in deren kritischer Reflexion durch Diderot und in den kulturkritischen Thesen Rousseaus ihren Ausdruck findet. Forster zeigt bereits in dem frühen Text, daß seine Beobachtungsgabe und starke Reflexionsfähigkeit sich nicht nur auf den Bereich der Naturwissenschaft, vor allem der Botanik, beschränkt, daß er vielmehr in der Lage ist, ganz im Sinne eines Modells einer umfassenden Kulturwissenschaft die verschiedenen Tätigkeitsbereiche und Dimensionen des Menschseins in einer integralen Betrachtungsweise zu verbinden, die den abstrakten Begriffen der rationalistischen Philosophie polemisch entgegengesetzt ist, aber auch etwa Thesen Rousseaus von der Vorbildlichkeit ›natürlicher‹ Zustände am Material der konkreten Beobachtung und Erfahrung kritisch überprüft. Indem Forster am Beispiel des vermeintlichen Südseeparadieses Tahiti *sowohl* die Beschreibung des ›einfachen‹ Lebens von dessen Bewohnern kulturkritisch gegen problematische Zustände und Mentalitäten der Europäer wendet *als auch* gegenüber Ausbeutung und Herrschaftsmechanismen der Inselgesellschaften eine kritische Distanz bewahrt, entwickelt er den Reisebericht zu einer literarischen Darstellungsweise, mit der es ihm gelingt, die verschiedenen Facetten eines Phänomens sowie dessen Widersprüchlichkeit und Ambivalenz sprachlich und formal präzise zu charakterisieren. Er knüpft damit implizit an die Tradition der europäischen Essayistik an, wie sie sich besonders bei Michel de Montaigne (1533–1592) zeigt, dessen *Essais* (zuerst 1580) sich nicht selten aus der Beschreibung von Reisen entwickelt haben. Die Haltung Forsters – seine wissenschaftliche Neugier, sein Skeptizismus, der gegenüber Dogma und System ein fundamentales Mißtrauen bewahrt, sein Sensualismus, der jede abstrakte Begriffsbildung in Frage stellt, seine Fähigkeit, mit sprachlicher Präzision die Vieldeutigkeit eines Phänomens zu beschreiben – machen ihn zu einem bedeutenden Nachfolger Lessings, Wielands und Herders und weisen ihn neben Lichtenberg als den bedeutendsten Vertreter der Spätaufklärung aus, bei der die dogmatischen Tendenzen der rationalistischen Frühaufklärung endgültig überwunden und die Selbstreflexion auf die Grenzen eines abstrakten Vernunftgebrauchs zur Grundlage des Denkens und Schreibens geworden ist. Im Vergleich zu Wezel, zum Moritz des *An-*

*ton Reiser*, aber auch zu Bräker und Laukhard fällt bei Forster auf, daß der Skeptizismus und die Absage an die ›großen Erzählungen‹ der allumfassenden aufklärerischen Welterklärungssysteme nicht zu einer pessimistischen Weltsicht führen, daß vielmehr der ›Erfahrungshunger‹ und das Interesse an den vielfältigen Phänomenen in Natur und Menschenwelt zu einer fröhlichen Neugier werden, die auch die Widerständigkeit des einzelnen Phänomens gegen eine umfassende Sinnzuweisung hinzunehmen in der Lage ist. Daß die Konfrontation dieser skeptisch-offenen und toleranten Haltung mit der politischen Praxis, die eindeutige Entscheidungen verlangt, Forsters letzte Lebensjahre verdüsterte, widerspricht dieser Feststellung nicht, darf aber bei der Betrachtung seines Lebenswerkes nicht vergessen werden.

Forsters Werk umfaßt neben der Beschreibung der gemeinsam mit Cook gemachten Reise und neben zahlreichen naturwissenschaftlichen und geographischen Werken eine Würdigung *Cook der Entdecker* (1787), zahlreiche Essays, in denen ähnlich wie bei Montaigne häufig die Beschäftigung mit banal erscheinenden Gegenständen zum Anlaß von geistreichen, ironischen und sprachlich virtuosen Darstellungen wird (*Über Leckereyen*, 1789). Als ein Hauptwerk gelten müssen die *Ansichten vom Niederrhein, von Brabant, Flandern, Holland, England und Frankreich im April, Mai und Junius 1790* (1791–1794), bei denen es sich nicht nur um eine Reisebeschreibung im herkömmlichen Sinne handelt, sondern um den überzeugenden Versuch, durch die Darstellung von Sitten und Gebräuchen, von Mentalitäten, geographischen und meteorologischen Beobachtungen, von politischen Vorgängen, von Kunstwerken und Zeitungsartikeln, von Menschen auf der Straße und berühmten Personen ein allumfassendes Bild der beschriebenen Landstriche und ihrer Bewohner zu vermitteln (womit sich die Rede von einer essayistischen Kulturwissenschaft rechtfertigen läßt). Überdies verfaßte Forster politische Publizistik im Umfeld der Mainzer Republik (1792) und Darstellungen zu den Ereignissen der revolutionären Zeit nach 1789 (*Erinnerungen aus dem Jahr 1790*, 1792/93; *Parisische Umrisse*, 1793).

In den *Ansichten vom Niederrhein* zeigt Forster, daß die Option für den Primat der Erfahrung und für die vorurteilsfreie und unvoreingenommene Wiedergabe und Verarbeitung der auf der Reise gewonnenen Eindrücke nicht zu einer rein positivistischen Bestandsaufnahme führen muß. Das Ich des Reisens wie das schreibende Subjekt sind in der Darstellung immer präsent; die Offenheit des Herangehens verführt Forster nicht dazu, im Namen einer vermeintlichen Objektivität auf Wertungen und Urteile zu verzichten. Nur sind diese nicht apodiktisch gehalten, sondern im Bewußtsein der Relativität des eigenen Standpunkts artikuliert, so daß sie – und dies ist ein aus rezeptionsästhetischer Perspektive entscheidender Aspekt – dem Leser die Freiheit lassen, seine eigene Meinung zu bilden und selbständige Reflexionen über das Dargelegte anzustellen. Die Beschreibung der verschiedenen Städte, Länder und Landschaften ist von Forsters Überzeugung geprägt, daß das Leben und die Kultur ebenso wie die Mentalität der Menschen von den politischen und ökonomischen, von den gesellschaftlichen und geographischen Verhältnissen abhängig sind. Er reflektiert deshalb immer den Grad der politischen Freiheit in den verschiedenen Gebieten, interessiert sich für den Stand der ›industriellen‹ Produktion und die wirtschaftliche Aktivität der jeweiligen Region. Während er zum Beispiel in Aachen den Zunftzwang als veraltetes Handelshemmnis und in Brabant und Flandern den Einfluß der Kirche und des religiösen Denkens kritisiert, lobt er in Holland die politische und ökonomische Freiheit, deren segensreiche Auswirkungen er in der Mentalität der Holländer und in deren alltäglichen Leben zu erkennen glaubt. Diese grundlegenden Optionen seines politischen und geschichtlichen Denkens verführen Forster aber nicht zu schematischen und einseitigen Darstellungen; er ist vielmehr aufgrund seines offenen und toleranten Denkens und seiner flexiblen und differenzierten Schreibweise in der Lage, immer auch die andere Seite des jeweils betrachteten Gegenstandes zu sehen und insofern dem individuellen Phänomen sein ureigenes Recht zu gewähren.

Wie Forsters Schreibweise im Sinne einer differenzierten spätaufklärerischen Perspektive die verschiedenen Aspekte eines Gegenstandes darstellt, ohne seine subjektive Stellungnahme zu verleugnen, zeigt seine Analyse der politischen Situation in Flandern und Brabant im Jahre 1790. Die Rebellion der späteren ›Belgier‹ gegen Kaiser Joseph II. erscheint dabei insofern als ein besonders paradoxes und ambivalentes Phänomen, als Joseph, der Repräsentant des aufgeklärten Absolutismus, durchaus im Sinne der Aufklärung institutionelle Reformen anstrebt, diese aber in diktatorischer Weise durchzusetzen sucht, während sich die bestimmenden Kräfte des Widerstandes auf die antiaufklärerische Gewalt der Kirche und des konservativen Adels stützen und in dieser Hinsicht bei einer ›reaktionären‹ Position verharren. Forster geht es in seiner ausführlichen Analyse des Aufstandes darum, gerade die Ambivalenz dieses historischen Prozesses herauszustellen:

> Wie weit ging denn nun des Kaisers Befugniß und Recht, seine Neuerungen durchzusetzen? Über diese Frage ward bereits lange und wird auch noch gestritten. Du weißt, was ich von solchen Fragen halte, wobei jede Partei gewisse Positionen, als ausgemacht, zum Grunde legt, und keine bis auf die letzten Vernunftgründe zurückgeht. (Forster, W 2,573)

Eine abstrakte Erörterung des Problems, so zeigen Forsters Ausführungen, vermag keineswegs der Situation, der ›Farbe‹ des in Frage stehenden Gegenstandes, gerecht zu werden, zumal beide Parteien »Vernunftgründe« für ihre Position ins Feld führen können. Die Kunst der Forsterschen Schreibweise besteht darin, die Plausibilität beider

Standpunkte darzulegen und damit dem Leser mehr zu bieten als eine parteiliche Analyse der Verhältnisse. Wer die Komplexität eines historischen Phänomens in dessen verschiedenen Facetten durch die essayistische Darstellung zu begreifen lernt, wird nicht irgendeiner Meinung des Autors blind folgen, sondern selber im Bewußtsein dieser Komplexität ein Urteil über die Situation fällen. Forsters Text fährt folgendermaßen fort:

> Denkende Männer, nicht bloß die maschinenmäßigen Aktenleser, denkende Männer, die sich sonst von den Fesseln des Vorurtheils frei zu erhalten wissen, können sich doch in einem solchen Falle, wo das Glück eines Volkes von den Maaßregeln eines Fürsten abhängt, vor einer kaltblütigen Erörterung scheuen und wohl gar verlangen, daß das Herkommen, die Gewohnheit, das Ansehen der Person, und die einmal bestehende Authorität als unantastbare Heiligthümer gelten sollen. Das Gefühl, welches sie zu dieser Forderung verleitet, macht ihrem Herzen Ehre; indeß freilich nur auf Kosten des Verstandes. Sie verwechseln nämlich *handeln* und *denken*, und ohne es selbst zu wollen, begünstigen sie einen ärgeren Despotismus, als denjenigen, den sie bestreiten. (Forster, W 2,573)

Hat der Text sich also bisher im Sinne des ›klassischen‹, aber gleichwohl abstrakten, die individuellen Umstände nicht berücksichtigenden aufklärerischen Denkens für eine ›Revolution von oben‹ ausgesprochen und die Verteidiger der ›belgischen‹ Rebellion als Anhänger des aufklärungsfeindlichen religiösen Fanatismus denunziert, so ›kippt‹ diese Argumentation noch im gleichen Absatz, wenn es darum geht, die Folgen der kaiserlichen Maßnahmen zu bedenken:

> Die Folge der kaiserlichen Reformen war Widerstand, Aufruhr, Krieg; das Blut von Tausenden mußte fließen,

> die Ruhe von Millionen ward geopfert – für was? – für den Einfall eines Monarchen. Rühmlich und gut war seine Absicht; aber bei einem zweifelhaften Erfolg, und wenn so vieler Menschen Wohl auf dem Spiele steht, darf niemand selbst das Gute nicht durch gewaltsame Maßnahmen erzwingen, dem Volke die gewissen oder eingebildeten Vortheile, die es schon genießt, nicht eigenmächtig entreißen, so lange es in demjenigen, was man an ihrer Stelle darbietet, keinen Gewinn erkennt. (Forster, W 2,573)

Der Spätaufklärer Forster leistet hier das, was wir in der Einführung dieses Buches als die besondere Leistung der Aufklärung herausgestellt haben und was deren Verächter zu ignorieren pflegen: eine kritische Selbstreflexion über die Grenzen und Ambivalenzen des aufklärerischen Anspruches. Daß es möglich ist, im Namen der Vernunft und der Freiheit Menschen zu unterdrücken, daß Fremdbestimmung sich aus dem Versuch ergeben kann, Mündigkeit durch institutionelle Reformen zu befördern, ist die Einsicht, die sich für Forster aus seiner unbefangenen Analyse der Geschehnisse und Zustände in Brüssel und Brabant ergibt. Keine Absage an die aufklärerischen Prinzipien und Überzeugungen folgt aus dieser Erkenntnis, sondern eine genaue Abwägung, wie *im konkreten Einzelfall* auf die Kollision legitimer Positionen und Interessen zu reagieren ist. Forster berührt mit seinen essayistischen Reflexionen dabei ein Grundproblem des aufklärerischen Denkens, das auch die Aporien der Praxis des revolutionären Prozesses in Frankreich beeinflußt und das bereits in den achtziger Jahren von Schiller im Kontext seines Dramas *Don Carlos* diskutiert und bearbeitet wurde. Wie aus dem Kampf für die Freiheit eine neue Form des Despotismus, wie die ›Realisierung‹ abstrakter Vernunftwahrheiten in bestimmten Situationen als Manipulation und Fremdbestimmung aufgefaßt werden kann, reflektiert Schiller im Rückblick auf sein eigenes Schauspiel im elften seiner *Briefe über Don Carlos* (1788):

> Nennen Sie mir, lieber Freund [...] den Ordensstifter oder auch die Ordensverbrüderung selbst, die sich – bei den reinsten Zwecken und bei den edelsten Trieben – von Willkürlichkeit in der Anwendung, von *Gewalttätigkeit* gegen fremde Freiheit, von dem Geiste der *Heimlichkeit* und der *Herrschsucht* immer reingehalten hätte! Die bei Durchsetzung eines, von jeder unreinen Beimischung auch noch so freien moralischen Zweckes, insofern sie sich nämlich diesen Zweck als etwas für sich Bestehendes denken und ihn in der Lauterkeit erreichen wollten, wie er sich ihrer Vernunft dargestellt hatte, nicht unvermerkt wären fortgerissen worden, sich an fremder Freiheit zu vergreifen, die Achtung gegen anderer Rechte, die ihnen sonst immer die heiligsten waren, hintanzusetzen und nicht selten den willkürlichsten Despotismus zu üben, ohne den Zweck selbst umgetauscht, ohne in ihren Zielen ein Verderbnis erlitten zu haben. (NA 22, 171 f.)

Was Schiller im Kontext seines Dramas der Gedankenfreiheit und Menschenwürde selbst noch im relativ abstrakten Vokabular der allgemeinen Reflexion menschlicher Vermögen und Neigungen reflektiert, untersucht der Weltreisende und ›Ethnologe‹ Forster auch im Verlauf seiner europäischen Reisen anhand des konkreten Erfahrungsmaterials, das sich ihm darbietet, wodurch sein Plädoyer für die unvoreingenommene Prüfung des jeweiligen Einzelfalls aus seiner Argumentation und Schreibpraxis heraus plausibler wirkt: Nicht die abstrakte Reflexion, die in hochkomplexen Differenzierungen und Distinktionen ihre eigenen Grenzen markiert, führt hier zur Einsicht in die notwendige Relativierung des rationalistischen abstrakten Anspruchs; die Ausbreitung des empirischen Materials, die nicht von einem positivistischen Geist des Registrierens und Katalogisierens bestimmt, sondern Grundlage einer hypothetischen Verallgemeinerung ist, bewirkt ein offenes und experimentelles Denken, das jeden Abstraktionsprozeß ständig an den konkreten Erfahrungshintergrund zurückbindet.

Eine solche Haltung charakterisiert auch Forsters Auseinandersetzung mit der Kulturkritik Rousseaus. Bereits in der Beschreibung seiner Weltreise hatte Forster an die Stelle eines klischeeartigen Bildes von den ›edlen Wilden‹ die nüchterne Beobachtung gesetzt, die ein differenziertes Bild von den Lebensgewohnheiten und Charaktereigenschaften der Südseeinsulaner vermittelt. Den Sanftmut und die Friedfertigkeit der Tahitianer führt Forster auf die klimatischen Umstände zurück, unter denen diese zu leben das Glück haben:

> Wo *Clima* und Landessitte es nicht schlechterdings erfordern, daß man sich von Kopf bis Fuß kleide, wo man auf dem Felde überall Materialien findet, aus denen sich eine anständige und eingeführte Kleidung verfertigen läßt; und wo endlich alle Bedürfnisse des Lebens einem Jeden fast ohne alle Mühe und Handanlegung zuwachsen: Da müssen Ehrgeiz und Neid, natürlicherweise, beynahe gänzlich unbekannt seyn.
> (Forster, W 1,330)

Trotz dieser problemlosen Befriedigung der Grundbedürfnisse ist aber die Tendenz zu einer deutlichen Zunahme der gesellschaftlichen Ungleichheit zu erkennen, die nach Forsters Meinung mittelfristig zu einer Krise der von ihm grundsätzlich positiv geschilderten Sozialordnung führen wird:

> Wie lange aber diese glückliche Gleichheit noch dauern mögte? kann man wohl nicht füglich bestimmen; doch scheint die Faulheit der Vornehmen, ihr eben nicht die längste Dauer zu versprechen. [. . .] da die ganz arbeitlosen Vornehmen sich in einem ungleich stärkeren Ver-

> hältnisse vermehren müssen, als jene [die Arbeitenden]; so wird die dienstbare Classe künftig immer mehr mit Arbeit beschwert werden, und von dem Übermaaß derselben allerhand üble Folgen zu gewarten haben. Das gemeine Volk wird davon ungestalt, und ihre Knochen kraftlos werden; die Nothwendigkeit mehr in der brennenden Sonne zu seyn, wird ihre Haut schwärzen, und sie werden durch die häufigen und frühen Ausschweifungen ihrer Töchter mit den Großen des Landes, endlich zu zwergigen kleinen Gestalten ausarten [...]. Endlich wird das gemeine Volk diesen Druck empfinden, und die Ursachen desselben gewahr werden, alsdenn aber wird auch das Gefühl der gekränkten Rechte der Menschheit in ihnen erwachen, und eine Revolution veranlassen. Dies ist der gewöhnliche Cirkel aller Staaten. (Forster, W 1,331 f.)

Was Forster in diesem Text aus den siebziger Jahren bereits apodiktisch postulierte, schien sich seit 1789 in Frankreich zu bewahrheiten; und als die französischen Revolutionstruppen die staatliche Umwälzung 1792 nach Mainz exportieren, übernahm Forster eine herausragende politische Funktion und befürwortete schließlich in einer öffentlichen Rede am 21. März 1793 die »Vereinigung des rheinisch-deutschen Freistaates mit der Frankenrepublik«. Als Delegierter des rheinisch-deutschen Nationalkonvents brach er schließlich nach Paris auf, um diese Position vor der französischen Nationalversammlung zu vertreten und die Angliederung der linksrheinischen deutschen Gebiete an die französische Republik zu fordern (was ihm die Reichsacht und noch postum den Haß vieler national gesinnter Deutschen, auch Germanisten, einbrachte). Da Mainz aber von den Truppen der deutschen Fürsten zurückerobert wurde, war Forster gezwungen, in Paris zu bleiben, wo er den Sturz der gemäßigten Gironde-Fraktion und den Höhepunkt der unter Robespierre praktizierten

Terreur erlebte. Während er in seinen privaten Briefen die politische Entwicklung in Frankreich zunehmend skeptisch beurteilt, erfüllt er weiterhin Aufträge der revolutionären Regierung und bewahrt nach außen hin eine zwar skeptische, aber doch zustimmende Haltung zu dem revolutionären Geschehen, die sich in den Reflexionen der *Parisischen Umrisse* manifestiert. Am 12. Januar 1794 stirbt Forster, von familiären Zerwürfnissen zermürbt und auch desillusioniert von den politischen Ereignissen, in der Hauptstadt der Revolution. Die im Herbst 1793 verfaßte Revolutionsschrift kann als sein Vermächtnis angesehen werden, weil sie bei aller Skepsis den Zusammenhang zwischen den Prinzipien der Aufklärung und der politischen Umwälzung betont, dabei aber nicht für die Probleme und Aporien blind bleibt, die sich aus dem Versuch ergeben, die abstrakten Ideen der Aufklärung in die politische und gesellschaftliche Wirklichkeit zu übertragen.

Entscheidend für die Argumentation Forsters ist seine Erkenntnis, daß die öffentliche Diskussion über die gesellschaftlichen Fragen und Probleme ein Motor des revolutionären Geschehens geworden ist. Das Ideal des »herrschaftsfreien Diskurses« (Habermas) hat sich hier zwar beileibe nicht verwirklicht; es hat sich aber durchaus im Sinne des Vorscheins einer konkreten Utopie gezeigt. »Verzeihen Sie mir, mein Freund«, so beginnt Forster seinen zweiten (fiktiven) Revolutionsbrief, »daß ich Sie immer wieder von unserer *öffentlichen Meinung* unterhalte; allein sie ist das Werkzeug der Revolution, und zugleich ihre Seele« (Forster, W 3,739). Durch diese öffentliche Meinungsbildung werde, so erklärt Forster, die »Denkfreiheit« und die »Willensfreiheit« gefördert, und die Umwälzung in Frankreich erscheint ihm als »die größte, die wichtigste, die erstaunenswürdigste *Revolution der sittlichen Bildung und Entwickelung des ganzen Menschengeschlechts*« (Forster, W 3,737).

Forster betont mit diesen an Lessings Schrift von der Erziehung des Menschengeschlechts anknüpfenden Worten die Kontinuität, die er zwischen den theoretischen Entwürfen der Aufklärer und den praktischen Handlungen der Revolutionäre postuliert; und er zeigt in einer weiteren Reflexion, wie sich das Bewußtsein um die im Namen des Fortschritts begangenen Unmenschlichkeiten und Greuel mit einer abwägenden Verteidigung der Revolution verbinden läßt. Es sind nämlich die Gegner der Revolution, so argumentiert Forster, die das konkrete Geschehen nach abstrakten Prinzipien beurteilen und die insofern die Ambivalenz des historischen Prozesses verdrängen. Anstatt im Hinblick auf die Aporien des geschichtlichen Handelns die revolutionäre Umwälzung zu diffamieren, sollten die Beobachter der Umwälzungen sich eher auf deren komplizierte Logik einlassen, denn es sei

> [. . .] leichter, von einer relativen, konventionellen Immoralität der Begebenheiten und Handlungen auf die Ruchlosigkeit der handelnden Personen zu schließen – als sich die Mühe zu nehmen, den unermeßlichen, nicht zu berechnenden Antheil, den die unvermeidliche Verkettung der in's Ganze wirkenden Ursachen und Wirkungen auf die Ereignisse hat, von dem was den handelnden Personen eigenthümlich ist, gehörig abzusondern, diesen sodann in ihre sämmtliche Verhältnisse zu folgen, und zuletzt die tröstliche Überzeugung mit nach Hause zu nehmen, daß Unvollkommenheit und Irrthum zwar allenthalben der Menschen Loose, Unsittlichkeit und Unverstand aber, zur seligsten Beruhigung der Menschheit, im Durchschnitt immer nur Resultate der Unwissenheit und Unthätigkeit sind. (Forster, W 3,741)

Wir erkennen hier den Zusammenhang zwischen Forsters kritischer Methode in den Reiseberichten und seiner Argumentation in der idealtypischen Skizzierung einer umfassenden Darstellung des Revolutionsgeschehens (die er selbst aus lebensgeschichtlichen Gründen freilich nicht zu leisten in der Lage war, von deren Geist aber die Pariser Schilderungen Heines geprägt sind – Heines, der seine Prosa bekanntlich an den innovativen und formal besonders reizvollen *Reisebildern* erprobte!): Es geht nicht um abstrakte, aus dogmatisch vorausgesetzten Prinzipien abgeleitete Urteile, sondern um eine Untersuchung der »Farbe« der Sachen, der Umstände, welche die Handlungsweisen, Mentalitäten und Bewertungen der beteiligten Personen bestimmt haben. Kurz vor seinem Tode führt Forster damit vor, daß eine kritische Weiterentwicklung des aufklärerischen Geistes nicht in die moralische und/oder ästhetische Distanzierung von den politischen Ereignissen münden mußte (wie sie sich in der Weimarer Klassik abzeichnet). Forsters Pariser Prosa bedeutet für den kritischen Leser freilich auch nicht, wie es eine allzu glatte Deutung (etwa in der DDR und in einer naiven ›revolutionären Emphase‹ der Nach-68er-Germanistik) glauben machen wollte, eine bedingungslose Identifizierung mit dem Umwälzungsprozeß in Frankreich. Forster muß sich wider sein eigenes besseres Wissen selbst Mut zusprechen, wenn er sein fortdauerndes Engagement für die Revolution begründen will, zumal er im Falle der ›Revolution von oben‹ mit Bezug auf Joseph II. herausgearbeitet hatte, daß die einem politischen Handeln zugrunde liegenden Ideale dieses nicht jederzeit rechtfertigen können. So lesen wir das trotzige Bekenntnis Forsters, das die Parteinahme für die Revolution rechtfertigen will, eher mit Skepsis und als Ausdruck eines paradoxen Eintretens für eine Sache, deren wohltätige Folgen gerade eben doch zweifelhaft bleiben:

> Wenn bürgerliche und sittliche Freiheit, wenn die Ausbildung der Geisteskräfte, die Läuterung und Veredlung der Gefühle, mit Einem Worte, wenn Vervollkommnung das Ziel ist, nach welchem Nationen streben: mögen sie dann auch manchen Umweg nehmen, manchmal fallen und wieder sich aufraffen, und in Au-

genblicken sogar auf dem steilen Pfade zurückzugleiten scheinen; dennoch bürgt ihr Streben selbst schon dafür, daß sie ihren Zweck nicht gänzlich verfehlen können; jeder Schritt vorwärts ist ein Sieg über Hindernisse, der sie dem Ziele näher bringt.

(Forster, W 3,741 f.)

Hier zeigt sich in Forsters Werk die Tendenz der Aufklärung, die Postulate von Freiheit und Emanzipation nicht nur als theoretische Prinzipien zu bewahren, sondern in konkrete Praxis umzusetzen, wobei die intellektuelle Redlichkeit der skeptischen Spätaufklärung erkennen läßt, daß jedes Engagement für Menschlichkeit und Vernunft einen dezisionistischen Aspekt aufweist, wenn Aufklärung mit einem unbestechlichen Gespür für die Widersprüche des geschichtlichen Handelns und des menschlichen Strebens verbunden wird. Jedes naive Vertrauen auf den zielgerichteten Verlauf der menschlichen Geschichte erscheint bei Forster suspendiert; diese Skepsis führt ihn aber nicht wie den schwarzen Aufklärer Wezel in *Belphegor* zu einer polemischen Absage an jede Hoffnung auf eine Verbesserung der Verhältnisse, sondern zu dem kontrafaktischen Anspruch einer Bewahrung der aufklärerischen Ansprüche.

»Die Metapher ist weit klüger als ihr Verfasser und so sind es viele Dinge. Alles hat seine Tiefen. Wer Augen hat der sieht (alles) in allem« (Sudelbuch F 369; Lichtenberg, SB 1,513). Mit dieser Bemerkung aus den berühmten Sudelbüchern wird das spätaufklärerische Denken in seiner Ausprägung bei Georg Christoph Lichtenberg (1742–99) zuspitzend charakterisiert. Ohne jeglichen Versuch, das Denken und seine Bewegungen in einem starren System zu fixieren, brilliert der körperlich versehrte Göttinger Professor für Experimentalphysik in seinen zahllosen Aufzeichnungen durch kurze Wortspiele, geistreiche Aperçus und satirisch-witzige Bemerkungen, die sich jedoch nicht mit dem Vergnügen an oberflächlichem Spaß und kleinlicher

Bosheit begnügen, sondern das aufklärerische Erkenntnisinteresse mit der Freude an der Erfahrung und der kritischen Prüfung, mit Sprach- und Vernunftkritik sowie mit einer erstaunlichen Offenheit für das ›Andere der Vernunft‹ verbinden. Viele Einsichten der ›Moderne‹, wie sie sich etwa bei Friedrich Nietzsche finden, erscheinen bei Lichtenberg vorgebildet: die Einsicht in die Standpunktgebundenheit

Georg Christoph Lichtenberg
Zeichnung von
Georg Heinrich Wilhelm Blumenbach jr.

der Vernunft sowie in die Interdependenz von Körper und Geist, in die Relativität moralischer und ästhetischer Urteile, in die Scheinhaftigkeit dogmatischer und systematisch formulierter Wahrheiten. Das ›Werk‹, das wir heute geradezu als eine ›Summe‹ spätaufklärerischen Esprits bewundern, die »Sudelbücher«, entstand zwischen 1765 und 1799 und wurde zu Lebzeiten des Autors gar nicht und auch postum zunächst nur unvollständig veröffentlicht. Es enthält eine Fülle von kurzen Eintragungen, eine »Milchstraße von Einfällen«, Aphorismen, Hypothesen, Gedankenexperimente, Beobachtungen, Assoziationen, Sprachspiele, Pläne zu größeren Schriften. Das Mißtrauen gegenüber geschlossenen Systemen zeigt sich auch auf formaler Ebene: die disparaten Einfälle und Textsorten sind nicht durch eine spätere Redaktion harmonisiert; die sprunghaften Gedanken werden, dem Prinzip des absoluten Primats der Erfahrung folgend, nicht der Ordnung einer stringenten Argumentation unterworfen. So können wir Lichtenberg gewissermaßen bei der Arbeit der (Selbst-)Aufklärung zuschauen; der Prozeß der Wahrheitssuche, den schon Lessing in den Mittelpunkt seiner Arbeit gestellt hatte, wird hier nicht zugunsten eines ›fertigen‹ Resultats verdeckt, sondern in seinem Verlauf offen vorgeführt.

Lichtenberg wurde in ärmlichen Verhältnissen geboren und schon früh durch seinen Buckel und seine geringe Körpergröße (als Erwachsener: 1,45 Meter) in eine Außenseiterrolle gedrängt, die ihn zu einer intensiven Selbstbeobachtung führte. Nach dem Studium der Mathematik und Naturwissenschaften in Göttingen und prägenden Aufenthalten in England wurde er 1770 Professor in Göttingen, wobei insbesondere seine Vorlesung über Experimentalphysik für Aufsehen sorgte. Ihm gelangen physikalische Entdeckungen; außerdem errichtete er 1780 den ersten Blitzableiter in Göttingen. Als Herausgeber des *Göttinger Taschen Calenders* bemühte er sich um eine Popularisierung seiner und anderer wissenschaftlicher Erkenntnisse. Er polemisiert gegen die von ihm als Mystifikation empfundene Physiognomik Lavaters (*Über Physiognomik. Wider die Physiognomen*, 1777), berichtet über die kulturellen und gesellschaftlichen Verhältnisse in England (*Briefe aus England*, 1778) und dokumentiert sein Interesse an der Erforschung menschlicher Verhältnisse und Erfahrungen in der *Ausführlichen Erklärung der Hogarthischen Kupferstiche* (1794–99).

Erfahrung, so wird Lichtenberg nicht müde zu betonen, umfaßt Sinnlichkeit und Verstand; die sensualistische Tendenz der Aufklärung wird bei ihm, dem körperlich nachhaltig Geschwächten, zum Bewußtsein der Gebundenheit jeder Erkenntnis an die körperliche Verfassung des erkennenden Subjekts: »Ich habe es sehr deutlich bemerkt: Ich habe oft die Meinung wenn ich liege und eine andere wenn ich stehe. Zumal wenn ich wenig gegessen habe und matt bin.« (Sudelbuch F 557; Lichtenberg, SB 1,536) In Vorwegnahme von Erkenntnissen, auf die sich die Psychoanalyse stützen wird, verweist der Autor der Sudelbücher bereits auf die Rolle der ›Triebe‹ bei der Formulierung abstraktester Erkenntnisse: »Ein gewisser Freund den ich kannte pflegte seinen Leib in drei Etagen zu teilen, den Kopf, die Brust und den Unterleib, und er wünschte öfters, daß sich die Hausleute der obersten und der untersten Etage besser vertragen könnten« (Sudelbuch B 344; Lichtenberg, SB 1,135 f.). Was Lichtenberg hier in zuspitzender Kritik anprangert, hatte sich in der komischen Epik Wielands als Problem angedeutet: die Verdrängung der leiblichen und erotischen Begierden zugunsten eines abstrakten Vernunftideals, das dem ›Ganzen‹ des Menschen in keiner Weise gerecht wird. Die Widersprüche und Inkonsequenzen des Humanums, die sich keiner systematisierenden Konzeption fügen wollen, werden in den Aufzeichnungen Lichtenbergs konsequent herausgestellt, so daß die ›Entlarvungspsychologie‹ Nietzsches und die Infragestellung der souveränen Vernunft durch Freud hier einen Vorgänger im Geiste der kritischen Aufklärung finden. Die unverhohlene Berücksichtigung der sexuellen Dimension bedeutet einen Beitrag zur Bekämpfung einer Geisteshaltung, die sich durch eine heuchlerische Sublimierung auszeichnet: »Die eine Schwester ergriff den Schleier und die andere den Hosen-Schlitz« (Sudelbuch C 5; Lichtenberg, SB 1,157). Die Offenheit des Naturwissenschaftlers für die Dimensionen der Erfahrung führt bei Lichtenberg zu einer Radikalisierung der psychologisierend-sensualistischen und desillusionierenden Tendenz der Aufklärung, die wir besonders im Zusammenhang mit der Entwicklung des Romans betont haben: »Der Mensch kommt unter allen Tieren in der Welt dem Affen am nächsten« (Sudelbuch B 107; Lichtenberg, SB 1,75). Dabei berührt Lichtenberg auch Bereiche, die erst in der Romantik besonderes Interesse finden werden, wie zum Beispiel die Dimension des Traumes als des ›Anderen der Vernunft‹, aber auch als eines Weges zur Selbsterkenntnis, sowie die Dimension des Todes in ihrer Bedeutung für das menschliche Leben.

Als formales Prinzip der Aufzeichnungen ist neben der Ironie eine Zuspitzung der aufklärerischen Witz-Konzeption zu erkennen. Schon die frühe Aufklärung hatte denjenigen als einen witzigen Kopf bezeichnet, dem es gelingt, scheinbar weit entfernte Gegenstände und Bereiche miteinander zu verbinden, und dies ist es: die überraschende Assoziation, die sich häufig mit dem Paradoxon verbindet und die häufig der ›Weisheit‹ der Sprache folgt, die sich als Grundlage von Lichtenbergs Aufzeichnungen erweist. Hinzu kommen ein bildliches Denken, das die Metaphern der Sprache auslotet, indem es sie probehalber, experimentell wörtlich nimmt, abrupte Perspektivwechsel, Verkettungen des Ungleichnamigen und plötzliche Abbrüche des Redeverlaufs. Mit diesen sprachlichen Mitteln und insbesondere auch mit der auffällig häufigen Verwendung des Konjunktivs relativiert Lichtenberg seine eigene Position und richtet seine fundamentale Skepsis damit gegen das Subjekt des eigenen Sprechens. Widersprüche nicht scheuend, ja sie suchend, wenden sich die Texte der *Sudelbücher* an den Leser, dem aufgetragen wird, mit den Grundlagen der eigenen Erfahrung auf die vorgestellten Ideen und Assoziationen zu reagieren.

Lichtenbergs Aufzeichnungen zeigen am Ende des 18. Jahrhunderts noch einmal die Fähigkeit der Aufklärung, das Streben nach Mündigkeit, Vernunft und Wahrheit mit einer skrupulösen Selbstreflexion des rationalen Erkenntnisanspruchs zu verbinden; sie zeigen, daß Aufklärung nicht dazu verurteilt war, in einem selbstzufriedenen Dogmatismus zu verharren oder in einen pedantischen Positivismus abzugleiten. Gerade die Literatur der Aufklärung hat Strategien entwickelt, den Prozeß der Wahrheitsfindung als eine Suche zu inszenieren, die sich jeder dogmatischen Panzerung verweigert. Am Ende des 18. Jahrhunderts lassen sich als Spätaufklärer diejenigen Autoren erkennen, die sich neuen Versuchen der systematischen Weltdeutung und totalisierenden Interpretationen verweigern und die Lust am Zweifel und an der Widersprüchlichkeit der individuellen Erfahrung literarisch fruchtbar machen. Es ist diese Tradition, die über Heine, Nietzsche und die Psychoanalyse ins 20. Jahrhundert hineinreicht und bedeutende Ansätze der Moderne bereichert. Ein reflektierter Blick auf die Literatur der Aufklärung kann diese somit in einer Weise interpretieren, in der sie auch in Zeiten der Postmoderne noch reizvolle Impulse zu vermitteln vermag.

# Bibliographie

Im Text wird auf die nachfolgend verzeichneten Titel des ersten Teils der Bibliographie (B) jeweils in Klammern mit dem Verfasser- oder Herausgebernamen, Werktitel und der Seitenzahl verwiesen. Bei Sekundärliteratur werden nach dem Verfasser- oder Herausgebernamen die Nummer des bibliographischen Abschnitts, Publikationsjahr und Seitenzahl genannt (z. B. Behrmann, B 3: 1989, 105 f.)

## Siglen


GW Gotthold Ephraim Lessing: Werke. In Zsarb. mit Karl Eibl, Helmut Göbel, Karl S. Guthke, Gerd Hillen, Albert von Schirnding und Jörg Schönert hrsg. von Herbert G. Göpfert. 8 Bde. München 1970–79.

HA Johann Wolfgang Goethe: Werke. Hamburger Ausgabe in 14 Bänden. Hrsg. von Erich Trunz. München 1988.

NA Schillers Werke. Nationalausgabe. Begr. von Julius Petersen, fortgef. von Lieselotte Blumenthal, Benno von Wiese und Siegfried Seidel, hrsg. im Auftrag der Stiftung Weimarer Klassik und des Schiller-Nationalmuseums in Marbach von Norbert Oellers. Weimar 1943 ff.

WW Christoph Martin Wielands sämtliche Werke. 39 Bde und 6 Suppl.-Bde. [Reprogr. Nachdr. der Kleinoktav-Ausgabe]. Hrsg. von der Hamburger Stiftung zur Förderung von Wissenschaft und Kultur in Zusammenarbeit mit dem Wieland-Archiv, Biberach/Riß und Hans Radspieler, Neu-Ulm. Hamburg 1984.

## 1. Ausgaben

Bahr, Erhard (Hrsg.): Was ist Aufklärung? Thesen und Definitionen. Stuttgart 1974.

Baumgarten, Alexander Gottlieb: Theoretische Ästhetik. Die grundlegenden Abschnitte aus der »Aesthetica« (1750/58). Übers. und hrsg. von Rudolf Schweizer. Lat./Dt. Hamburg 1983.

Best, Otto F. (Hrsg.): Die deutsche Literatur in Text und Darstellung. Bd. 5: Rokoko und Aufklärung. Stuttgart 1972.

Blanckenburg, Friedrich von: Versuch über den Roman. Faksimiledruck der Originalausgabe von 1765. Mit einem Nachwort hrsg. von Eberhard Lämmert. Stuttgart 1965.

Bodmer, Johann Jacob: Critische Abhandlung vom Wunderbaren in der Poesie und dessen Verbindung mit dem Wahrscheinlichen. Zürich 1740. Reprogr. Nachdr. Stuttgart 1966.

– Critische Betrachtungen über die poetischen Gemählde der Dichter. Mit einer Vorrede von Johann Jacob Breitinger. Zürich 1741. Reprogr. Nachdr. Frankfurt a. M. 1971.

[–] Neue critische Briefe über gantz verschiedene Sachen, von verschiedenen Verfassern. Zürich 1749.

– / Johann Jacob Breitinger: Critische Briefe. Zürich 1746. Reprogr. Nachdr. Hildesheim 1969.

Breitinger, Johann Jacob: Critische Abhandlung von der Natur, den Absichten und dem Gebrauche der Gleichnisse. Zürich 1740. Reprogr. Nachdr. mit einem Nachw. von Manfred Windfuhr. Stuttgart 1967.

– Critische Dichtkunst. Mit einer Vorrede eingeführet von Johann Jacob Bodmer. 2 Bde. Zürich 1740. Reprogr. Nachdr. hrsg. von Wolfgang Bender. Stuttgart 1966.

Brockes, Barthold Heinrich: Irdisches Vergnügen in Gott, bestehend in Physikalisch-Moralischen Gedichten. 9 Bde. Hamburg 1721–48.

– Auszug der vornehmsten Gedichte aus dem Irdischen Vergnügen in Gott. Reprogr. Nachdr. der Ausgabe von 1738 mit einem Nachw. von Dietrich Bode. Stuttgart 1965.

Die deutsche Literatur vom Mittelalter bis zum 20. Jahrhundert. Texte und Zeugnisse. Bd. 4: 18. Jahrhundert. In Verb. mit Christoph Perels hrsg. von Walther Killy. München 1983.

Forster, Georg: Werke. 4 Bde. Hrsg. von Gerhard Steiner. Frankfurt a. M. 1967–71. [Zit. als: W.]

Gellert, Christian Fürchtegott: Gesammelte Schriften. Kritische, kommentierte Ausgabe. Hrsg. von Bernd Witte. Berlin / New York 1988 ff.

Goethe, Johann Wolfgang: Werke. Hamburger Ausgabe in 14 Bänden. Hrsg. von Erich Trunz. München 1988.

Götz, Johann Nikolaus: Die Gedichte Anakreons und der Sappho Oden. Karlsruhe 1760. Reprogr. Nachdr. Hrsg. und mit einem Nachw. vers. von Herbert Zeman. Stuttgart 1970.

– Vermischte Gedichte. Hrsg. von Karl Wilhelm Ramler. 2 Bde. Mannheim 1785.

Gottsched, Johann Christoph: Ausgewählte Werke in 12 Bdn. Hrsg. von Joachim Birke [u. a.]. Berlin / New York 1968 ff.

– Schriften zur Literatur. Hrsg. von Horst Steinmetz. Stuttgart 1972.

– Versuch einer Critischen Dichtkunst. Leipzig [4]1751. Reprogr. Nachdr. Darmstadt 1962.

– Sterbender Cato. Hrsg. v. Horst Steinmetz. Stuttgart 1984.

Gottsched, Luise Adelgunde Victorie: Die Pietisterey im Fischbein-Rocke; oder die doctormäßige Frau. Hrsg. von Wolfgang Martens. Stuttgart 1968.

Grimm, Gunter E. (Hrsg.): Satiren der Aufklärung. Stuttgart 1979.

Guthke, Karl S.: Friedrich von Hagedorn und das literarische Leben seiner Zeit im Lichte unveröffentlichter Briefe an Johann Jacob Bodmer. In: Jahrbuch des Freien Deutschen Hochstifts (1966) S. 1–108.

Hagedorn, Friedrich von: Gedichte. Hrsg. von Alfred Anger. Stuttgart 1968.

– Versuch in poetischen Fabeln und Erzählungen. Hamburg 1738. Reprogr. Nachdr. Hrsg. von Horst Steinmetz. Stuttgart 1974.

Haller, Albrecht von: Die Alpen und andere Gedichte. Hrsg. von Adalbert Elschenbroich. Stuttgart 1984.

Heidegger, Gotthard: Mythoscopia Romantica oder Discours von den so benanten Romans. Reprogr. Nachdr. des Originaldrucks von 1698. Hrsg. von Walter Ernst Schäfer. Bad Homburg v. d. H. / Berlin / Zürich 1969.

Heinse, Wilhelm: Sämtliche Werke. Hrsg. von Carl Schüddekopf und A. Leitzmann. Berlin 1902–25.

– Ardinghello und die glückseligen Inseln. Kritische Studienausgabe. Mit 32 Bildtafeln, Textvarianten, Dokumenten zur Wir-

kungsgeschichte, Anm. und einem Nachw. hrsg. von Max L. Baeumer. Stuttgart 1975.
Herder, Johann Gottfried: Sämtliche Werke. Hrsg. v. Bernhard Suphan. 33 Bde. Berlin 1877–1913.
Hermand, Jost (Hrsg.): Von deutscher Republik 1775–1795. Bd. 1: Aktuelle Provokationen. Bd. 2: Theoretische Grundlagen. Frankfurt a. M. 1968.
Hinske, Norbert (Hrsg.): Was ist Aufklärung? Beiträge aus der Berlinischen Monatsschrift. Darmstadt [3]1981.
Hölty, Ludwig Christoph Heinrich: Werke und Briefe. Hrsg. von Uwe Berger. Berlin/Weimar 1966.
Kleist, Ewald von: Sämtliche Werke. Hrsg. von Jürgen Stenzel. Stuttgart 1971.
Klopstock, Friedrich Gottlieb: Oden. Ausw. und Nachw. von Karl Ludwig Schneider. Stuttgart 1966.
– Messias. Gedichte. Abhandlungen. Hrsg. von Uwe-K. Ketelsen. Reinbek 1968.
– Werke und Briefe. Historisch-kritische Ausgabe. Hrsg. von Horst Gronemeyer [u. a.]. Berlin / New York 1974 ff.
– Der Messias. Gesang I-III. Text des Erstdrucks von 1748. Studienausgabe. Hrsg. von Elisabeth Höpker-Herberg. Stuttgart 1986.
Lessing, Gotthold Ephraim: Gesammelte Werke. Hrsg. von Paul Rilla. Bd. 9: Briefe. Berlin 1957.
– Werke. In Zsarb. mit Karl Eibl, Helmut Göbel, Karl S. Guthke, Gerd Hillen, Albert von Schirnding und Jörg Schönert hrsg. von Herbert G. Göpfert. 8 Bde. München 1970–79.
Lichtenberg, Georg Christoph: Schriften und Briefe. 6 Bde. Hrsg. v. Wolfgang Promies. München 1968–92. [Zit. als: SB.]
Lichtwer, Magnus Gottfried: Poetische Schriften. 2 Bde. Wien 1793.
Liscow, Christian Ludwig: Vortrefflichkeit und Nothwendigkeit der elenden Scribenten und andere Schriften. Hrsg. von Jürgen Manthey. Frankfurt a. M. 1968.
Loen, Johann Michael von: Der redliche Mann am Hofe. Reprograph. Nachdr. der Ausgabe von 1742. Mit einem Nachw. hrsg. von Karl Reichert. Stuttgart 1966.
Moritz, Karl Philipp: Schriften zur Ästhetik und Poetik. Kritische Ausgabe. Hrsg. von Hans-Joachim Schrimpf. Tübingen 1962.
– Anton Reiser. Ein psychologischer Roman. Hrsg. von Wolfgang Martens. Stuttgart 1972.

Mendelssohn, Moses: Ästhetische Schriften in Auswahl. Hrsg. von Otto F. Best. Darmstadt ²1986.
Rabener, Gottfried Wilhelm: Sämmtliche Schriften. Leipzig 1777.
Rebmann, Georg Friedrich: Kosmopolitische Wanderungen durch einen Teil Deutschlands. Hrsg. und eingel. von Hedwig Voegt. Frankfurt a. M. 1968.
Richter, Karl (Hrsg.): Gedichte und Interpretationen 2. Aufklärung und Sturm und Drang. Stuttgart 1983.
Riedel, Friedrich Just: Briefe über das Publikum. Hrsg. von Eckart Feldmeier. Wien 1973.
Rousseau, Jean-Jacques: Du contrat social ou principes du droit politique [et autres écrits politiques]. Paris 1960.
Schiller, Friedrich: Werke. Nationalausgabe. Begr. von Julius Petersen, fortgef. von Lieselotte Blumenthal, Benno von Wiese und Siegfried Seidel, hrsg. im Auftrag der Stiftung Weimarer Klassik und des Schiller-Nationalmuseums in Marbach von Norbert Oellers. Weimar 1943 ff.
Schlegel, Johann Elias: Werke. 5 Bde. Hrsg. von Johann Heinrich Schlegel. Kopenhagen/Leipzig 1761–70.
– Canut. Ein Trauerspiel. Im Anhang »Gedanken zur Aufnahme des dänischen Theaters« (1746). Hrsg. von Horst Steinmetz. Stuttgart 1967.
Schnabel, Johann Gottfried: Wunderliche Fata einiger See-Fahrer, absonderlich Alberti Julii [Die Insel Felsenburg]. 4 Bde. Nordhausen 1731–42. – Ausgabe in 3 Bdn. Mit einem Nachw. von Günter Dammann. Textred. von Marcus Czerwionka unter Mitarbeit von Robert Wohlleben. Frankfurt a. M. 1997.
Schneider, Helmut J. (Hrsg.): Idyllen der Deutschen. Texte und Illustrationen. Frankfurt a. M. 1978.
Wezel, Johann Carl: Hermann und Ulrike. Ein komischer Roman. Mit einem Nachw. hrsg. und erl. von Gerhard Steiner. Leipzig 1980.
– Belphegor oder die wahrscheinlichste Geschichte unter der Sonne. Hrsg. von Hubert Gersch. Frankfurt a. M. 1984.
– Lebensgeschichte Tobias Knauts, des Weisen, sonst der Stammler genannt. Aus Familiennachrichten gesammlet. Hrsg. von Anneliese Klingenberg. Berlin 1990.
Wieland, Christoph Martin: Der Neue Amadis. Ein comisches Gedicht in Achtzehn Gesängen. 2 Bde. Leipzig 1771.
– Gesammelte Schriften. Zuerst hrsg. von der Deutschen Kommis-

sion der Königlich Preußischen Akademie der Wissenschaften. Abteilung 1: Werke. Abteilung 2: Übersetzungen. Berlin 1909–1975. Reprogr. Nachdr. Hildesheim 1986–87.
– Geschichte der Abderiten. Mit einem Nachw. von Karl Hans Bühner. Stuttgart 1958.
– Geschichte des Agathon. Erste Fassung. Unter Mitwirkung von Reinhard Döhl hrsg. von Fritz Martini. Stuttgart 1979.
– Comische Erzählungen. Combabus. Der verklagte Amor. Reprogr. Nachdr. der Erstdrucke. Hamburg 1984.
– Sämtliche Werke. 39 Bde und 6 Suppl.-Bde. [Reprogr. Nachdr. der Kleinoktav-Ausgabe]. Hrsg. von der Hamburger Stiftung zur Förderung von Wissenschaft und Kultur in Zusammenarbeit mit dem Wieland-Archiv, Biberach/Riß und Hans Radspieler, Neu-Ulm. Hamburg 1984.
Winckelmann, Johann Joachim: Kleine Schriften, Vorreden, Entwürfe. Hrsg. von Walter Rehm. Mit einer Einl. v. Hellmut Sichtermann. Berlin 1968.
– Gedanken über die Nachahmung der griechischen Antike in der Malerei und Bildhauerkunst. Sendschreiben. Erläuterung. Hrsg. von Ludwig Uhlig. Stuttgart 1969.

## 2. Grundlagen, Epochendarstellungen

Alt, Peter-André: Aufklärung. Stuttgart/Weimar 1996.
Blumenberg, Hans: Die Legitimität der Neuzeit. Frankfurt a. M. 1966. Neuausg. des 1. und 2. Tl.s u. d. T. Säkularisierung und Selbstbehauptung. Frankfurt a. M. 1974. Neuausg. des 3. Teils u. d. T. Der Prozeß der theoretischen Neugierde. Frankfurt a. M. 1973.
Cassirer, Ernst: Die Philosophie der Aufklärung. Tübingen 1932.
Elias, Norbert: Über den Prozeß der Zivilisation. Soziogenetische und psychogenetische Untersuchungen. 2 Bde. Frankfurt a. M. [3]1977.
Grimminger, Rolf: Die Ordnung, das Chaos und die Kunst. Für eine neue Dialektik der Aufklärung. Mit einer Einleitung zur Taschenbuchausgabe (1990). Frankfurt a. M. 1990.
– (Hrsg.): Hansers Sozialgeschichte der deutschen Literatur vom

16. Jahrhundert bis zur Gegenwart. Bd. 3. Deutsche Aufklärung bis zur Französischen Revolution. 2 Teilbde. München 1984.
Habermas, Jürgen: Der philosophische Diskurs der Moderne. Zwölf Vorlesungen. Frankfurt a. M. [2]1985 [Zit. als: 1985a].
– Theorie des kommunikativen Handelns. 2 Bde. 3., durchges. Aufl. Frankfurt a. M. 1985 [Zit. als: 1985b].
– Strukturwandel der Öffentlichkeit. Untersuchungen zu einer Kategorie der bürgerlichen Gesellschaft. Mit einem Vorw. zur Neuaufl. 1990. Frankfurt a. M. 1990.
Hinck, Walter (Hrsg.): Europäische Aufklärung. Erster Teil. Frankfurt a. M. 1974. (Neues Handbuch der Literaturwissenschaft. 11.
Horkheimer, Max / Adorno, Theodor W.: Dialektik der Aufklärung. Philosophische Fragmente. Frankfurt a. M. 1988.
Kondylis, Panajotis: Die Aufklärung im Rahmen des neuzeitlichen Rationalismus. München 1986.
Kosellek, Reinhart: Kritik und Krise. Eine Studie zur Pathogenese der bürgerlichen Welt. Frankfurt a. M. [6]1989.
Luserke, Matthias: Sturm und Drang. Autoren – Texte – Themen. Stuttgart 1997. (Literaturstudium.)
Lyotard, Jean-François: Das postmoderne Wissen. Ein Bericht. Übers. von Otto Pfersmann. Bremen 1982.
– Der Widerstreit. Übers. von Joseph Vogl. Mit einer Bibliographie zum Gesamtwerk Lyotards von Reinhold Clausjürgens. München 1987.
Pütz, Peter: Die deutsche Aufklärung. 4., überarb. und erw. Aufl. Darmstadt 1991.
– (Hrsg.): Erforschung der deutschen Aufklärung. Königstein 1980.
Reese-Schäfer, Walter: Lyotard zur Einführung. 2., erw. Aufl. Hamburg 1989.
Schings, Hans-Jürgen (Hrsg.): Der ganze Mensch. Anthropologie und Literatur im 18. Jahrhundert. DFG-Symposium 1992. Stuttgart/Weimar 1994.
Stackelberg, Jürgen von (Hrsg.): Europäische Aufklärung. Dritter Teil. Wiesbaden 1980. (Neues Handbuch der Literaturwissenschaft. 13.)
Wuthenow, Ralph-Rainer (Hrsg.): Deutsche Literatur. Eine Sozialgeschichte. Bd. 4. Zwischen Absolutismus und Aufklärung: Rationalismus, Empfindsamkeit, Sturm und Drang. 1740–1786. Reinbek 1980.

## 3. Einzeluntersuchungen

Albertsen, Leif Ludwig: Das Lehrgedicht. Eine Geschichte der antikisierenden Sachepik in der neueren deutschen Literatur. Aarhus 1967.

Anger, Alfred: Literarisches Rokoko. Stuttgart ²1968.

Baasner, Rainer: Georg Christoph Lichtenberg. Darmstadt 1992.

Bärnighausen, Hendrik: »Einer der vorzüglichsten Schriftsteller Deutschlands«. Johann Karl Wezels Jahre in Sondershausen. Rudolstadt/Jena 1997.

Barner, Wilfried [u. a.]: Lessing. Epoche – Werk – Wirkung. 5., neubearb. Aufl. München 1987.

Bender, Wolfgang: J. J. Bodmer und J. J. Breitinger. Stuttgart 1973.

Begemann, Christian: Furcht und Angst im Prozeß der Aufklärung. Zur Literatur und Bewußtseinsgeschichte im 18. Jahrhundert. Frankfurt a. M. 1987.

Behrmann, Alfred: Einführung in den neueren deutschen Vers. Von Luther bis zur Gegenwart. Eine Vorlesung. Stuttgart 1989.

Bloch, Ernst: Christian Thomasius. Ein deutscher Gelehrter ohne Misere. Berlin 1953.

Bohnen, Klaus (Hrsg.): Lessings *Nathan der Weise*. Darmstadt 1984.

Bolten, Jürgen (Hrsg.): Schillers Briefe über die ästhetische Erziehung. Frankfurt a. M. 1984.

Brenner, Peter J.: Die Krise der Selbstbehauptung. Subjekt und Wirklichkeit im Roman der Aufklärung. Tübingen 1981.

Brummack, Jürgen: Zu Begriff und Theorie der Satire. In: Deutsche Vierteljahrsschrift für Literaturwissenschaft und Geistesgeschichte 45 (1971) S. 275–377.

Buch, Hans Christoph: Ut pictura poiesis. Die Beschreibungsliteratur und ihre Kritiker von Lessing bis Lukács. München 1972.

Bürger, Christa [u. a.] (Hrsg.): Aufklärung und literarische Öffentlichkeit. Frankfurt a. M. 1980.

Bürger, Christa [u. a.] (Hrsg.): Zur Dichotomisierung von hoher und niederer Literatur. Frankfurt a. M. 1982.

Dick, Manfred: Der junge Heinse in seiner Zeit. Zum Verhältnis von Aufklärung und Religion im 18. Jahrhundert. München 1980.

Dörr, Volker C.: Offenbarung, Vernunft und ›fähigere Individuen‹.

Die positiven Religionen in Lessings *Erziehung des Menschengeschlechts*. In: Lessing Yearbook 26 (1994) S. 29–54.
Engelsing, Rolf: Der Bürger als Leser. Lesergeschichte in Deutschland 1500–1800. Stuttgart 1974.
Erhart, Walter: Entzweiung und Selbstaufklärung. Christoph Martin Wielands »Agathon«-Projekt. Tübingen 1991.
– Beziehungsexperimente. Goethes *Werther* und Wielands *Musarion*. In: Deutsche Vierteljahrsschrift für Literaturwissenschaft und Geistesgeschichte 66 (1992) S. 333–360.
Fischer, Rotraut: Reisen als Erfahrungskunst. Georg Forsters *Ansichten vom Niederrhein*. Die »Wahrheit« in den »Bildern des Wirklichen«. Frankfurt a. M. 1990.
Fohrmann, Jürgen: Abenteuer und Bürgertum. Zur Geschichte der deutschen Robinsonaden im 18. Jahrhundert. Stuttgart 1981.
Freier, Hans: Kritische Poetik. Legitimation und Kritik der Poesie in Gottscheds Dichtkunst. Stuttgart 1973.
Frick, Werner: Providenz und Kontingenz. Untersuchungen zur Schicksalssemantik im deutschen und europäischen Roman des 17. und 18. Jahrhunderts. Tübingen 1988.
Gellhaus, Axel: Enthusiasmos und Kalkül. Reflexionen über den Ursprung der Dichtung. München 1995.
Gösse, Sybille: Materialismus und Nihilismus. Studien zum deutschen Roman der Spätaufklärung. Würzburg 1987.
Greis, Jutta: Drama Liebe. Zur Entstehungsgeschichte der modernen Liebe im Drama des 18. Jahrhunderts. Stuttgart 1991.
Grimm, Gunter E. / Max, Frank Rainer (Hrsg.): Deutsche Dichter. Leben und Werk deutschsprachiger Autoren. Bd. 3. Aufklärung und Empfindsamkeit. Stuttgart 1988.
Große, Wilhelm: Studien zu Klopstocks Poetik. München 1977.
Guthke, Karl S.: Das deutsche bürgerliche Trauerspiel. Stuttgart 1977.
Harpprecht, Klaus: Georg Forster oder Die Liebe zur Welt. Eine Biographie. Reinbek 1987.
Hildebrandt, Dieter: Lessing. Eine Biographie. Reinbek 1990.
Hinck, Walter (Hrsg.): Handbuch des deutschen Dramas. Düsseldorf 1980.
Hinderer, Walter: Beiträge Wielands zu Schillers ästhetischer Erziehung. In: Jahrbuch der Deutschen Schillergesellschaft 18 (1974) S. 348–387.
Hofmann, Michael: Friedrich Schiller: *Die Räuber*. Interpretation. München 1996.

Hofmann, Michael: Radikaler Sensualismus. Heinses *Ardinghello* und die literarische Ästhetik des 18. Jahrhunderts. In: Christoph Weiß (Hrsg.): Lenz-Jahrbuch. Sturm-und-Drang-Studien 8 (1998).

– Reine Seelen und komische Ritter. Aspekte literarischer Aufklärung in Christoph Martin Wielands Versepik. Stuttgart/Weimar 1998.

Hohendahl, Peter Uwe: Der europäische Roman der Empfindsamkeit. Wiesbaden 1977.

Horch, Hans-Otto / Schulz, Georg-Michael: Das Wunderbare und die Poetik der Frühaufklärung. Gottsched und die Schweizer. Darmstadt 1988.

Interpretationen. Romane des 17. und 18. Jahrhunderts. Stuttgart 1996.

Jacobs, Jürgen: Wielands Romane. Bern/München 1966.

Jaeger, Hella: Naivität. Eine kritisch-utopische Kategorie in der bürgerlichen Literatur des 18. Jahrhunderts. Kronberg i. Ts. 1975.

Jauß, Hans Robert (Hrsg.): Nachahmung und Illusion. München 1964.

Jørgensen, Sven-Aage [u. a.]: Christoph Martin Wieland. Epoche – Werk – Wirkung. München 1994.

Kaiser, Gerhard: Klopstock. Religion und Dichtung. Gütersloh 1963.

Ketelsen, Uwe-Karsten: Die Naturpoesie der norddeutschen Frühaufklärung. Poesie als Sprache der Versöhnung: Alter Universalismus und neues Weltbild. Stuttgart 1974.

Kiesel, Helmuth und Paul Münch: Gesellschaft und Literatur im 18. Jahrhundert. Voraussetzung und Entstehung des literarischen Markts in Deutschland. München 1977.

Klenke, Claus-Volker [u. a.] (Hrsg.): Georg Forster in interdisziplinärer Perspektive. Berlin 1994.

Koopmann, Helmut (Hrsg.): Schiller-Handbuch. Stuttgart 1998.

Košenina, Alexander / Weiß, Christoph (Hrsg.): Johann Karl Wezel (1747–1819). Sankt Ingbert 1997.

Krauss, Werner: Die französische Aufklärung im Spiegel der deutschen Literatur des 18. Jahrhunderts. Berlin 1963.

– Perspektiven und Probleme. Zur französischen und deutschen Aufklärung. Neuwied/Berlin 1965.

Küntzel, Heinrich: Essay und Aufklärung. Zum Ursprung einer originellen deutschen Prosa im 18. Jahrhundert. München 1969.

Loster-Schneider, Gudrun: Sophie La Roche. Paradoxien weiblichen Schreibens im 18. Jahrhundert. Tübingen 1995.
Martens, Wolfgang: Die Botschaft der Tugend. Die Aufklärung im Spiegel der deutschen Moralischen Wochenschriften. Stuttgart ²1971.
Martin, Dieter: Das deutsche Versepos im 18. Jahrhundert. Studien und kommentierte Gattungsbibliographie. Berlin / New York 1993.
Mattenklott, Gert / Scherpe, Klaus (Hrsg.): Demokratisch-revolutionäre Literatur in Deutschland: Jakobinismus. Königstein i. Ts. 1975.
Mauser, Wolfram: Geselligkeit. Zu Chancen und Scheitern einer gesellschaftlichen Utopie um 1750. In: Aufklärung 7 (1989) S. 5–38.
Motsch, Markus: Die poetische Epistel. Ein Beitrag zur Geschichte der deutschen Literatur und Literaturkritik des 18. Jahrhunderts. Frankfurt a. M. [u. a.] 1974.
Müller, Jan Dirk: Wielands späte Romane. Untersuchungen zur Erzählweise und zur erzählten Wirklichkeit. München 1971.
Naumann, Dietrich: Politik und Moral. Studien zur Utopie der deutschen Aufklärung. Heidelberg 1977.
Niggl, Günter: Geschichte der deutschen Autobiographie im 18. Jahrhundert. Theoretische Grundlegung und literarische Entfaltung. Stuttgart 1977.
– (Hrsg.): Die Autobiographie. Zu Form und Geschichte einer literarischen Gattung. Darmstadt 1989.
Oelmüller, Willi: Die unbefriedigte Aufklärung. Beiträge zu einer Theorie der Moderne von Lessing, Kant und Hegel. Frankfurt a. M. 1979.
Pestalozzi, Karl: Die Entstehung des lyrischen Ich. Studien zum Motiv der Erhebung in der Lyrik. Berlin 1970.
Piechotta, Hans-Joachim (Hrsg.): Reise und Utopie. Zur Literatur der Spätaufklärung. Frankfurt a. M. 1976.
Pikulik, Lothar: »Bürgerliches Trauerspiel« und Empfindsamkeit. Köln/Graz 1966.
– Leistungsethik contra Gefühlskult. Über das Verhältnis von Bürgerlichkeit und Empfindsamkeit in Deutschland. Göttingen 1984.
Promies, Wolfgang: Der Bürger und der Narr oder das Risiko der Phantasie. Sechs Kapitel über das Irrationale in der Literatur des Rationalismus. München 1966.

Pütz, Peter: Die Leistung der Form. Lessings Dramen. Frankfurt a. M. 1986.
Reemtsma, Jan Philipp: Das Buch vom Ich. Christoph Martin Wielands *Aristipp und einige seiner Zeitgenossen.* Zürich 1993.
Reinalter, Helmut (Hrsg.): Aufklärung und Geheimgesellschaften. Zur politischen Funktion und Sozialstruktur der Feimaurerlogen im 18. Jahrhundert. München 1989.
Richter, Karl: Literatur und Naturwissenschaft. Eine Studie zur Lyrik der Aufklärung. München 1972.
Sauder, Gerhard: Empfindsamkeit. Bd. 1: Voraussetzungen und Elemente. Stuttgart 1974. Bd. 3: Quellen und Dokumente. Stuttgart 1980.
– / Weiß, Christoph (Hrsg.): Carl Friedrich Bahrdt (1740–1792). Sankt Ingbert 1992.
Sautermeister, Gert: Georg Christoph Lichtenberg. München 1993.
Schaefer, Klaus: Christoph Martin Wieland. Stuttgart/Weimar 1996.
Schelle, Hansjörg (Hrsg.): Christoph Martin Wieland. Nordamerikanische Forschungsbeiträge zur 250. Wiederkehr seines Geburtstages 1983. Tübingen 1984.
– (Hrsg.): Christoph Martin Wieland. Darmstadt 1991.
Scherpe, Klaus: Gattungspoetik im 18. Jahrhundert. Historische Entwicklung von Gottsched bis Herder. Stuttgart 1968.
Schings, Hans-Jürgen: Der mitleidigste Mensch ist der beste Mensch. Poetik des Mitleids von Lessing bis Büchner. München 1980.
– Melancholie und Aufklärung. Melancholiker und ihre Kritiker in Erfahrungsseelenkunde und Literatur des 18. Jahrhunderts. Stuttgart 1977.
Schlaffer, Heinz: Musa iocosa. Gattungspoetik und Gattungsgeschichte der erotischen Dichtung in Deutschland. Stuttgart 1971.
– Der Bürger als Held. Sozialgeschichtliche Auflösungen literarischer Widersprüche. Frankfurt a. M. 1973.
Schmidt, Arno: Belphegor oder Wie ich euch hasse. In: A.S.: Dialoge 2. Zürich 1990. S. 195–241.
Schöne, Albrecht: Säkularisation als sprachbildende Kraft. Studien zur Dichtung deutscher Pfarrerssöhne. Göttingen $^{2}$1967.
Schönert, Jörg: Roman und Satire im 18. Jahrhundert. Ein Beitrag zur Poetik. Stuttgart 1969.

Schulz, Georg-Michael: Tugend, Gewalt und Tod. Das Trauerspiel der Aufklärung und die Dramaturgie des Pathetischen und Erhabenen. Tübingen 1978.

Sengle, Friedrich: Wieland. Stuttgart 1949.

Siegrist, Christoph: Das Lehrgedicht der Aufklärung. Stuttgart 1974.

Starnes, Thomas C.: Christoph Martin Wieland. Leben und Werk. Aus zeitgenössischen Quellen chronologisch dargestellt. 3 Bde. Sigmaringen 1987.

Steinmetz, Horst: Die Komödie der Aufklärung. 3., durchges. und überarb. Aufl. Stuttgart 1978.

– Das deutsche Drama von Gottsched bis Lessing. Ein historischer Überblick. Stuttgart 1987.

Szondi, Peter: Die Theorie des bürgerlichen Trauerspiels im 18. Jahrhundert. Der Kaufmann, der Hausvater und der Hofmeister. Studienausgabe der Vorlesungen I. Hrsg. von Gert Mattenklott. Frankfurt a. M. 1979.

Thomé, Horst: Roman und Naturwissenschaft. Eine Studie zur Vorgeschichte der deutschen Klassik. Frankfurt a. M. [u. a.] 1978.

Voßkamp, Wilhelm: Romantheorie in Deutschland von Martin Opitz bis Friedrich von Blanckenburg. Stuttgart 1973.

Wegmann, Nikolaus: Diskurse der Empfindsamkeit. Zur Geschichte eines Gefühls in der Literatur des 18. Jahrhunderts. Stuttgart 1988.

Weiß, Christoph: Friedrich Christian Laukhard (1757–1822). 3 Bde. Sankt Ingbert 1992.

Wilson, W. Daniel: Humanität und Kreuzzugsideologie. Die »Türkenoper« im 18. Jahrhundert und das Rettungsmotiv in Wielands *Oberon*, Lessings *Nathan* und Goethes *Iphigenie*. New York [u. a.] 1984.

Wuthenow, Ralph-Rainer: Das erinnerte Ich. Europäische Autobiographie und Selbstdarstellung im 18. Jahrhundert. München 1974.

– Die erfahrene Welt. Europäische Reiseliteratur im Zeitalter der Aufklärung. Mit zeitgenössischen Illustrationen. Frankfurt a. M. 1980.

Zelle, Carsten: ›Angenehmes Grauen‹. Literaturhistorische Beiträge zur Ästhetik des Schrecklichen im 18. Jahrhundert. Hamburg 1987.

– Die doppelte Ästhetik der Moderne. Revisionen des Schönen von Boileau bis Nietzsche. Stuttgart/Weimar 1995.

Zeman, Herbert: Die deutsche anakreontische Dichtung. Ein Versuch zur Erfassung ihrer ästhetischen und literarhistorischen Erscheinungsformen im 18. Jahrhundert. Stuttgart 1972.
Zimmermann, Harro (Hrsg.): Der deutsche Roman der Spätaufklärung. Fiktion und Wirklichkeit. Heidelberg 1990.

# Verzeichnis der Abbildungen


19 Immanuel Kant. Lithographie des Wiener lithographischen Instituts (1824) nach einer Zeichnung von Veit Hans Schnorr von Karolsfeld (1789)

32 Johann Christoph Gottsched. Kupferstich von J. M. Bernigeroth (1757) nach dem Gemälde von J. F. Reiff (1753)

38 Titelseite der Erstausgabe von Johann Jacob Bodmers *Abhandlung von dem Wunderbaren in der Poesie* (1740)

41 Gotthold Ephraim Lessing. Silhouette (1780)

52 Ein Buchladen. Illustration in der *Bildergalerie weltlicher Mißbräuche* von Pater Hilarion. Frankfurt a. M. / Leipzig 1785. – Deutsches Historisches Museum, Berlin

63 Friedrich der Große und Voltaire. Zeitgenössischer Kupferstich

69 Titelseite der Erstausgabe von Johann Christoph Gottscheds *Versuch einer Critischen Dichtkunst*

79 Illustration zu Barthold Heinrich Brockes' Gedichtsammlung *Irdisches Vergnügen in Gott* (1721 ff.). Stich nach einer Zeichnung von J. J. Pfeiffer

89 Kupferstiche zu Christian Fürchtegott Gellerts Fabeln von Daniel Chodowiecki aus dem *Genealogischen Kalender für Westpreußen auf das Jahr 1777*

104 Anfang einer an die Grafen Stolberg gerichteten Ode. Handschrift Klopstocks vom September 1772

121 Anfang des ersten Drucks von Friedrich Gottlieb Klopstocks *Messias* in den *Neuen Beiträgen zum Vergnügen des Verstandes und des Witzes*, Bremen/Leipzig 1748

127 Kupferstiche (1773) zu Christoph Martin Wielands *Agathon*

130 Titelseite des ersten Bandes der ersten Ausgabe von Johann Gottfried Schnabels als *Die Insel Felsenburg* bekannt gewordenen Romans

156 Innenansicht der Herzog-August-Bibliothek in Wolfenbüttel (Lesesaal). Gemälde von L. Tacke. – Museum für Hamburgische Geschichte

167 Anfang von *Emilia Galotti* in Lessings Handschrift (1772)

171 Kupferstiche zu Lessings *Minna von Barnhelm* von Daniel Chodowiecki für die deutsche Ausgabe des *Berliner genealogischen Kalenders auf das Jahr 1770*

174 Titelseite einer Schrift Johann Melchior Goezes gegen Lessing und dessen Erwiderung

194 Christoph Martin Wieland im Kreis seiner Familie. Gemälde von G. M. Kraus (1775)

205 Titelseite der ersten Ausgabe von Christoph Martin Wielands *Musarion*

230 Johann Reinhold Forster, Professor der Naturgeschichte und Mineralogie, und sein Sohn Georg Adam Forster. Stich (1782)

244 Georg Christoph Lichtenberg. Zeichnung von Georg Heinrich Wilhelm Blumenbach jr.

# Namenregister


Abel, Johann Friedrich (1751–1829) 60
Addison, Joseph (1672–1719) 38, 74
Adorno, Theodor W. (1903–1969) 7, 8, 20, 21, 22, 33
Anna Amalia, Herzogin von Sachsen-Weimar-Eisenach (1739–1807) 198

Bahrdt, Carl Friedrich (1740–92) 197
Baumgarten, Alexander Gottlieb (1714–62) 16, 33, 60, 61, 98
Bayle, Pierre (1647–1706) 39, 66
Blanckenburg, Christian Friedrich von (1744–96) 138–140, 217
Blumauer, Johann Aloys (1755–98) 207
Bode, Johann Joachim Christoph (1730–93) 65
Bodmer, Johann Jakob (1698–1783) 16, 37, 38, 39, 51, 82, 84, 99, 119, 195, 196
Börne, Ludwig (1786–1837) 64
Boileau-Despréaux, Nicolas (1636–1711) 101
Bougainville, Jean Pierre (1722–63) 230
Bräker, Ulrich (1735–98) 222, 224, 225, 232
Brecht, Bertolt (1898–1956) 170
Breitinger, Johann Jakob (1701–76) 16, 37, 39, 51, 82, 99, 101, 119
Brockes, Barthold Heinrich (1680–1747) 77–83, 86, 94

Campe, Johann Heinrich (1746–1818) 64
Carl August, Herzog von Sachsen-Weimar-Eisenach (1757–1828) 198
Chaussée, Nivelle de la (1692–1754) 198
Cook, James (1728–79) 229, 232
Corneille, Pierre (1606–84) 101, 165

Defoe, Daniel (1660–1731) 129
Deschamps, François (1683–1747) 74
Diderot, Denis (1713–78) 11, 22, 62, 63, 230
Du Bos, Jean Baptiste (1670–1742) 70, 164

Eichendorff, Freiherr Joseph von (1788–1857) 144
Erhard, Johann Benjamin (1766–1827) 29
Eschenburg, Johann Joachim (1743–1820) 149

Feuerbach, Ludwig (1804–72) 189
Fielding, Henry (1707–54) 65, 129, 139
Fontaine, Jean de la (1621–95) 88
Forster, Georg (1754–94) 215, 229–236, 238–243
Forster, Johann Reinhold (1729–98) 229, 230
Freud, Sigmund (1856–1939) 246
Friedrich II. (1712–86) 28, 48, 49, 50, 59, 62, 63, 139, 153, 157
Friedrich V. (1723–60) 120

Gellert, Christian Fürchtegott (1715–69) 36, 54, 77, 88, 89, 90, 111, 132 f., 134–136, 195
Gleim, Johann Wilhelm Ludwig (1719–1803) 33, 50, 88, 97, 99, 100, 154, 222
Goethe, Johann Wolfgang (1749–1832) 31, 36, 50, 61, 78, 83, 93, 106, 112, 113, 115, 118, 128, 136, 140, 195, 192, 198, 199, 218, 220, 221, 223
Götz, Johann Nikolaus (1721–81) 97
Goeze, Johann Melchior (1717–1786) 29, 42, 45, 55, 149, 155, 174–178, 180, 186, 187
Gottsched, Johann Christoph (1700–66) 15, 16, 30, 31, 32, 37, 39, 40, 51, 60, 61, 62, 66–76, 77, 87, 93, 99, 101, 108, 109, 110, 117, 119, 124, 147, 166, 195
Gottsched, Luise Adelgunde Victorie (1713–62) 110
Grimminger, Rolf (geb. 1941) 14
Grimmelshausen, Hans Jakob Christoffel (1621–76) 124
Günther, Johann Christian (1695–1723) 94

Habermas, Jürgen (geb. 1929) 12, 13, 14, 25, 26, 240
Hagedorn, Friedrich von (1708–54) 33, 77, 83–85, 88, 90, 97, 195
Haller, Albrecht von (1708–77) 77, 82, 86, 95, 96, 97
Hegel, Georg Wilhelm Friedrich (1770–1831) 189
Heidegger, Gotthard (1666–1711) 124
Heine, Heinrich (1798–1856) 64, 183, 215, 242, 248
Heliodor (3. Jhdt. n. Chr.) 124
Helvétius, Claude Adrien (1717–71) 66
Heinse, Johann Jakob Wilhelm (1746–1803) 34, 45, 46, 47, 145, 215
Herder, Johann Gottfried (1744–1803) 45, 61, 90, 231
Hippel, Theodor Gottlieb von (1741–96) 144, 145
Hitler, Adolf (1889–1945) 8
Hogel, Bibi (1742 – ?) 197
Hölderlin, Friedrich (1770–1843) 115, 145
Homer (Ende des 8. Jhdts. v. Chr.) 8
Horaz (65–8 v. Chr.) 69, 72, 86, 198
Horkheimer, Max (1895–1973) 7, 20, 21, 22, 33

Iffland, August Wilhelm (1759–1814) 112

Jacobi, Friedrich Heinrich (1743–1819) 157, 188
Jean Paul, d.i. Johann Paul Friedrich Richter (1763–1825) 128
Joseph II. (1741–90) 48, 234, 242
Jung-Stilling, Johann Heinrich (1740–1817) 221

Kästner, Abraham Gotthelf (1719–1800) 87
Kant, Immanuel (1724–1804) 8, 18, 19, 26–29, 49, 57, 60, 101, 218, 219
Karl Eugen, Herzog von Württemberg (1728–93) 51
Kleist, Ewald Christian von (1715–59) 86, 95, 153
Klopstock, Friedrich Gottlieb (1724–1803) 16, 39, 42, 43, 46, 61, 76, 83, 85, 87, 93, 99–107, 115–123, 151, 195, 199, 217, 226
König, Johann Ulrich (1688–1744) 70
Korff, Hermann August (1882–1963) 215
Kortum, Karl Arnold (1745–1824) 207
Kosellek, Reinhart (geb. 1923) 25
Kotzebue, August von (1761–1819) 112

Lange, Samuel Gotthold (1711–81) 101
La Roche, Sophie von, geb. Gutermann (1730–1807) 36, 53, 134–136, 194, 196, 208
Laukhard, Friedrich Christian (1758–1822) 223–227, 232
Lavater, Johann Kaspar (1741–1801) 245
Leibniz, Gottfried Wilhelm (1646–1716) 56, 57, 58, 60, 66
Lenz, Jakob Michael Reinhard (1751–92) 45
Lessing, Eva, geb. Hahn, verw. König (1736–78) 150, 155
Lessing, Gotthold Ephraim (1729–81) 11, 16, 22, 28, 29, 36, 40–47, 49, 50, 54, 55, 61, 63, 64, 65, 83, 85, 86, 88, 90, 97, 98, 108–113, 115, 137, 139, 140, 147–190, 197, 199, 202, 203, 210, 214, 218, 231, 240, 245
Lichtenberg, Georg Christoph (1742–99) 215, 231, 243–248
Lillo, George (1693–1739) 64, 160
Liscow, Christian Ludwig (1701–60) 91
Lohenstein, Caspar David (1635–83) 70
Ludwig XVI. (1754–93) 50
Lukian von Samosata (um 120 – um 180) 198
Lukrez (gest. 55 v. Chr.) 86
Luther, Martin (1483–1546) 122
Lyotard, Jean-François (1924–98) 9–12

Mann, Thomas (1875–1955) 148
Marivaux, Pierre de (1688–1763) 110

Maria Theresia von Österreich (1717–80) 48
Meier, Georg Friedrich (1718–77) 16, 61, 99
Mendelssohn, Moses (1729–86) 153, 164, 218
Miller, Johann Martin (1750–1814) 136
Milton, John (1608–74) 37, 76
Moller, Meta (1728–58) 76, 119
Montaigne, Michel de (1533–92) 231
Moritz, Karl Philipp (1756–93) 45, 54, 127, 139, 140, 215, 219–221, 231

Neuberin, d.i. Caroline Neuber (1697–1760) 67, 75
Nicolai, Friedrich (1733–1811) 28, 53, 153, 164, 218
Nietzsche, Friedrich (1844–1900) 216, 244, 246, 248

Pfeffel, Gottlieb Konrad (1736–1809) 90
Platner, Ernst (1744–1818) 60
Pope, Alexander (1688–1744) 206
Pyra, Immanuel Jacob (1715–1744) 101

Rabener, Gottlieb Wilhelm (1714–71) 91, 92
Reimarus, Elise (1735–1805) 178
Reimarus, Hermann Samuel (1694–1768) 42, 155, 174, 186, 187
Richardson, Samuel (1689–1761) 65, 129
Riedel, Just (1742–85) 197
Robespierre, Maximilien (1758–94) 239
Rousseau, Jean-Jacques (1712–78) 22, 24, 62, 63, 64, 95, 224, 230, 231, 238

Sade, Donatien-Alphonse-François Marquis de (1740–1814) 8
Schiller, Friedrich (1759–1805) 19, 20, 21, 24, 25, 30, 32, 46, 51, 53, 56, 60, 99, 101, 112, 113, 114, 122, 163, 192, 215, 217, 221, 223, 226, 236, 237
Schlegel, August Wilhelm (1767–1815) 144, 199
Schlegel, Friedrich (1772–1823) 144, 148, 150, 168, 199
Schlegel, Johann Elias (1719–49) 108, 109, 110
Schmidt, Arno (1914–79) 143
Schmidt, Maria Sophia, gen. Fanny (1731–99) 119
Schnabel, Johann Gottfried (1692–1752?) 129–131
Schubart, Christian Friedrich Daniel (1739–91) 51
Seyler, Abel (1730–1801) 154
Shaftesbury, Anthony Ashley III. Earl of (1671–1713) 118
Shakespeare, William (1564–1616) 64, 76, 197
Spinoza, Baruch (1632–77) 61
Stadion, Anton Heinrich Friedrich Graf von (1691–1768) 196
Steele, Richard (1692–1729) 110
Stephanus, d.i. Henri Estienne II. (1528–98) 97
Sterne, Lawrence (1713–68) 65, 129

Tauentziehn, Friedrich Bogislaw Graf von (1710–91) 153
Tersteegen, Gerhard (1697–1768) 100
Thomasius, Christian (1655–1728) 58
Thümmel, Moritz August von (1738–1817) 128, 143, 144, 206
Tieck, Johann Ludwig (1773–1853) 144

Uz, Johann Peter (1720–96) 86, 206

Vergil (70–19 v. Chr.) 86
Voltaire, d. i. François Marie Arouet (1694–1778) 11, 50, 62, 63, 142

Weiße, Christian Felix (1726–1804) 97, 109, 165
Wezel, Johann Karl (1747–1819) 30, 45, 46, 127, 129, 138–140, 142, 143, 215, 217, 218, 231, 243
Wieland, Christoph Martin (1733–1813) 11, 16, 21, 22, 24, 34, 36, 44, 45, 46, 47, 54, 59, 64, 65, 83, 85, 87, 92, 99, 120, 126, 127, 128, 134, 136–141, 143, 144, 157, 191–213, 214, 216, 217, 227, 228, 231, 246
Winkler, Johann Gottfried (1731–95) 153
Wolff, Christian (1679–1754) 33, 37, 58, 59, 60, 67, 70

Zachariae, Justus Friedrich Wilhelm (1726–77) 206
Zimmermann, Johann Georg (1728–95) 60
Zinzendorf, Nikolaus Ludwig Graf von (1757–1804) 100

# Titelregister

Abderiten s. Geschichte der Abderiten (Wieland)
Aeneis travestiert (Blumauer) 207
Aesthetica (Baumgarten) 60
Agathodämon (Wieland) 198
Agathon s. Geschichte des Agathon (Wieland)
Alceste (Wieland) 198
Amadis de Gaule 207
Ansichten vom Niederrhein (Forster) 229, 232, 233–236
Anton Reiser (Moritz) 45, 54, 127, 139, 140, 219, 220, 231 f.
Apologie oder Schutzschrift für die vernünftigen Verehrer Gottes (Reimarus) 155
Ardinghello und die glückseligen Inseln (Heinse) 34, 45
Aristipp und einige seiner Zeitgenossen (Wieland) 44, 192 f., 199, 211, 212 f., 214
Ausführliche Erklärung der Hogarthischen Kupferstiche (Lichtenberg) 245

Beantwortung der Frage: Was ist Aufklärung? (Kant) 18, 26–28
Beiträge zur Historie und Aufnahme des Theaters (Lessing) 153
Belphegor oder die wahrscheinlichste Geschichte unter der Sonne (Wezel) 45, 127, 142 f., 217, 243
Beurtheilung des Heldengedichts ›Der Meßias‹ (Meier) 61
Briefe aus Paris (Campe) 64
Briefe, die neuste Literatur betreffend (Lessing) 153
Briefe über Don Carlos (Schiller) 237
Briefwechsel über das Trauerspiel (Lessing/Mendelssohn/Nicolai) 164, 218
Briontes der Jüngere. Eines berühmten Medici glaubwürdiger Bericht (Liscow) 91

Candide (Voltaire) 142
Canut (J. E. Schlegel) 109
Cato (Addison) 74
Caton d'Ubique (Deschamps) 74
Clarissa (Richardson) 65
Clavigo (Goethe) 113
Comische Erzählungen (Wieland) 197
Confessions (Rousseau) 224
Cook der Entdecker (Forster) 232
Critische Dichtkunst s. Versuch einer Critischen Dichtkunst vor die Deutschen (Gottsched)
Critische Dichtkunst (Breitinger) 101

Das Leben und die Meinungen des Sebaldus Nothanker (Nicolai) 218

Das Pferd und die Bremse (Gellert) 88
Das Theater des Herrn Diderot (Lessing) 63
De la littérature allemande (Friedrich II.) 62
De l'Esprit (Helvétius) 66
Der Freigeist (Lessing) 153, 158
Der Frühling (E. v. Kleist) 86, 95
Der Fryling (Wieland) 195
Der goldne Spiegel (Wieland) 198
Der junge Gelehrte (Lessing) 152, 158
Der Messias (Klopstock) 39, 76, 99, 102, 115, 119–122, 195
Der Neue Amadis (Wieland) 197, 206–210
Der Renommist (Zachariae) 206
Der Sieg des Liebesgottes (Uz) 206
Der sterbende Cato (Gottsched) 74
Der Triumph der guten Frauen (J. E. Schlegel) 110
Der Zürchersee (Klopstock) 103
Dialektik der Aufklärung (Horkheimer/Adorno) 7, 20
Dichtung und Wahrheit (Goethe) 31, 83
Dictionnaire philosophique et critique (Bayle) 39, 66
Die Alpen (Haller) 86, 95
Die Deutsche Gelehrtenrepublik (Klopstock) 123
Die Deutsche Schaubühne (Gottsched) 108
Die Erziehung des Menschengeschlechts (Lessing) 44, 157, 158, 186–190, 214, 240
Die Frühlingsfeier (Klopstock) 107, 117
Die Fürstengruft (Schubart) 51
Die Genealogie der Moral (Nietzsche) 216
Die Inoculation der Liebe (Thümmel) 143
Die Insel Felsenburg s. Wunderliche Fata einiger See-Fahrer ... (Schnabel)
Die Juden (Lessing) 153
Die Küsse (Hagedorn) 84
Die Leiden des jungen Werthers (Goethe) 115, 118, 136
Die Natur der Dinge (Wieland) 87
Die Pietisterey im Fischbein-Rocke (Gottschedin) 110
Die Räuber (Schiller) 114
Die zärtlichen Schwestern (Gellert) 111
Don Silvio von Rosalva (Wieland) 197

Eine Duplik (Lessing) 147
Emilia Galotti (Lessing) 36, 111, 155, 162, 167–170, 173
Erinnerungen aus dem Jahr 1790 (Forster) 233
Ernst und Falk (Lessing) 157, 176
Essais (Montaigne) 231
Essais de Théodicée (Leibniz) 57, 66

Fragmente eines Ungenannten (Reimarus) 42

Freundschaftliche Lieder (Pyra/Lange) 101
Friedrich der Große (Schubart) 51

Gedanken von Schertzen (Meier) 61
Gedanken bei der Section eines Körpers (Brockes) 80
Geheime Geschichte des Philosophen Peregrinus Proteus (Wieland) 198
Geist der Goethezeit (Korff) 215
Geschichte der Abderiten (Wieland) 128, 141, 142, 197, 198, 199, 201 f.
Geschichte des Agathon (Wieland) 21, 43, 126 f., 128, 136 f., 138, 140, 141, 197, 199, 200 f., 210, 211, 212, 217
Geschichte des Fräuleins von Sternheim (La Roche) 36, 134 f., 208
Götter, Helden und Wieland (Goethe) 199
Götz von Berlichingen (Goethe) 112

Hamburgische Dramaturgie (Lessing) 154, 165 f.
Hermann (J. E. Schlegel) 108
Hermann (Wieland) 195
Hermann und Ulrike (Wezel) 138 f., 218
Huon de Bordeaux 210
Hyperion oder Der Eremit in Griechenland (Hölderlin) 145

Iphigenie (Goethe) 46, 185, 212
Irdisches Vergnügen in Gott (Brockes) 78, 79, 86

Jobsiade (Kortum) 207

Kabale und Liebe (Schiller) 112
Kennet euch selbst (Klopstock) 106 f.
Kleinigkeiten (Lessing) 98

Laokoon (Lessing) 154
Leben der schwedischen Gräfinn von G. (Gellert) 132–135
Leben und Schicksale (Laukhard) 223 f., 226 f.
Lebensgeschichte (Jung-Stilling) 221
Lebensgeschichte und Natürliche Ebentheuer des Armen Mannes im Tockenburg (Bräker) 222 f.
Lebensläufe nach aufsteigender Linie (Hippel) 144

Minna von Barnhelm (Lessing) 50, 111, 139, 152, 154, 170, 173, 203
Miß Sara Sampson (Lessing) 64, 111, 153, 160–163, 168, 169
Monadologie (Leibniz) 57
Moralische Briefe (Wieland) 195
Musarion (Wieland) 25, 87, 197, 203–206, 209, 211
Mythoscopia romantica (Heidegger) 124

Nathan der Weise (Lessing) 42, 111, 112, 150, 157, 161, 178–186

Oberon (Wieland) 44, 192, 210–212, 214

Oden und Lieder (Hagedorn) 97
Odyssee (Homer) 8

Pamela or Virtue rewarded (Richardson) 65
Paradise Lost (Milton) 37
Parisische Umrisse (Forster) 233
Philosophisches Gedicht von den Kometen (Kästner) 87
Preußische Kriegslieder in den Feldzügen 1756 und 1757 (Gleim) 99

Reise in die mittäglichen Provinzen Frankreichs (Thümmel) 128, 143
Reise um die Welt (Forster) 229–231
Reisebilder (Heine) 242
Richard III. (Weiße) 109, 165
Robinson Crusoe (Defoe) 129

Sentimental Journey Through France and Italy (Sterne) 65, 129
Siegwart. Eine Klostergeschichte (Miller) 136
Simplicissimus (Grimmelshausen) 124
Sudelbücher (Lichtenberg) 243–248

The Life and Opinions of Tristram Shandy (Sterne) 65, 129
The London Merchant (Lillo) 64, 160
The Rape of the Lock (Pope) 206
Théodicée (Uz) 86
Theoretische Lehre von den Gemüthsbewegungen überhaupt (Meier) 61
Tom Jones (Fielding) 129
Traité du sublime ou du merveilleux dans le discours (Boileau) 101

Über das Recht des Volkes auf Revolution (Erhard) 29
Über den Ursprung des Übels (Haller) 86
Über die ästhetische Erziehung des Menschen (Schiller) 19, 32
Über die bildende Nachahmung des Schönen (Moritz) 219
Über Leckereyen (Forster) 232
Über Physiognomik. Wider die Physiognomen (Lichtenberg) 245
Untersuchung von dem guten Geschmack (König) 70
Unvollkommene Ode über die Ewigkeit (Haller) 86, 96
Urfaust (Goethe) 113

Versuch einer Critischen Dichtkunst vor die Deutschen (Gottsched) 66, 69, 73, 74, 76, 93, 124
Versuch über den Roman (Blanckenburg) 138, 217

Wallenstein (Schiller) 46, 193
Was kann eine gute stehende Schaubühne eigentlich wirken? (Schiller) 114
Wilhelm Meisters Lehrjahre (Goethe) 128, 140

Wilhelmine oder der vermählte Pedant (Thümmel) 143, 206 f.
Wunderliche Fata einiger See-Fahrer, absonderlich Alberti Julii, eines gebohrnen Sachsen (Schnabel) 129–132
Zur Geschichte und Literatur, aus den Schätzen der Herzoglichen Bibliothek zu Wolfenbüttel (Lessing) 155

# Begriffsregister


ästhetische Erziehung 21, 30
Alexandriner 94
Allversöhnung (apokatastasis panton) 122
Anakreontik, anakreontisch 24, 35, 77, 84, 93, 97, 98, 99, 100, 105, 151, 222
Anmut 99
anthropologischer Roman 126, 136
Antisemitismus 180
aufgeklärter Absolutismus 24, 27, 42, 108, 134, 149, 173
Aufklärung 7–17, 18–30
Autobiographie 221, 222
Autonomie der Kunst/Literatur 15, 61, 68, 116, 219

Barock, barock 80, 83, 85, 93, 97
beschreibende Dichtung 95
Bewunderung 164
bienséance 109
Briefroman 129, 136
bürgerliches Schauspiel 112
bürgerliches Rührstück 112
bürgerliches Trauerspiel 35, 36, 111, 112, 132, 136, 153, 158, 160, 161, 162, 182, 215
Bürgertum, bürgerlich 111, 134, 161

comédie larmoyante 110
Commedia dell'arte 75

Desillusionsroman 143
Dialektik der Aufklärung 7–9, 119

Ehre 84, 206
eleos 74, 165
Empfindsamkeit, empfindsam 22–25, 35, 36, 85, 87, 99, 100, 101, 131, 133, 134, 137, 144, 145, 158, 159, 162, 163, 164, 169, 194–198, 203, 217
empfindsamer Roman 35, 111, 126, 129, 132, 136, 137, 199 f., 215
Entwicklungsroman 126, 136
Epigramm 83
Erfahrungsseelenkunde 219
Erhabenes; erhaben 16, 17, 82, 95, 101, 107, 116, 119, 164
Erlebnis, Erlebnislyrik 81, 98, 103, 107
ernste Komödie 171
Erotik, erotisch 25, 34, 193, 203

Fabel 83, 87–91
Französische Revolution 224–228, 239–242
freier Schriftsteller 151
Frühromantik 128, 129, 214, 218
Furcht 165

Gedankenlyrik 77
Gelegenheitsdichtung 93
gemischte Charaktere 109, 165
gemischte Empfindungen 170

Gerechtigkeit 12, 13
Geschmack, guter Geschmack 70
Grazie, Grazienideal 24, 99, 203

Hexameter 102
Humanisierung 188
Humanität 26, 180, 185, 210
Humanitätsdrama 185
Humor 92, 137

Ironie 137, 144, 145, 193, 247

Katharsis 166
Klassizismus 108, 155, 192
Komik, komisch 191, 209, 210, 211
komisches Epos 206 f.
Komödie 75, 87, 203

Lehrdichtung, Lehrgedicht 77, 83, 85 f., 87, 93, 96, 151, 195, 203
Lehre von den drei Einheiten 73
literarische Aufklärung 16, 20, 59, 76, 119, 148, 169, 178, 185, 193, 200
Lustspiel 110
Lyrik, lyrisch 93

Meta-Erzählungen 10, 11
Mitleid, Mitleiden 164, 165, 168, 170, 215
Moralische Wochenschriften 86

Nachahmung (der Natur) 72
Nationaltheater 140, 141, 151, 154, 157
Natur 8, 10, 14, 22, 23, 25, 33
Natur im Menschen 8, 9, 20, 24
Naturbeherrschung 9
Naturlyrik 119

Ode 93, 96, 101, 102
Öffentlichkeit, öffentlich 175, 176, 178, 218, 240
öffentliche Meinung 240

Pantheismus, pantheistisch 157, 188
Perspektivismus 17, 41, 43, 145, 198 f., 202, 215
phobos 74, 165
Physikotheologie 80
Picaroroman 124
Pietismus, pietistisch 98, 100, 131, 221
poetische Malerei 72, 95
Postmoderne 9, 11
prästabilierte Harmonie 57

Rationalismus, rationalistisch 10, 11, 12 f., 15, 17, 30, 31, 33, 98, 117, 144, 158, 163, 168, 215
Reisebericht, Reisebeschreibung 231, 232
Relativismus 215
Robinsonade 131
Rokoko 83, 85, 98, 196, 210
Roman 124–146
Romantik 16, 46, 85, 107, 116, 119, 145

sächsische Typenkomödie 75, 91, 110, 158, 171, 172
Satire, satirisch 88, 91, 92, 110, 141, 143, 159, 204, 217, 222
satirischer Roman 128, 143, 215
Schäferdichtung 84
Schelmenroman 124

Schönheit, schön 82, 101, 219
Scherz, scherzhaft 83, 84, 98, 99, 100, 195
Schrecken 164, 165
Schwärmertum, schwärmerisch 218
Schwärmerkritik 193
schwarze Aufklärung 216, 217
Selbstdenken 11, 18
Sensualismus, sensualistisch 33, 34, 36, 145, 163, 164, 169, 207, 208, 231
sentimental comedy 110
Skepsis, skeptisch 22, 43, 193, 201, 215, 228, 231
Sonett 94
Ständeklausel 73 f., 160 f.
Sturm und Drang 16, 34, 45 f., 47, 77, 85, 93, 106, 109, 112, 115, 116, 134, 136, 163, 191, 192, 214, 221

Theodizee 96, 142, 166, 173, 217
Toleranz, tolerant 180, 182, 184, 185, 218
Tragödie 74, 111

untere Seelenvermögen 95
Utopie 131, 132

Verserzählung 88, 195
Vormärz 146

Wahrheit 11, 13, 31, 147, 175, 184, 187, 201, 202
Wahrheitssuche 40, 42, 147, 148, 150, 152, 257, 158, 169, 177, 184, 190, 203
Weimarer Klassik 16, 31, 34, 46, 47, 54, 85, 107, 113, 116, 122, 128, 129, 145, 185, 192, 193, 212, 214, 217, 218, 219, 223, 242
Widerstreit 10, 13, 149, 170, 192, 194, 208, 212
Wirkungsästhetik 53, 215
Witz 247
Wunderbare, das 16

Zärtlichkeit 134
Zeitgedicht 106
Zivilisationskritik, zivilisationskritisch 95

*Zum Autor*

MICHAEL HOFMANN, Jahrgang 1957, studierte Germanistik, Romanistik und Philosophie, Promotion mit einer Dissertation über Peter Weiss' *Ästhetik des Widerstands* 1989, Habilitation über Christoph Martin Wielands Versepik 1997. 1988–92 Lektor für deutsche Sprache, Literatur und Landeskunde in Nancy, 1992–97 wissenschaftlicher Mitarbeiter am Germanistischen Seminar der Universität Bonn; seit 1997 Privatdozent an der Universität Bonn und Lektor für deutsche Sprache und Literatur an der Universität Lüttich. – Veröffentlichungen über Weiss' *Ästhetik des Widerstands* (1990), Schillers *Räuber* und *Wallenstein* (1996 und 1998), über Wielands Versepik (1998); Herausgeber eines Sammelbands über Peter Weiss (1992/93), seit 1998 Mitherausgeber des *Peter Weiss Jahrbuchs.* Zahlreiche Aufsätze, u. a. zur Literatur der Spätaufklärung, zur Ästhetik des Erhabenen, zu Heinrich Heine, Robert Musil und zur Literatur ›nach Auschwitz‹.

# Literaturstudium

Die neue Reihe bietet Autorenmonographien, Epochendarstellungen, Gattungsmonographien und Einführungen in viele Bereiche der Literatur- und Sprachwissenschaft.

**Thomas Bein · Walther von der Vogelweide**
299 Seiten. Mit 15 Abbildungen. UB 17601

**Norbert Otto Eke · Heiner Müller**
325 Seiten. Mit 10 Abbildungen. UB 17615

**Winfried Freund · Novelle**
348 Seiten. UB 17607

**Hiltrud Gnüg · Utopie und utopischer Roman**
271 Seiten. UB 17613

**Michael Hofmann · Aufklärung**
Tendenzen – Autoren – Texte
278 Seiten. Mit 27 Abbildungen. UB 17616

**Matthias Luserke · Sturm und Drang**
Autoren – Texte – Themen
384 Seiten. Mit 17 Abbildungen. UB 17602

**Friedhelm Marx · Gerhart Hauptmann**
403 Seiten. Mit 20 Abbildungen. UB 17608

**Volker Mertens · Der deutsche Artusroman**
384 Seiten. Mit 16 Abbildungen. UB 17609